colección acción empresarial

INSTINTOS
LABORALES

Alberto Blázquez Manzano (coordinador)

INSTINTOS
LABORALES

LID

MADRID BARCELONA BOGOTÁ
MÉXICO D.F. MONTERREY BUENOS AIRES
LONDRES NUEVA YORK SHANGHÁI

Colección Acción Empresarial de LID Editorial Empresarial, S.L.
Sopelana 22, 28023 Madrid, España - Tel. 913729003 - Fax 913728514
info@lideditorial.com - LIDEDITORIAL.COM

A member of: BPR
Business Publishers Roundtable.com

Los autores ceden los beneficios producidos por la venta de ejemplares de este libro a la Fundación de Investigación para vencer el cáncer CRIS.

EAN-ISBN13: 9788483569184
Directora editorial: Jeanne Bracken
Editora de la colección: Nuria Coronado
Edición: Maite Rodríguez Jáñez
Maquetación: produccioneditorial.com
Fotografía de portada: © iStockphoto/Floortje
Diseño de portada: El Laboratorio
Impresión: Cofás, S.A.
Depósito legal: M-9.629-2014

Impreso en España / *Printed in Spain*

Primera edición: mayo de 2014

Te escuchamos. Escríbenos con tus sugerencias, dudas, errores que veas o lo que tú quieras. Te contestaremos, seguro: queremosleerteati@lideditorial.com

Índice

1

Los billetes se van pero las monedas se quedan

Núria Vilanova Giralt

Prólogo

Gasolina para la mente. Eso es para Núria Vilanova la esencia de los sueños e ilusiones. Lo cuenta, con gracia y desparpajo, en una historia optimista de cómo una mujer, madre, trabajadora y empresaria tira para delante... Y encima con éxito.

Porque en este cuento no hay superhéroes. Hay una persona normal con una fuerza de voluntad extraordinaria. Lo importante no es el coche, sino el combustible (nuestras ideas, sueños y retos) que mueve nuestra existencia y nos hace crecer como personas. ¿De qué nos sirve un Ferrari cogiendo polvo en el garaje? Y aunque no lleguemos a la meta, nunca habrá sido un viaje en vano.

Del fracaso también se aprende y mucho. Nuestro camino por la vida es un continuo aprendizaje. Es humano caer, no se puede castigar uno por ello, pero nuestra obligación es levantarnos y volver a intentarlo. Luchar por lo que creemos importante.

Hace tiempo me contaron un cuento de Jorge Bucay sobre un elefante que desde muy pequeño estaba cautivo en un circo. El propietario le mantenía atado a una estaca a la entrada del espectáculo. El elefante luchaba contra esta situación humillante e intentaba irse pero no tenía fuerza para romper las cadenas. Así estuvo luchando durante meses hasta que un día se rindió. Dejó de intentarlo, se acomodó a su penosa situación y vivió así durante años. Pasaron décadas y se hizo viejo atado a la estaca. Pero un día, un niño que le estaba dando unos cacahuetes para comer obró el milagro. El elefante, para alcanzar la comida, inconscientemente, tiró fuerte de la cadena. Cuál fue su sorpresa al ver cómo la estaca se partió. Por supuesto, después de recuperarse de la sorpresa, se fue feliz.

Pues eso es lo que nos propone Núria, la receta del éxito. Primero, ser sincero con uno mismo. Segundo, ser humilde y reconocer ante los demás nuestros puntos fuertes y débiles. Tercero, pedir ayuda y formar equipo. Y cuarto, dedicarte con pasión a lo que te gusta y con la ayuda del equipo conseguir llegar a todo. La teoría del liderazgo imperfecto se basa en buscar la perfección como suma de personas que tienen áreas de excelencia, complementarias. Para ello hay que romper nuestras cadenas, ser valientes, pisar el acelerador y perseguir nuestros sueños. Nos puede caer una multa, tener un accidente, pero peor es ser esclavos del miedo. Todos hemos fracasado en alguna cosa, pero eso no es una excusa para no intentarlo de nuevo.

Puede que este no sea un prólogo objetivo. Núria es mi madre. Pero sí que quiero añadir que siempre he visto en ella la llama de la satisfacción con lo que hace, y que por muchos vendavales y tormentas que ha habido no se ha detenido, sino que ha cogido impulso y ha seguido hacia adelante.

Ferran Claver Vilanova
Hijo (18 años)

«A pesar de que dicen que no creen en el destino,
giran la cabeza antes de cruzar la calle».

Stephen Hawking

1. No soy una *superwoman*

Suena el despertador. Son las 06.50 horas. Bueno, en realidad no es el despertador. Hace tiempo que desaparecieron de casa. Hoy es el móvil mi punto de referencia. La agenda, los contactos, los correos electrónicos, los cumpleaños. Todo pasa alrededor de este pequeñito complemento de mi vida. Y por supuesto las redes sociales: Twitter, Linkedln, Facebook, WhatsApp, Skype, etc.

Cuando viajo, es todo lo que me permite estar en contacto con mi mundo. Este aparatito se ha convertido en lo que me hace decidir cómo voy a vestir hoy o qué echo en la maleta para estar la próxima semana en otro lugar. Porque no me dirás la utilidad que tiene la aplicación del tiempo. Eso sí, el móvil no me sirve como mando a distancia para preparar el café. Aunque dale tiempo, que ya verás.

Me llamo María Ramírez y tengo 42 años. Hace ocho años que fundé una empresa de tecnología y tras mucho esfuerzo hoy puedo decir que se trata de un proyecto consolidado, aunque surfeando los vaivenes del contexto económico, algo que me impide bajar la guardia.

Son las 11.30 horas. Tras haber pasado por la empresa, recojo a mi hija del instituto. Hoy la acompaño a su primera visita ginecológica. Es una de esas doctoras que ejercen de madre. De esas que quieren que estés bien en todo.

–A ver, ¿toma usted zumo de naranja todas las mañanas, verdad? Pero no de los de bote, me refiero a los de exprimir. Ya sabe lo importante que son las vitaminas y una buena alimentación –nos pregunta la doctora mientras rellena el informe.

–Eh, sí claro, siempre que podemos –me adelanto a responder para salir del paso.

–Lo que debe hacer era lo que hacían nuestras madres y las madres de nuestras madres, así de simple –me contesta con ojos inquisidores.

¡Madre mía, las indirectas que está lanzando! Me está dando donde más me duele. Sí, lo confieso, no soy una madre al uso.

Mientras salíamos de la consulta, me vienen a la mente aquellas palabras que me dijo mi hija mediana, Marta, con tan sólo 6 añitos:

–Mamá, yo cuando sea mayor no seré como tú. Me casaré pronto, tendré dos hijas preciosas, que siempre irán vestidas bonitas, las iré a recoger al colegio y saldré todas las noches a cenar con mi marido.

Tocada y casi hundida me quedé al escucharlo. Recuerdo el nudo en la garganta que se me hizo. Y es que, con la máxima inocencia, me estaba diciendo todo lo que veía en su entorno de colegio pijo: madres guapísimas cuyas vidas discurrían entre el gimnasio, las amigas y las tiendas, pero que estaban allí, en el colegio. Madres que llevaban a las niñas de compras, que invitaban a las amigas a casa o que las apuntaban a un curso de postres del *Telva.* De esas que en las fiestas de disfraces siempre encuentran el mejor conjunto. De esas que programan un viaje de trabajo y si en esas fechas se les cae un diente a sus hijos ya tienen un regalo preparado para que el Ratoncito Pérez esté a la altura de las circunstancias.

De esas que se acuerdan de cada cumpleaños, de cada santo y que llegan a tiempo para ver la actuación del colegio.

Tengo que confesarte que en el colegio de mis hijas creen que Mihaela es la madre de las niñas. Mihaela es la valiente mujer que dejó Rumanía para venir a buscar un futuro en España y que nos ayudó a que llegáramos a todo en medio del desorden. Hoy toda su familia está en España. Sus hijos sacan sobresaliente en la escuela. Serán los líderes de mañana en sus empresas. Educan desde el valor y la generosidad.

Mi empeño está en sobrevivir. En poner las primeras farolas que alumbre mi mente a eso de las 06.50 horas, donde parezco cualquier cosa menos persona. El primer movimiento que hago casi a tientas es encender la Nespresso. Eso sí, con pastillas de Marcilla. Después viene el zumo de naranja, un lujo que no siempre logro conseguir a tiempo, ya que a veces me levanto muy pegada y tengo que salir corriendo para coger un avión. Otras veces porque me olvido de pedirle a Mihaela que compre naranjas. Y entre tanto, el cupo de pedirle cosas a mi marido está ya agotado. No puedo abusar más. Así es que, si te sirve de ejemplo, mi desayuno de supervivencia sólo logra el lujo de incorporar el dichoso zumo en contadas ocasiones. Hay veces que hasta he logrado encontrar el gusto al zumo de bote. ¡Lo que hace la necesidad!

Y mira que intento que el desayuno sea el momento clave de reunión familiar. Pero el menú que se presenta es bastante particular: mucho sueño y poca conversación. Pero eso sí, ahí estamos. Bueno, casi siempre. Marta, desde que volvió de Estados Unidos este verano de intercambio, casi no desayuna. Allí perdió la costumbre. Y cuando regresó hizo todo lo posible por recordar Texas. El lunes pasado, en un intento de conversación familiar y con un zumo de naranja currado se despacha diciéndome:

> –Mamá, ¿sabes?, echo de menos Texas. Me trataron muy bien. Mi padre americano me llevaba en coche siempre que quería y a donde quería. Mi mamá americana hablaba mucho conmigo, me comprendía. Este año quiero ahorrar para ir a verlos.

¿Hace falta que te explique por dónde se me fue el zumo de naranja al escucharla? Pues imagínatelo. Parecía que las estaba tragando con cáscara y todo. No pude articular palabra. Ahora resulta que lo de «madre sólo hay una» también se cuestiona.

2. Agotando el crédito de los favores

Como te comentaba, soy consciente de que no puedo pedirle ni un solo esfuerzo más a Miguel, mi marido. Hace muchos años tuvimos una larga conversación. Llegué a casa tarde. Todo era un caos. Era esa época en la que los niños todavía eran pequeños; y tres son muchos. Parecía imposible llegar a todo, poner pijamas, revisar mochilas... Y la cena estaba sin hacer. Mihaela todavía no tomaba iniciativas. Si la llamábamos para decir que hiciera cena, la hacía. Pero si no, no. Ese día, como tantos muchos, no la había llamado. La nevera estaba en estado crítico. Tampoco le había dicho qué comprar. El congelador a rebosar, pero claro, descongelar lleva su tiempo. En catalán hay un dicho: «el més calent és a l aigüera», Significa que no hay nada preparado; o sea, nada de nada.

En su día hicimos un reparto de funciones. Él se encargaría de llevar a los niños al colegio y llevarles a los médicos a las revisiones rutinarias. A mí me tocaría hacer la compra y coordinar las comidas. Y como diría el eslogan publicitario, «para todo lo demás, Mihaela». Pues bien, esa noche fue un punto de inflexión. Nada más llegar, los ojos de mi marido se me clavaron:

> –¡Otra vez! ¿Pero cómo has podido olvidarte? Me habías dicho que llamarías a Mihaela para que preparara algo para la cena y bañara a la pequeña. No hay nada, ni preparado ni en la nevera. Sólo tenemos congelados.

¿Sabes cuando sientes que ya no puedes más? ¿Cuando te entra el cansancio infinito? En ese momento, sólo pude articular: «¡No puedo más!». Pero sabía que no era suficiente. Aquel momento se convirtió en la clara evidencia de que mi orden desordenado había agotado sus créditos.

Miguel y yo tuvimos una conversación tranquila, por supuesto después. Le expliqué mis proyectos profesionales y le planteé que creía que tenía la posibilidad de que nos fuera muy bien. De que la empresa creciera y se beneficiara toda la familia. Pero eso iba a significar un gran esfuerzo. Y las *superwoman,* igual que los *superman,* no existen. Tenía que ser una apuesta conjunta. Yo ya había llegado a los límites de mi capacidad.

En ese momento sólo me vino la imagen de mi última crisis personal, esa que hace tambalear tu forma de organizarte. Fue en el Hipercor del Campo de las Naciones. Después de una semana tremenda de viajes, de dar cursos y de dormir poco, me tocó enfrentarme a la gran compra. Llené un carro enorme, pero eran ya las 23.00 horas. Cerraban. Me di prisa. Estaba agotada. Las cosas formaban una enorme pirámide en el carro. Costaba moverlo, se caían algunos productos, giraba mal. Al llegar a las escaleras metálicas sonó una alarma. El guardia de seguridad me paró. Le juré que había pagado todo. Le pedí que mirara las bolsas una a una. *No way!* (ni pensarlo). Me apartó de allí y tuvo la crueldad de pasar los productos por el detector de uno en uno. Acabamos a las 12 de la noche. Al final, en mi bolso había un rímel, que había pagado pero al que la cajera se olvidó de quitar la alarma. Quería denunciarle por crueldad, pero ni siquiera para eso tenía fuerzas. Todavía tenía que cargar el coche. Y cuando llegué a casa a las 01.00 horas de la noche, todavía había que guardar la comida. Así es que después de aquello le propuse un pacto a Miguel. Teníamos que organizarnos de otra forma.

Y es que, al igual que en las empresas, los cambios importantes se hacen cuando atacan a tus necesidades, cuando existe el miedo a perder, cuando duele.

Miguel y yo nunca hemos tenido cuentas separadas, ni separación de bienes. Pero estaba claro que la organización de la familia y las responsabilidades del hogar no iban ser al 50%. A él le tocaría aportar mucho más. Y créeme que desde entonces le agradezco su generosidad. Por eso hoy no puedo abusar más. Así es que cuando no viajo intento que los desayunos sean míos. Es la manera de deciros que ese día sí hago zumo de naranja. Pero como siempre en mi vida, mis buenos propósitos acostumbran a durar tres o cuatro días. Después, como si de un carro de la compra trucado se tratase, tiende a inclinarse nuevamente hacia un lado.

3. Mi escala de prioridades se tambalea

Hoy es mi primer día de un curso de liderazgo al que me he apuntado. Llego tarde seguro, pero he logrado hacer el dichoso zumito de naranja. El reloj avanza más deprisa de lo que yo puedo esperar. Yo no le llamo ser impuntual, sólo es ser optimista. La razón es simple. Creo que puedo hacer más cosas en el tiempo previsto. La realidad es que esto me permite de verdad optimizar al máximo el día. Programo muchas más cosas de las que razonablemente puedo hacer y al final, inevitablemente, las hago. Pero es verdad que a costa de llegar muchas veces tarde a los sitios.

¿Te ha pasado alguna vez que has estado esperando en un sitio diez minutos y sientes que has perdido la oportunidad de hacer otras cosas? Pues yo, en vez de pensar eso, llego tarde. Así me ahorro un disgusto.

Así es que aquí me tienes, diez minutos tarde al curso. Somos un grupo de 45 alumnos. Antes de empezar nos han enviado un cuestionario que he repartido entre los empleados de la oficina. Apenas somos una empresa de 50 personas. La encuesta pedía al equipo que nos evaluáramos entre sí y mi gráfico es el más desequilibrado de toda la clase. Me valoran con un 10 en habilidades como: visión de futuro, creatividad o dotes de comunicación; pero me suspenden en capacidad de planificación, seguimiento de proyectos y organización del tiempo.

Perpleja con el gráfico, sólo puedo contrastarlo con mi autoevaluación, que también me ha tocado hacer. No lo entiendo. En gestión del tiempo me puse un 8. Sé que siempre llego tarde, pero consigo llevar adelante un volumen de trabajo más alto que la mayoría de las personas que conozco. ¿Eso no es gestionar bien el tiempo?

Entré en una pequeña fase de *shock* que me impidió articular palabra. Pensé que mi equipo me había traicionado. ¿Cómo no veían que mi impuntualidad me permitía hacer más cosas que los demás? ¿O que esa dificultad de planificar proyectos quedaba compensada por mi obsesión por conseguir lo imposible? ¿Y qué me dices del seguimiento de proyectos?, ¡menudo rollo! ¿Acaso no son conscientes de que la capacidad para generar nuevas ideas mantiene viva la empresa y sus puestos de trabajo? De repente, inundó mi cabeza otra idea. ¡Sería un error del gráfico! Eso es, seguramente habían computado los resultados de personas que no me conocían. No podía ser que la estrella más irregular de toda la clase fuese la propia directora.

Es curioso cómo reaccionamos ante malas noticias. Recuerdo una conferencia de un psiquiatra que explicaba que ante una mala noticia siempre seguíamos el mismo ciclo. Primero, la negación de la realidad. Segundo, la ira y la búsqueda de un culpable. Tercero, buscamos una compensación a una tristeza. Y sólo al final asumimos la realidad.

Y ahí me encontraba yo, intentando que todas las fases del duelo corrieran lo posible para aceptar inexorablemente que mis ojos y los de mi equipo no veían lo mismo. Me di cuenta de que era verdad. De que en algunos aspectos yo podía ser brillante, pero en otros era un verdadero desastre. Recuerdo las palabras de Rosa María García, presidenta de Siemens, quien explica a sus equipos que «una crítica es siempre un gran regalo, es la única posibilidad de aprender y mejorar». Lo que sí es cierto es que, regalo o no, duele; aunque quizá es la única forma de que realmente aprendamos.

Así pues, el resto de la sesión permanecí en un proceso de reestructuración interna, intentando dar prioridad a cosas que en mi protocolo de funcionamiento se encontraban en las últimas posiciones. Chequeé mi lista de defectos, de objetivos y de acciones. Salí del curso con un compromiso firme de cambiar.

4. Caminos trazados, destinos conocidos

Llevo dos semanas intentando cumplir con mi hoja de compromisos. Orden, planificación y revisión. Por la noche reviso la agenda del día siguiente, planifico el tiempo para cada cosa, incluso para imprevistos. Al encargar un proyecto pongo en la agenda la fecha de revisión, la fecha de entrega, reuniones de seguimiento. Estoy empezando a pasar más tiempo en la oficina, más tiempo en mi mesa, más tiempo escribiendo. Hablo menos. No sonrío.

Como podrás imaginar, los zumos de naranja natural se redujeron con suerte al domingo. Pasados quince días me di cuenta de que ya no me gustaba mi trabajo como antes. Estaba perdiendo mi fuerza. Y además era menos eficaz. Tenía menos tiempo para reunirme con clientes, conocer nuevas personas, explicar con pasión mi empresa, convencer a nuevos clientes de que podíamos ayudarles. Ya no tenía ideas diferentes. No se me ocurrían soluciones mientras corría hacia una reunión. La inspiración había muerto. Me había convertido en una persona perfectamente predecible y aburrida.

La parte positiva es que pude anticipar el cumpleaños de una gran amiga. Así que nada más salir de la oficina me dirigí a una floristería a la que había llamado para reservar un ramo. Se encontraban todo tipo de flores, a cuál más bonita. Mientras esperaba en la cola, contemplé cómo la dependienta cortaba de raíz una de las plantas que tenía en el expositor y que de una forma poco ortodoxa había encontrado la luz por un pequeño agujero. La cuestión es que, en comparación con el resto de su especie, era menos grande y menos recta. Sin embargo, había conseguido sobrevivir encontrando un pequeño haz de luz más cercano. Cuando llegó mi turno pude ver la caótica mesa llena de notas de la dependienta. Al decirle mi nombre, al instante encontró un adhesivo que estaba encima del rollo de papel de envolver.

Nada más salir de la tienda sucedió. Siempre he tenido un gen que me impulsa a sobrevivir en cualquier circunstancia. Creo que en ese momento se activó. Aquellas escenas me devolvieron el caudal de ideas que llegaban atropelladas a mi cabeza. Podíamos ser perfectos como equipo pero como individuos no lo somos. Nos apasiona aquello en lo que somos buenos y nos aburre lo que se nos da regular. Y con el ejercicio todavía nos volvemos mejores en lo primero y peores en lo segundo. Si nos empeñamos en hacer lo que no nos gusta nos volvemos mediocres en todo. Perdemos la fuerza que nos hace ser brillantes en algunos aspectos. Es el liderazgo imperfecto.

Ayrton Senna, piloto de Fórmula 1, falleció a los 34 años en una carrera. Él decía: «si en carrera lo tienes todo bajo control, es que no vas al límite».

Las claves estaban en escuchar y reconocer lo que no haces bien. En ser humilde para pedir ayuda a tu equipo. En crear equipos diversos sin buscar clones de ti mismo, para que unos nos complementemos con los otros. Trabajando cada cual en el desarrollo de aquellas áreas donde puedes llegar a ser increíble. En una empresa de tecnología como la mía, probablemente el equilibrio era yo. Según el *neuromanagement,* cada persona tenemos una predominancia en el hemisferio. Los del izquierdo son los metódicos, planificadores; aquellos que ven un problema en profundidad. Los del derecho son los que se apasionan por llevar tres cosas al mismo tiempo, los que necesitan tener varias ventanas abiertas en el ordenador y simultanear tareas; aquellos a los que nos gusta comunicar.

Eso es, había renunciado a aquello que no me gustaba tanto. Me había engañado pensando que teniendo controladas las monedas lograría más billetes. Y lo importante, la esencia de uno mismo, es el mejor billete para el mejor viaje. Y es que como me dijo un día mi hija mayor, Amelia: «mamá, la perfección no existe, porque para que algo fuera realmente perfecto tendría que ser perfecto e imperfecto a la vez». ¿Cómo no me había dado cuenta? El pacto con mi marido Miguel era todo un ejemplo. Ahora somos mejores como pareja y como individuos.

Por cierto, Marta ya no quiere casarse joven con un marido que la mantenga. Ha crecido, tiene su propio criterio y una gran personalidad. Creo que aunque en muchos momentos me ha echado en falta, ha visto que con el esfuerzo pueden perseguirse los sueños y que tenemos dentro todo lo que necesitamos para llegar donde queramos y si no, no importa, lo habremos intentado. Hoy no tiene miedo. Y Carlos, el pequeño, se contagió el verano pasado con un parásito en uno de nuestros viajes de vacaciones en países exóticos. No fui lo suficientemente responsable como para negarme tajantemente cuando se empeñaba en probar alguno de los jugos que vendían en la calle o esas hamburguesas sospechosas en ese único bar de carretera en medio de la nada de aquel desierto. Su enfermedad ha sido complicada. El parásito se desarrolló en el ojo y le provocó una pérdida visual. Pero me ha demostrado una gran fuerza de voluntad para recuperar la visión. Todos los días, dos horas de ejercicio. Y lo ha hecho. «Mamá, estas cosas uno tiene que hacerlas por sí mismo, no por los demás. Yo quiero curarme», toda una lección.

Son las 23.00 horas y acabo de darme cuenta de que he olvidado comprar las naranjas. Mañana toca zumo de bote, pero con aderezado de una gran sonrisa.

«Nunca andes por el camino trazado
pues te conducirá a donde otros ya fueron».
Alexander Graham Bell

2

El arte de hacer trajes a los demás

María Langa Ramos

Prólogo

«El arte de hacer trajes» nos sumerge en el día a día de la, aparentemente perfecta, vida de Jimena. Es una irónica crítica constructiva de la sociedad actual, dominada en exceso por estereotipos y clasismos. La protagonista reinventa su forma de ver la realidad, marcada por prejuicios, cuando esta la golpea repetidamente en las narices.

Todos somos grandes costureros de lo ajeno olvidando por el camino ser sastres del único traje que debería importarnos: el nuestro.

Tatiana Langa Ramos
Modista a medida

«Pocos ven lo que somos, pero todos
ven lo que aparentamos».

Nicolás Maquiavelo

1. Yo y yo misma

¡Ya estamos otra vez con la tontería! Son las 02.00 horas de la mañana y mis encantadores vecinos vuelven a estar de cena con gente en la terraza. Sí, he dicho gente y no amigos, porque en los cinco años que llevo viviendo en esta urbanización me he cruzado cuatro veces con ellos en el ascensor y sé cómo son. Son la típica pareja insulsa, siempre sonriente, como vacíos, como carentes de cualquier conversación de esas que hacen que te replantees tu vida. Y encima con acento francés y todo lo que ello conlleva. Por el hecho de estar un poquito más al norte que nosotros y tener ese idioma tan cuidado y meloso, parece que todos tienen un halo de superioridad. Eso sí, nada de pasar desapercibidos. Se empeñan en mostrar estas cualidades a todo el que llega. Seguro que ahora mismo lo están haciendo con sus invitados. Y para colmo, me tengo que levantar a las 07.00 horas de la mañana. ¡Callaos, por Dios!

No sé si serás de esa clase de gente que siente curiosidad por la vida de los otros o en cambio eres de las que piensas, como dice un sabio que conozco, que todo el mundo va a su rollo menos tú, que vas al tuyo. Bueno, pues yo soy de ese grupo que cuando monta en metro lo único que hace es confeccionar la vida de todos aquellos que se sientan frente a mí. No te voy a desvelar cómo soy, ya que vas a estar unos minutos conmigo y eso es más que suficiente. Dicen que en los siete primeros segundos de conocer a alguien, puedes adivinar cómo será esa persona el resto de su vida, y a ti, si quieres, te voy a dar más que eso.

Me llamo Jimena Berlanga de Alda Martín Consuegra y soy consultora desde hace cuatro años en una multinacional en vías de expansión. Estoy casada con Martín y no tengo hijos. Me gusta tanto lo que hago como la empresa donde lo hago. No tengo equipo a mi cargo aunque lo prefiero, ya que, sinceramente, lo de trabajar en equipo no es que lo deteste, pero no me gusta. Creo que si me dieran a elegir entre trabajar sola o en equipo, elegiría lo primero. Tengo mis propios clientes para los que desarrollo proyectos que, en la mayoría de los casos, les han reportado grandes beneficios. Cada vez que consigo este objetivo, siento paz interior, unida a una sensación de superioridad. ¡Vamos, que me gusto a mí misma!

Ya que estamos aquí, te voy a contar algo que me preocupa últimamente. Es algo que hasta el día de hoy me había facilitado mucho la vida y que, por el contrario, en las últimas 24 horas no me deja ni dormir. Quizá no sean mis encantadores vecinos ni la bronca que acabo de tener con mi marido; quizá sea yo.

Hablemos de esta mañana...

Suena el despertador, lo apago, miro a la izquierda y todo en orden. Martín sigue dormido. Me acaricia la espalda y en la penumbra puedo distinguir sus marcados y perfectos rasgos. Se trata de una mezcla de macho alfa con toda la inteligencia y la sensibilidad que se le puede pedir al género. No podía ser de otra manera: si hubiésemos sido norteamericanos él sería el capitán del equipo de rugby y yo la capitana del equipo de animadoras. Le conocí cuando estudiaba en una prestigiosa universidad privada de Madrid y de eso hace ya quince años. Los dos estudiábamos Administración y Dirección de Empresas, los dos teníamos una buena procedencia, los dos teníamos nuestros dos apellidos compuestos, los dos éramos guapos, los dos éramos populares, los dos éramos sencillamente perfectos, bueno... y lo seguimos siendo. Quizá lo único que me descuadraba de él por aquel entonces era un amigo suyo del que no se separaba. Teniendo en cuenta la cuantía de su beca, se podría decir que no era de buena familia. Todavía me acuerdo de su nombre completo, David García Fernández, ya ves... Bueno, la suerte es que mi preocupación terminó el año que no le concedieron la beca y tuvo que dejar de estudiar en nuestra universidad.

Tengo que reconocer que es una alegría inmensa levantarte por la mañana y ver a Martín; sobre todo cuando sabes que a lo largo del día vas a tener que cruzarte con tantos idiotas, carentes de elegancia y de sentido común. Me viene al recuerdo una cita de Gustavo Adolfo Bécquer en la que decía: «el espectáculo de lo bello, en cualquier forma en que se presente, levanta la mente a nobles aspiraciones».

Son las 07.00 horas. Me ducho, elijo cuidadosamente el traje del día, me maquillo y doy un cariñoso beso a Martín. Salgo por la puerta camino del ascensor. La verdad es que vivo en una urbanización increíble. Es bastante nueva y se encuentra en pleno corazón de uno de los barrios más antiguos de Madrid, el barrio de Salamanca. Tiene bajada directa al garaje. Hoy parece que tengo suerte y no me cruzo con el portero. Lo siento, es ese tipo de persona que produce en mí el efecto contrario a mi innata curiosidad; vamos, que no me importa un pito lo que me pueda contar. ¿Qué vivencias puede tener un portero que sean de mi interés?

Entro en el garaje, subo a mi BMW de empresa y pongo las noticias. Esto de estar actualizada lo considero imprescindible, tanto para mi trabajo como para mi persona. No entiendo a las personas que les da igual lo que pueda estar pasando a su alrededor. Al fin y al cabo son las noticias del día a día lo que finalmente nos convierten en lo que somos y terminan guiando todas nuestras relaciones, comportamientos y pensamientos.

2. Tontos motivados

Después de una hora de camino al trabajo, acabo de llegar al aparcamiento. ¿Sabes? Ayer justamente fue uno de esos días en los que nos enteramos de que una cadena hotelera, tras la implantación de uno de los proyectos más grandes de mi compañía, ideado por mí, tiene después de un año un crecimiento en beneficios del 10%. Y esto a pesar de mi compañero Miguel (el sin prisas), de mi jefe José Antonio (el «me da miedo tomar decisiones») y del propio cliente Edward (al que llamo hombre de Neandertal).

Entrando por la puerta viene Carmen, la secre de mi querido jefe.

–Hola Jimena, buenos días. ¡Qué modelazo llevas hoy!

–Gracias Carmen, tú tampoco vas mal –le digo mientras observo su traje entallado que le marca hasta la circulación y que evidentemente no es de firma, pero espera...–. Oye Carmen, ¿y esos zapatos de 500 euros de la última colección? –son de la firma que yo estoy loca por conseguir, y no puedo evidenciar mi envidia.

–¡Ah! Los zapatos, ya ves, ¿te gustan? Ya te contaré –me responde sin darle importancia.

–Eso espero –le contesto mientras enciendo el portátil y pienso en que para conseguirlos se está acostando con José Antonio, el jefe, el «me da miedo tomar decisiones». Porque vamos, sino de qué va a poder permitirse esos zapatos.

–Una cosa, Jimena, vengo a pedirte el cierre de ayer. José Antonio me ha pedido que se lo mandes en cuanto puedas para incluirlo en el sistema y poder hacer seguimiento –me recuerda Carmen.

–No te preocupes, estoy en ello –le contesto.

Segura no, estoységurísima. Esta quiere agradar al jefe de la oficina a toda costa. ¡Dios!, esto debería estar penado. Deja a la mujer en una posición mediocre y vergonzosa para las que únicamente queremos destacar por la eficiencia de nuestro trabajo. Pensaba que no era posible, pero hoy me lo ha confirmado. Desde hace varios meses me vengo fijando en ella y no dejo de preguntarme: ¿y esa forma de vestir? Por respeto, no te voy a decir dónde podría estar trabajando de acuerdo a su indumentaria. Así es que, claro, cuando me preguntaron mi opinión desde dirección para darle más responsabilidad a sus funciones, sobra explicar que dije que no. Pobre de su marido y de sus dos hijos, que encima vienen a buscarla todos los días cuando sale de trabajar. ¡Qué estómago hay que tener! Uff, espera que por ahí se avecina Miguel (el sin prisas).

–Oye, Jimena, ¡qué subidón lo de ayer!, ¿eh? –me dice, como si hubiera descubierto la penicilina.

–Ah, sí, fue genial –le digo mirándole con una gran sonrisa «sincera» para él.

–Acuérdate de que hoy tenemos la cena de celebración con todo el equipo directivo. Además, viene el cliente Edward Ronson en persona [el Neanderthal]. Creo que vendrá con el nuevo presidente de su compañía y quiere conocernos.

–Espera –le digo mientras consulto la agenda en el Outlook–. Sí, no hay problema, allí estaré. Oye Miguel –vuelvo a sonreírle–, me vas a tener que dejar, tengo que terminar una oferta y el cliente viene en media hora.

–No te preocupes, luego nos vemos. ¡Qué gran equipo somos! –me dice orgulloso.

–Sí, espectacular –ya me duele la mandíbula de aguantar mi sincera mueca.

Miguel se aleja contento por el pasillo. ¿Equipo? ¿Ha dicho equipo? A ver... créeme, seré muchas cosas, pero quedarme con el trabajo de los demás, nunca. Sencillamente porque soy una persona brillante y segura de mí misma y nunca me ha hecho falta hacer eso. El proyecto en sí, el estudio previo que se realizó y el planteamiento de los diferentes escenarios que me llevó alrededor de tres semanas lo hice exclusivamente yo. Miguel llegó en el desarrollo de la propuesta final y su aportación estelar fue que el grupo hotelero invirtiera en minicampos de golf. Pobrecito, sobra decir que fue a última hora, como todo lo que hace. Yo no sé si es porque es diplomado o porque de bueno es tonto. La verdad es que no hay nada peor que un tonto motivado. Es de ese tipo de personas con un vestuario peculiar, camisas demasiado grandes y trajes siempre demasiado claros para nuestro negocio. Pero ahí está, y es mi compañero. Sobra decir que su gran idea quedó relegada en el último apartado del proyecto. No me pareció seria, pero había que plasmarla, eso sí, en el punto «Otros».

3. Dando limosna al pobre

Estarás pensando que no voy a terminar la propuesta para mi cliente, ¿verdad? Pues no te preocupes, sólo tengo que imprimirla. Mientras tanto, voy a repasar la agenda, que hoy me temo, tengo un día completito.

A ver, de 9.00 a 10.00 horas lo tengo fácil, mi cliente es un novato recién nombrado director de contabilidad de una tecnológica. Es de esa clase de gente que haciéndoles creer que ellos son la cabeza pensante del proyecto se emocionan y si además les cuentas tres o cuatro cosas de actualidad de su negocio ligadas con los objetivos que persigue, salen firmando el acuerdo sin necesidad de elevar la consulta. Estos, aunque me dan un poco de pena, son los que más me gustan. Shhh, por ahí llega…

> –Buenos días, Iván –le digo al novato con una amplia sonrisa mientras le estrecho la mano firmemente y nos sentamos.
>
> –Buenos días, Jimena. Vuestras instalaciones son espectaculares, se nota que el negocio va bien –esta frase está en el *top ten* de las frases más dichas en la apertura de estas reuniones.
>
> –Sí, la verdad es que no nos podemos quejar y menos ahora, tal y como está la economía –y esta, en el *top ten* de respuestas desde el año 2010.
>
> –Tengo que decirte que nos ha encantado vuestra propuesta, pero no te voy a engañar, hay apartados que tenemos que reorientar.
>
> –Claro Iván, para eso estamos aquí –¿has visto? Soy un diez calando a la gente, siquiera antes de haberlos visto.

Después de 35 minutos de reorientación, mi cliente se ha ido creciendo y creciendo a medida de que el proyecto lo hacía suyo. Se podía ver cómo se gustaba y aquí me tienes ya con la firma del acuerdo. «¡Otro más!», me digo a mí misma.

Para despejarme voy a la máquina del café y repaso la agenda por el móvil, mientras pienso en el modelo que llevaré esta noche. Será algo serio pero no demasiado formal.

Uff, son casi las 11.00 horas. Me toca cierre con el departamento de compras. Se trata de una aplicación que permitirá gestionar toda la logística de la compañía. Tengo que confesarte que la gente de compras no me gusta mucho. Son los típicos que se creen expertos en las negociaciones y no se rinden hasta bajar el último céntimo de un contrato. Un hueso duro de roer. Encima Javier Altamira, el responsable del departamento, debe de estar pasando por una mala racha en su vida personal, ya que desde hace varias semanas su cara no es la misma. La verdad es que no me extraña que le hubiese dejado su mujer o algo parecido, porque últimamente cuando me siento con él me da la sensación de que estamos en el rastro regateando. Seguro que su ex le está sorbiendo hasta el hígado.

Por fin, las 13.00 horas. Me despido de Javier con la sensación de que más que ver la perspectiva de la aplicación, le interesa que el formato del contrato se redacte a su gusto. Es momento de cerrar alguna propuesta y hacer alguna llamada de seguimiento.

El reloj de mi estómago me dice que es la hora de comer, así que voy a llamar a mi compañera Mari Luz. Como todos los días, aprovechamos este momento para poner verde a toda la oficina y, de paso, me cuenta sus penas. Así es que cuando llego a casa por la noche me desahogo con Martín aunque sé lo que me va a decir: «Jimena, no entiendo por qué sigues yéndote a comer con ella». A veces ni yo lo sé. Quizá sea porque me resulte divertido criticar a todo el mundo y luego ponerla verde a ella con Martín. Y mira que es una persona que siempre que la he necesitado ha estado ahí, pero no sé, también me parece alguien muy débil. Soy de las que pienso que si tengo una discusión en casa, no se me ocurre contárselo a alguien del trabajo. Pero ella, por el contrario, me cuenta hasta de qué color son las cacas de su bebé de 9 meses. Así es que ya me dirás. Creo que es de débiles contar tus miserias a la gente y ya ni te cuento hablar de tus hijos y sus mil monerías.

4. Cuando el vestido encoje

Bueno, parece que la tarde la tengo tranquilita. Seguiré trabajando en mi despacho hasta que lleguen las 20.00 horas. Hoy me tengo que ir prontito, recuerda que tenía la cena de la empresa y tengo que pasar por casa a ver a Martín y a asearme.

¡Brrrrrr, brrrrr! Como si estuviese poseída, pego un salto de la silla de mi despacho. No te preocupes, no estoy histérica ni sufro un ataque de ansiedad; ha sido la maldita vibración de la BlackBerry que llevo en el bolsillo derecho de la americana. ¡Me cago en...! –perdón por la expresión–. Miro la pantalla del móvil: Alberto Sin-Ce. Lo siento, no contesto. Antes grababa los contactos por nombre y apellido o empresa pero se me ocurrió una manera mucho más sencilla y útil de hacerlo. Te explico: el nombre lo mantengo, ya que es lo primero que voy a decir cuando responda a la llamada: «Hombre, Alberto ¿qué tal?». Lo segundo es una abreviatura personal para que se me active neuronalmente el mapa de cómo es la persona con la que voy a hablar o que me recuerde los problemas que he podido tener con ella por algún rasgo de su personalidad. Este que me llamaba es Alberto Sin Cerebro. Se trata de mi compañero del departamento de eventos. Sí, aunque te suene a banal, como somos una empresa en la que el cliente es lo primero tenemos un departamento que sólo se dedica a esta clase de cosas. En mi agenda también tengo Marta Sin-Auto (de «autoestima»), Marcos Sin-Escru (de «escrúpulos», claro, sólo con «es» no me activaba), David Sin-Pe (no pienses mal, sólo se refiere al pelo, ya que es más sutil que grabarlo como David Calvo). Estarás pensando que este último se refiere a una cualidad física, no psicológica, pero el hombre es tan, tan, tan básico que no se me ocurrió otra mejor. Así es que, lo siento, pero no me apetece coger la llamada de Alberto ahora; mis responsabilidades son de bastante más alto rango como para perder el tiempo en decidir si en el próximo cóctel para los clientes pega más un Rueda o un Ribera o... algo por el estilo.

Estadísticamente, cogiendo mi móvil como fuente de datos, me doy cuenta de que el mundo está lleno de imbéciles. Sólo tengo 20 contactos sin coletilla y los 20 se corresponden con mi familia o amigos de toda la vida.

Estoy saliendo del trabajo mientras reviso los últimos mensajes en el ascensor. Tras otra hora de viaje regreso a casa. Martín no ha llegado, seguro que estará al caer. Aprovecho para darme una ducha rápida mientras termino de planificar mentalmente el trabajo de mañana y empiezo a pensar en lo que tengo que decir esta noche. Es importante en estas reuniones, aunque sean fueran del trabajo, ir preparada, el éxito siempre está en la preparación.

¡Dios, son las 21.45 horas! Me hubiera encantado ver a Martín y besarle como todas las noches pero al final voy a llegar tarde. Le dejo una nota en la puerta del frigorífico. Cojo un taxi y me dirijo al restaurante. Entrando por la puerta me encuentro a Miguel y al resto de compañeros. Menos mal, el cliente aún no ha llegado.

Para entonarme un poco me tomo un vaso de vino tinto. Realmente me gusta más la cerveza pero en estas ocasiones pedir una caña daría una imagen demasiado poco fina de mi persona. El vino es algo mucho más elegante y las copas donde lo tomas ya ni te cuento. Cuando te sirven queda genial hacerte la entendida soltando conocimientos de diferentes bodegas y cosechas; algo que me ha ido enseñando Martín, sinceramente sólo para utilizarlo en estas ocasiones.

De repente, todos miran hacia la puerta. Parece que llega el cliente. Sí, se trata de Edward Ronson *el Neanderthal,* acompañado por varias personas de la compañía. Se dirigen hasta nosotros y nos saludamos. Pero ahora viene mi mareo y mi temblor en las piernas. Me quedo ojiplática y sin poder pensar en nada, cuando… ¿qué hace aquí David García Fernández? Nada más cruzarnos la mirada me sonríe. Me da la impresión que conocía mi existencia y mi presencia en este proyecto. Esto es lo que se llama un gol por toda la escuadra. Si lo hubiera sabido me habría inventado cualquier excusa para no venir.

–Hola Jimena –sonríe aún más–. ¡Cuánto tiempo ha pasado! Sigues igual de divina –eso ha sido con recochineo, ¡vamos hombre! La palabra «divinidad» o cualquiera de sus derivados no está en el vocabulario diario de este espécimen.

–Hola, David, ¿qué tal? ¿Qué te trae por aquí? –me acerco y le doy dos besos. Ya sé que esta pregunta está fuera de sitio pero yo en estos momentos lo estoy también y automáticamente he bajado mi registro de acuerdo a la audiencia. Por cierto, qué atractivo está el Quiero y no puedo (así le llamaba hace años).

–Bueno, pues me han nombrado presidente de la compañía y estoy intentando conocer a los proveedores más importantes con los que trabajamos –me responde. Mientras le escucho pienso que no me ha preguntado por Martín. ¡Qué raro!

–Felicidades entonces, espero que te vaya muy bien en tus nuevas responsabilidades –le respondo con sonrisa de plástico.

–La verdad que he tenido cinco años para acostumbrarme a este tipo de cargos –sonríe desafiante y haciéndome sentir una imbécil. Ahora parece que la mindundi soy yo. ¡Venga hombre, no me fastidies!

–Genial –concluyo girándome hacia Edward. La verdad es que necesitaba buscar a alguien más básico al que, con sonreír y llevarle la corriente, le tuviera ganado y me hiciera sentir como una diosa.

Si esta noche no pierdo los papeles, te prometo pararme mañana a que el portero de mi edificio me cuente su vida e investigar si mis vecinos tienen amigos. Ahora, aquí, la estrella es David. Durante el reencuentro he hablado más con él que cuando estábamos en la universidad. Todos le preguntan por su vida, por su trayectoria, y me voy hundiendo en mi silla escuchando cada historia que sale de su boca. Hasta el día de hoy ha vivido en cuatro países y tres continentes. Parece que las tornas han cambiado y fíjate, terminó la carrera en la Sorbona de París. Como el ave fénix, resurgió de las cenizas.

Una vez sentados en la mesa y después de los minutos de cordialidad inicial, pasamos a hablar del proyecto. Es aquí donde empiezo a sentirme, durante los dos minutos que me dejan, algo más cómoda.

–Jimena ha hecho un gran trabajo –dice mi jefe *el Que no toma decisiones,* sonriendo a toda la mesa.

–Hemos sido todos, José Antonio, el mérito es del equipo –le contesto queriendo parecer humilde, sin serlo.

–Me he leído el informe y me he quedado alucinado. Algo tan sencillo pero que no lo habíamos pensado nosotros antes. ¿Cómo se os ocurrió la inversión en los minicampos de golf? Están dando unos resultados espectaculares –comenta David, dando todo lujo de detalles sobre la facturación.

Madre mía, la siguiente en la frente. Todos continúan mirándome. Un sudor frío me recorre la espalda y a pesar de ello me arranco a hablar.

–Veréis, ya finalizando el proyecto hicimos un estudio de mercado de lo que se está realizando tanto en Europa como en Estados Unidos en el ámbito del ocio en los complejos hoteleros. También nos informamos del seguimiento que tiene cada deporte en nuestro público objetivo y su crecimiento tanto en infraestructuras como en práctica. Después de mucho divagar... lo vimos claro –explico con detalle mientras que Miguel no me quita la vista de encima y asiente extrañamente contento.

Todavía son las 23.00 horas. Espero que esto acabe pronto. Menos mal ya se están sirviendo los segundos. Una lubina al horno digna de reyes. Mientras me abstraigo saboreando la comida, y controlando el vino para no perder el control en ningún momento, pregunta mi jefe:

–O sea que vosotros os conocisteis en la universidad, ¿no? –dice José Antonio con una pausa, como si quisiera que alguien le terminase la historia.

–Sí, pero vamos, no coincidimos en exceso –digo, para después tomar la copa de vino y beber hasta el final para pasar el trago.

–¿Cómo que no, Jimena? –ríe David desenfadadamente–. No te preocupes, no hace falta que ocultes nuestra amistad. No va a influir en nuestros negocios –vuelve a reírse.

En ese momento sólo pienso: «¡será capullo!». Y casi sin tiempo para otra idea, prosigue David con más detalles:

–Veréis, su marido, bueno, Martín, es un tío impresionante. Es de esos que hay que conocer, muy positivo y amigo de sus amigos. Nos conocemos desde aquellos años y tenemos una relación muy estrecha.

«¡Será mentiroso!», me digo a mí misma. ¡Pero si no se han vuelto a ver desde entonces! Mira, no voy a llevarle la contraria, porque ni estoy en el lugar ni en la posición adecuada.

–¡Ah! Entonces, David, ¿vosotros debéis de coincidir a menudo? –sonríe el imbécil de Miguel inocentemente. Espera, que al final digo que en lo único que ha participado él en el proyecto ha sido en traerme cafés.

–No, la verdad es que no. No nos veíamos desde la carrera. Ya sabéis, quedamos para hacer cosas de chicos –sonríe David.

En estos momentos siento que si no me pongo de pie y le digo unas cuantas cosas, exploto. Bebo más vino. Pero, la verdad, lo dice de una manera tan convincente que me hace dudar. ¿Sería posible que Martín y él se hayan estado viendo y no me haya dicho nada? Imposible, imposible, Martín y yo no nos guardamos secreto alguno. Así es que en vez de explotar decido contestar diplomáticamente.

–Claro, todos tenemos que tener nuestro espacio –sonrío, intentando zanjar el tema.

–Sí es verdad, es necesario –concluye Edward sonriente, aunque creo que por su risa, un tanto escandalosa, no ha debido entender bien mi comentario. No me refería a irse de...

Reconduciendo el tema, nuestro jefe les agradece que hayan confiado en la consultoría para llevar a cabo el proyecto, a lo que David responde:

–Sí, siendo sinceros –sonríe amablemente– se pidieron diferentes propuestas a consultoras posicionadas en los primeros puestos a nivel mundial.

–Bueno, nosotros no somos unos gigantes como lo pueden ser otras, pero nuestro trabajo siempre queremos que sea excelente, el mejor. Eso nos permite, no siendo tan grandes, poder competir con las mejores –contesta el jefe en un alarde de orgullo.

–Lo sabemos, José Antonio. Por eso no quisimos cerrar puertas. Durante toda mi vida se ha cumplido aquella gran frase de «las apariencias engañan» y por muy lejos que te pueda parecer algo de tus valores o intereses, nunca tienes que desecharlo sin conocerlo. De todo puedes aprender y la vida da muchas vueltas –responde David mirándome directamente a mí.

–Tienes mucha razón, David, y por vuestra confianza estamos muy agradecidos, de verdad –concluye José Antonio.

Después de este sermón, sólo deseo que paren de hablar y me dejen en paz disfrutando del tiramisú. Cada vez que lo pienso, más rabia me da.

Parece que me estuviera hablando a mí, y encima de valores. Si lo oyeran mis padres le dirían unas cuantas cosas. ¡A mí, de valores! La verdad es que durante toda mi vida solamente me he relacionado con personas afines a mí y a mi nivel de vida, pero nunca había conocido a una de esas personas que han nacido de la nada... mis padres no creo que conozcan a alguna. Además, no creo que un nuevo rico quisiera que se conociera su real procedencia, ¿o sí? Vuelvo a estar confusa.

5. Poniendo la lavadora en marcha

No creo recordar una cena de trabajo con un cliente en la que haya estado tan callada. En todas las que me vienen ahora a la cabeza he sido yo la indiscutible protagonista. Me siento rara, creo que algo no va bien pero no logro definir exactamente qué es. Tengo que reconocer que David me ha caído hasta bien en algunos momentos.

Por fin terminamos, son las 23.45 horas. Nos despedimos amistosamente. Como forma de despejarme decido coger el metro, aunque pueda sonar raro atendiendo a mi estatus. Mientras voy caminando decido enviar un mensaje a Carmen, la secre, para conocer la procedencia de esos zapatos que llevaba esta mañana. «Carmen, perdona que te moleste a estas horas pero se me olvidó preguntarte: ¿dónde te has comprado los zapatos de esta mañana?», le escribo en el mensaje. Ella me responde: «Hola Jimena, tranquila, estábamos viendo la televisión. Nada, que mi marido y yo hemos montado una empresa de compras por Internet y nos va fenomenal. Con el tiempo vamos a ser los siguientes competidores de eBay, je, je».

Mientras leo la respuesta de Carmen, llamada entrante. Es Martín.

–Martín, voy para casa, salgo ahora del restaurante. No te lo vas a creer, ¿sabes quién es el presidente de la compañía del proyecto en el que trabajo? David García Fernández –le digo sin dejarle hablar. Al otro lado, silencio.

–¿Sí? ¡Qué coincidencia! Mañana le veré. Hemos quedado para comer –me dice con un tono firme de voz.

–¿Cómo?... –me quedo sin palabras.

–Cariño, cuando estés aquí lo hablamos –me responde firme.

Total, que no sé si tengo que cambiar la máxima desde la que me han educado y que ciegamente he seguido hasta este momento de mi vida y que se corresponde con una gran cita de Simone de Beauvoir: «es absolutamente imposible encarar problema humano alguno con una mente carente de prejuicios». ¿He de corregirla por aquella otra de Voltaire: «los prejuicios son la razón de los tontos»?

Y aquí, sentada en el vagón, comienzan a deshacerse frases grabadas a fuego en mi mente. Hasta ahora para mí, las inferencias que he hecho son realidades de las que nunca sé el final y ni quiero que me lo cuenten. Aquí, en el metro, cuando una persona se queja de un empujón es para mí mala malísima en todas las facetas de su vida y el que no cede su asiento a un abuelo con sus dos nietos pequeños y mira hacia otro lado es un cabrón, con perdón; aquí, donde los jóvenes que llevan chándal van al instituto y tienen 1.000 felicidades y 2.000 problemas; donde el que repasa sus apuntes en el vagón es porque quiere llegar a ser alguien en la vida; donde las personas que van inmersas en un libro lo hacen es su único momento de paz en el día; donde la persona de indumentaria elegante que no lleva conjuntados los zapatos con el resto de su ropa es que no está motivada en su trabajo; donde los que miran al suelo después de una mirada furtiva son seres inseguros y los que te miran directamente a los ojos son unos descarados. Aquí, cuando la gente me mira y se le ocurre pensar en mi vida... ahora caigo: tienen la misma idea que yo de la suya.

El vagón ahora está vacío, saco mi BlackBerry y borro todos los contactos de la memoria.

3

La culpa es tuya

Juana María Gutiérrez Caballero

Prólogo

«La culpa es tuya» es una alabanza al malestar, al asesinato perfecto de nuestros errores. Es ese viaje a la raíz de uno mismo que te lleva a la luna; un lugar que podría ser tu historia, la mía o la de todos. Ese punto donde nos encontramos perdidos, parados y sólo nos dignifica reinventarnos.

¿Te has preguntado alguna vez qué te mueve a hacer cosas bellas en esta vida? Probablemente la unión de lo que quieres, sientes y puedes.

Sólo las garras de una mujer como Jany (que es como la llamamos) podían plasmar tanta magia en este capítulo. Las mentes necesitan corazones como el suyo, de esos que se aceleran (ja, ja), de esos que aún sufren por los demás, de esos que ayudan, de esos que tiemblan y se rompen. Y además, como en el libro de Albert Espinosa, se podría decir que es un amarillo.

No debo dejar pasar este tren para agradecer al Dios que exista que ella esté en mi vida. Y claro, todo lo que ella entraña; una cálida luna y un brillante sol, Alberto.

Ojalá nos podamos tatuar lo que, con sus palabras y su alma, Jany pretende: inmortalizar la moraleja: «mirar al frente y tirar con las cadenas de uno mismo puede ser fácil; sólo basta con espiar nuevos horizontes a tus pies».

¿Acaso no vas a darte esa oportunidad?

Gloria Gutiérrez Caballero
Dueña y señora de mis sueños

«Errar es de humanos, pero echarle la culpa
a los demás, es más humano todavía».

Charles Chaplin

1. Pero ¡qué te has creído!

–¿Quién ha roto el documento que había en esta mesa? Guillermo, no me mires así, que alguien habrá sido, ¿no? –le pregunto con ojos encolerizados.

–Eh… Pues no sé, María –responde Guillermo.

–¡Ya estoy harta! Llevo todo el día trabajando y pensando en facilitaros el trabajo. A la mínima que me descuido, ¡zas!, la liais. ¡Sois un desastre! Lo último que me faltaba es pensar que en esta empresa hay fantasmas, ¿verdad? Mira, márchate ahora mismo. No quiero verte –le contesto con voz alta.

Pero bueno, ¿qué se ha creído este? Lleva toda la mañana holgazaneando y para una cosa que hace la estropea. Y encima un documento superimportante para la empresa. Llevaba dos días elaborándolo. Brrrr, esto no hay quien lo aguante. Necesito salir de aquí y marcharme lejos, donde nadie me moleste.

¡Jo, es que es verdad! Mira, esta misma mañana me he levantado a las 06.00 horas para llegar antes al trabajo y ordenar un poco las mesas. Creo que el orden y la limpieza dicen mucho de la empresa y de las cabezas de quienes la lideran. Y ayer, para evitar agobios de última hora, cerré dos entrevistas importantes para hoy que tenía que haber hecho Guillermo. Y hoy rompe el papel y encima no lo reconoce. ¡Vamos, lo que me faltaba!

Se supone que somos una pequeña empresa de servicios integrales y que nuestra fuerza debería ser la coordinación, pero nada. De hecho, estoy tan harta que últimamente me estoy pensando despedir a Guillermo… y ya veremos si contrato a alguien.

¡Buff! Me acuerdo tantas veces de mi padre. Siempre me repetía una frase que años más tarde descubrí que era de Mark Twain: «aléjate de la gente que trata de empequeñecer tus ambiciones. La gente pequeña siempre hace eso, pero la gente realmente grande te hace sentir que tú también puedes ser grande».

Son las 09.30 horas. Creo que voy a hacer las visitas a los proveedores ahora y así me da el aire. Cuando estoy abriendo la puerta aparece Felipe, otro de mis empleados.

–¿Has visto mi cartera? La estoy buscando –me pregunta.

–¡Tú sabrás dónde está! No me extraña que se te pierda. Si estuvieras donde tienes que estar, no te pasaría. Mira, tengo que salir. Ahora no tengo tiempo de entretenerme –le respondo.

Pero bueno, ¡otro que no asume sus responsabilidades! De verdad, estoy muy harta.

Cojo el ascensor camino del garaje y cuando me dispongo a abrir la puerta, esta se abre de repente y topa con mis pies. Y encima hoy llevo chanclas.

–¡Uuuyyy, qué dolor! –exclamo mientras me encojo sujetándome el pie.

–¡Ayss, vaya, disculpe! Es que vengo cargada con la compra y he abierto la puerta con la espalda. La verdad es que tenían que poner un cristal para ver si hay alguien detrás –me responde.

–¡Pero hay que tener más cuidado! Imagínese que vengo con un bebé –le insisto.

–De verdad, perdóneme. ¿Se ha hecho daño? ¿Quiere subir y le doy unas tiritas? –me responde.

–No, no, déjelo, ya se me quitará. Tengo prisa. Venga, adiós –le contesto.

Brrrr, lo que me faltaba ya. Encima me encuentro con una torpe que no tiene ni el más mínimo cuidado. ¡Vaya un día que llevo! Y además se justifica. Si le digo lo que he pensado en ese momento, la dejo preparada. Por lo menos no ha negado la evidencia y parece que le ha dado la importancia y gravedad que tiene su error. Eso me alivia en parte.

Medio coja, me dirijo al coche para salir del garaje. Lo arranco y al darle al pulsador para abrir la puerta, otro vehículo que entra. ¡Y encima me toca esperar!

2. La culpa también tiene dos caras

Al salir del garaje me encuentro el semáforo en rojo y un vehículo delante esperando. Cinco segundos después se pone en verde. Veo que el coche de delante no se mueve y sin pensarlo dos veces, le enchufo un bocinazo acompañado de un gesto aireado para que se dé prisa. ¡Qué placer, de verdad! Esto de darle un bocinazo a otro para recordarle su torpeza te hace sentir superior.

De repente un balón aparece por la calzada y el coche de delante que estaba iniciando la marcha de forma apresurada tras el sonido de mi claxon frena justo delante de un chaval de unos 10 años que iba en busca de la pelota.

–¡Dios mío, qué susto! No quiero ni pensar si le hubiera pasado algo al niño –me digo a mí misma.

Aún me están temblando las piernas. En apenas unos segundos la escena se desvanece. El niño sigue su camino hacia el parque y el coche de delante continúa su marcha.

Prosigo mi trayecto hacía la entrevista con mi proveedor, pero noto cómo se agita mi interior. Mi conciencia me recuerda que no he actuado bien. Estaba tensa y quise pagar mi ira con la torpeza del otro vehículo. Pero por poco atropella al niño. En parte, hubiera sido mi culpa. Como decía el político romano Catón, «puedo perdonar todos los errores, menos los míos».

Como no puedo soportar este incómodo remordimiento, me repito una y otra vez lo injusta que es la vida y lo poco que se reconocen los favores. La gente va a lo suyo y están a la mínima para descubrir tus errores.

¡Vaya, otro semáforo! Mientras espero, recibo un mensaje en el móvil: «gracias, María, por lo del otro día. Besitos. Ana». ¡Qué linda, Ana! Es de estas amigas con las que sientes que recibes más de lo que das, regalos de la vida. El otro día nos tomamos un café y conversamos sobre un pequeño problemilla que tenía con su pareja. Creo que hablarlo le vino bien.

Necesito leer este mensaje otra vez. Es como un bálsamo para mi conciencia. Mientras me deleito leyendo la primera palabra del mensaje, un bocinazo del coche de atrás me devuelve a la realidad. Sin pensarlo dos veces lanzo mil y una palabrotas al tiempo que le recrimino su falta de paciencia.

> –¡Pero bueno, qué se ha creído este! Ni que la calle fuese suya. Si tiene prisa, que se coja un avión. ¡Pues ahora te vas a esperar a que termine de leer el mensaje, por chulo! –me digo a mí misma.

Lo ves, lo que te decía. A la mínima que te descuidas, ¡zas! Lo tengo muy claro, ¡que cada cual aguante su vela! Brrr, ¡qué coraje! Este tío me ha vuelto a poner de malas pulgas. Mira, ¿sabes lo que te digo? Que voy a llamar a Ana, a ver si se puede tomar un café. Necesito encontrarme con gente que te dé cariño, que te haga sentir que le aportas y no que te venga a dar problemas o a echarte la culpa de sus fracasos.

3. La patata caliente

De verdad, estoy en uno de esos momentos de mi vida en los que pienso que no he tenido suerte. Estudié una carrera para la cual parece que todo el mundo vale. Los trabajos anteriores que tuve han estado plagados de jefes ineptos, más preocupados por mostrar su poder que por escuchar a los empleados. Y en ese paraguas del miedo es donde empiezas a entender que los mejores amigos están fuera del trabajo.

La culpa se transforma en el juego de la patata caliente que nadie quiere tocar para no quemarse. Aprendes a esquivar la patata cuando viene hacia ti. Aquí la rapidez es la clave. Pon nombre al destinatario antes de que sea el tuyo el que aparezca en la etiqueta. Y entre tanto, en plena crisis de los 40, vas viendo cómo otras amigas y compañeras con menos formación y habilidades van logrando más éxitos que tú. ¿Es o no es frustrante? Necesito salir de este bucle que me ahoga.

Llamo a Ana ahora mismo.

–Ana, soy María, ¿qué tal? –le saludo.

–Hola María. Acabo de enviarte un mensaje –me responde.

–Sí, lo he visto. Muchas gracias, no tienes por qué darlas. Para eso estamos las amigas –le respondo.

–Después de aquel café le he dado vueltas a las cosas y parece que he reencontrado el rumbo –me contesta.

–Oye, Ana, ¿dónde estás ahora? Me gustaría tomarme un café contigo. Estoy frente al mercado –le respondo.

–Anda, espérate ahí, que acabo de llevar a Samuel al colegio y estoy a cinco minutos. Nos vemos ahora –me responde.

–Venga, te espero –finalizo la llamada.

Ayss, tengo muchas ganas de ver a Ana. Necesito respirar, conocer que soy útil a los demás. Empiezo a estar cansada de esta lucha constante del «y tú más». Mira, por ahí llega, es Ana.

–Ana, ¡qué alegría verte! –la saludo con dos besos.

–Para mí también, María. ¿Cómo estás? –me pregunta con una mirada maternal de esas en las que es imposible mentir.

–Bueno, ahí estoy –le respondo.

Sin mediar más palabras, Ana me abraza como sólo ella sabe hacerlo. Con las manos abiertas recorre mi espalda lentamente de arriba abajo. Siento su cariño y compruebo cómo la tensión de mis hombros se reduce. No puedo evitar suspirar y rompo a llorar. La abrazo con más fuerza. Necesito que este momento dure más. Necesito sentir que esta vida esconde algo de gratitud.

–María, ¿qué pasa? ¿Estás bien? –me pregunta con ojos de preocupación.

–No, Ana, no estoy bien. Estoy cansada de todo, ya no puedo más –le respondo.

–Bueno, vamos a sentarnos allí y nos tomamos un café –me responde Ana.

Mientras nos dirigimos a la cafetería, Ana me deja un pañuelo para secarme las lágrimas. Nos sirven el café y no puedo evitar suspirar. Son tantos recuerdos los que se me vienen a la cabeza... Al final el juego de la patata caliente pasa factura.

–Ana, gracias por venir –le digo mientras me seco las lágrimas.

–Pero, ¿qué ha pasado? Me tienes preocupada –me responde mirándome a la cara con ojos como platos.

–Pues que estoy cansada de luchar. Siento que cada uno va a lo suyo y que están siempre esperando a que caigas para recordarte que no vales nada –le respondo apretando fuertemente el pañuelo.

–Ya, eso me suena. ¿Sabes? El otro día cuando tomamos un café y luego me llamaste, tu preocupación me hizo ver la realidad con otros ojos. Si recuerdas, la semana pasada estaba hundida. Tenía problemas con mi pareja, con el niño, en el trabajo. Me sentía como un trapo. ¿Te acuerdas?

–Sí, me acuerdo, Ana. Algo así siento yo ahora –le respondo.

–Pues bien, tras hablar contigo me di cuenta de la cantidad de energía que he estado malgastando en descubrir los errores de mi marido, de mi hijo, de mi compañero, etc. Mi deseo se basaba en estar ahí para recordarles cómo se siente alguien que falla y atribuirme el mayor número posible de éxitos. Sin embargo, esa carrera hacia una ficticia superioridad no hacía más que esconder mi propia aceptación. Echar la culpa a terceros es perder el control de tu propia vida, es no darte la oportunidad de mejorar, es no aceptar que la debilidad es la oportunidad de que otros te ayuden. Por ello, gracias, María, por concederme el regalo de escucharte hoy.

–Ana, tú conoces gran parte de mi vida. Sabes que no he tenido suerte –le respondo.

–Espera María, ¿que no has tenido suerte? ¿Qué entiendes por tener suerte? Al menos, que yo sepa, hasta el día de hoy no te ha faltado de nada. Y creo que tienes una familia que te quiere mucho. Mira, nada más colgar el teléfono la semana pasada subí la persiana y miré la luna. Me di cuenta de que a veces nos creemos que el mundo gira a nuestro alrededor y que todo aquello que no sale como queremos debe alejarse para no minar nuestra niña interior. Y así, nuestros ojos inquisidores nos impiden ver la realidad en toda su dimensión. Olvidas a los que te rodean y te olvidas de ti. Comienzas una carrera imparable comparándote y comparando. Tu vida comienza a adoptar el significado que el exterior proyecta. No te gusta lo que ves, no te gusta lo que sientes, pero crees que es más fácil correr que definir un destino. Y a eso se le llama miedo a la responsabilidad; miedo a tomar consciencia de que tú y sólo tú, eres la única que dominas tu vida. Eso fue lo que me enseñaste el otro día, María, y eso es lo que quiero recordarte, hoy.

–No sé, Ana. Necesitaré tiempo. Quizá necesite reencontrarme, pero… –le contesto.

–¿Pero qué? No hay peros. Estás hablando de ti, María, de tu interior. Y ese sólo te tiene a ti. ¿Cuándo fue la última vez que te reíste de un olvido? ¿Cuándo fue la última vez que dijiste: «no te preocupes, todos metemos la pata»? ¿Cuándo fue la última vez que te recordaste que tú también eres persona y que tienes derecho a fallar? –me contesta con vehemencia.

–Ya, pero tarde o temprano habrá alguien que te recuerde: «¡lo ves, te lo dije!» –le respondo.

–Efectivamente, esa es la primera frase que te invita a competir con otros en una carrera insana por ver quién tiene más fallos. Nos agrada ver caer al otro y pensamos que esa sensación pasajera de superioridad durará siempre. Te resistes a reconocer tus fallos y poco a poco aprendes que la mejor defensa es un buen ataque. Pasas de estar con los demás a estar contra los demás. Y así, corres, corres y corres en busca de una felicidad que ya no depende de ti y que termina por agotarte. ¿Acaso no has escuchado que correr es de cobardes? –continúa Ana.

–Sí, claro, muchas veces –le contesto.

–Pues pregúntate por qué –me responde.

Son casi las 13.45 horas y Ana tiene que ir a recoger a su hijo. Se podría decir que no he hecho nada de lo previsto en mi agenda. A ver qué excusa pongo. ¿Excusas? ¿Ya quiero empezar otra carrera? ¿Qué pasa, que no tengo derecho a reencontrarme y descubrir que tengo millones de defectos? Pues aquí va el primero.

4. Los niños siempre tienen la razón

En un estado de extraña paz interior que hacía tiempo que no sentía, decido sentarme en uno de los bancos del parque, enfrente de la cafetería. Allí corretean varios niños que acaban de salir del colegio. Una escena me impacta. Observo cómo uno de los niños, de unos 5 años, llena un globo de agua y cómo el tamaño del mismo crece a pasos agigantados. Casi sin fuerzas el niño cierra el grifo. Mientras se dirige al grupo de iguales otro niño, imagino que amigo suyo, va hacia él con la clara intención de ayudarle a transportar el globo. Nada más tocarlo, el globo explota y se derrama íntegramente en la camisa y pantalón del primero. El niño, mojado de agua de arriba abajo, comienza a llorar. Se hace el silencio durante un instante en el parque. Rápidamente su madre acude al encuentro.

–¿Qué ha pasado? –pregunta la madre mientras le seca las lágrimas.

–¡Ha sido él! –responde el niño al tiempo que apunta con dedo acusador al otro pequeño.

De inmediato la mirada inquisidora de la madre y los ojos de susto del otro niño se fusionaron. En ese momento salta a escena la madre del acusado. Ante la evidencia de encontrar un niño mojado y el otro no, pocas palabras parecen necesarias para entender lo sucesivo. Así es que, sin mediar palabra, esta madre pide disculpas por lo sucedido y con fuerza agarra a su hijo, diciéndole: «¡estás castigado! Ahora mismo nos vamos». El niño tiene tal susto en el cuerpo que permanece callado.

Todo esto me hace pensar. Nadie ha indagado más allá de lo evidente. La buena intención de un niño por ayudar queda penalizada sin mediar palabra. Pareciese que la invisible motivación de un hecho sucumbiese a lo que se ve. La pregunta «¿qué ha pasado?» quedaba contestada con «¿quién fue?». Minutos antes de la escena, la madre del niño con el globo le había llamado la atención varias veces para que no cogiera nada de la bolsa que contenía algunas chucherías y los globos. Aquel suceso evidenció cómo la búsqueda del causante pareciese saciar algo más que la solución a un conflicto. Es como si necesitáramos una diana sobre la que proyectar nuestra ira o esconder nuestra cobardía y responsabilidad.

Casi sin tiempo para la reflexión, una niña de unos 3 añitos se dirige al banco donde está sentada la que imagino sería su madre. La niña, con cara de enfado, dice:

> –Mamá, aquel niño me ha dicho tonta –mientras, señala al presunto instigador.
>
> –¿Sí? Pues ya sabes que tus problemas debes resolverlos tú. Así es ve para allá otra vez y busca una solución –le responde la madre con suma tranquilidad.

La niña se gira y regresa al lugar de juego donde el presunto se encuentra subido al tobogán y alejado de la zona donde se había producido el hecho. Sencillamente, no es necesaria ninguna intervención y ambos niños siguen jugando.

Me quedo perpleja ante dos reacciones tan opuestas. Me hace pensar cómo parte de los conflictos se originan cuando aumentamos la importancia de un hecho, asociamos lo evidente con un causante y a partir de ahí le atribuimos sin compasión todo aquello negativo del pasado, presente y futuro. Da igual lo que digas o hagas, la mochila de la culpa y el peso que queramos darle a su contenido necesitan un dueño. Es como si a un avión con exceso de carga se le abriera una puerta por donde poder arrojar el equipaje excedente. Quizá hayamos olvidado que nuestro avión dispone de un límite de carga máxima para soportar. Quizá no todas las maletas tienen por qué pesar tanto ni tienen por qué formar parte de nuestro equipaje. Quizá no seamos conscientes de que una vez que el avión despega, tenemos miedo a que no logre la velocidad adecuada, descienda o se estrelle. Y así, parece que estamos obligarnos a abrir las puertas en pleno vuelo, sin calcular que esa despresurización y desalojo de equipaje pueden tener consecuencias graves, tanto para nosotros como para aquellos a los que cae todo encima.

Quiero confesarte algo. La empresa de la que te he estado hablando a lo largo de estas líneas no es ni más ni menos que mi casa. El proveedor al que me dirigía era el supermercado. Guillermo es mi marido y Felipe mi hijo. Soy la directora de este hogar y aquel documento tan importante era la lista de la compra para de la semana. Ah, otra cosa. Me acabo de acordar de que fue ayer cuando estuve hablando por teléfono con Ana y creo que, mientras hablaba, me lie a hacer dibujitos en el papel de esa lista y finalmente acabé por romperla. Con las prisas, salí de casa y dejé los restos del papel en la mesa.

Decía el crítico literario inglés Collins que «la mitad de nuestras equivocaciones en la vida nacen de que cuando debemos pensar, sentimos y que cuando debemos sentir, pensamos».

4

La fuerza del destino

Mar Asenjo Vilares

Prólogo

Tengo que confesar algo. Casi nunca leo los prólogos de los libros. Así que no sé muy bien si tengo que escribir sobre la autora o sobre el capítulo. Aunque tratándose de Mar Asenjo creo que da un poco igual. Escribe como siente. El otro día veía la película *Kate y Leopold,* protagonizada por Meg Ryan, y enseguida me acordé de ella. El argumento, como en el libro, refleja el alma con el que cada día esta chica del tiempo afronta la vida.

Mar sigue creyendo en la gente, en la bondad y en el príncipe azul. Conocí a Mar en Antena 3 y el destino nos unió madrugando mucho. Apareció como un duende en mi camino para hacerme reír y brillar. Se puede trabajar en equipo, se puede trabajar con ilusión, se puede trabajar y disfrutar. Esto lo aprendes al lado de una persona que irradia positividad.

Mar asegura que existen las almas gemelas y en su búsqueda encuentra personas maravillosas y otras que, aunque no lo son tanto, le ayudan a seguir el camino que hay que trazar cada día. El dibujo de esta periodista polifacética es el de una sonrisa, la que le pone a un mundo complicado, pero maravilloso, empapándose de vida, la que ha dado y de la que se rodea.

Levantarse de nuevo, reinventarse, palabra que se ha puesto de moda, sin perder la magia. ¿Crees en los cuentos? ¿Se pueden cumplir los sueños?

Lola Hernández
Periodista deportiva y presentadora de televisión

«Los mismos cueros tenemos todos los mortales al nacer y, sin embargo, cuando vamos creciendo, el destino se complace en variarnos como si fuésemos de cera».

Camilo José Cela

1. Cuando el suelo se tambalea

¡No puedo parar de llorar! ¡No puedo más! ¿Cómo resistir tanta presión? Hay veces en la vida que se dan circunstancias en las que parece que el mundo entero pretende confabular contra ti empujándote hacia el abismo. Y cuando estás a punto de tirar la toalla, de repente, como por arte de magia, todo se arregla y vuelves a empezar. ¡Qué privilegio la vida, cuando la comprendes en su sentido más amplio! Un sentido que logré entender después de vivir en primera persona esta historia de lucha, entrega y pasión que te voy a contar. Una historia que, trascendiendo más allá de lo real, me ha hecho experimentar las palabras que un día de melancolía me confesó un buen amigo para animarme. Palabras sabias que decían: «Dios no escoge a los capacitados sino que capacita a los escogidos». Sí, te capacita para resistir, contra viento y marea, ante las más crueles de las adversidades y tirar de aquellos que no saben sobrevivir por sí solos, para mostrarles el camino. Así que, ¿de qué sirve llorar más? ¡Ya está, Mar, ya pasó! ¡No hay vuelta atrás! De cualquier forma, todo se arreglará y ahora toca hacer tu programa de televisión en directo como cualquier otro día, sin perder de vista tu propósito de vida.

Este es el pensamiento que siempre me acompaña y el que me ayuda a levantarme del suelo cuando caigo. Hemos dejado de creer en lo extraordinario y lo más trágico del asunto es que muchos piensan que no se puede cambiar de vida. Seguro que has escuchado un montón de veces: «¡es lo que hay!». ¡Craso error! Sin duda, esta forma de pensar te sumerge en la espiral que yo misma denomino del embudo gris, cuyo destino final es el de encontrarte en un agujero que acaba cegándote.

Sólo dispongo de media hora antes de que empiece el informativo. No han llegado aún ni la peluquera ni la maquilladora. ¿Y qué hago yo ahora con estos pelos y este careto de siete de la mañana, que ni yo me reconozco? Venga, no hay tiempo que perder, a sacar mi propio arsenal de maquillaje. En ese momento aparece Rosa, la maquilladora, por la puerta:

–Mar, ¡lo siento! El tráfico me ha hecho llegar tarde. ¡No sé cómo pedirte disculpas!

–No me las des, no pasa nada. Todos, de vez en cuando, fallamos alguna vez y para eso estamos los compañeros, para apoyarnos los unos en los otros y que el barco no zozobre.

–Mar, da gusto trabajar contigo. Tú siempre tan comprensiva con los demás. Así deberíamos ser todos. Es un placer estar cerca de ti.

–Anda corre, déjalo ya, que no llegoooooooo.

–¿De qué color vas vestida?

–¡Vaya! Espera, voy al camerino a ver que me ha dejado la estilista –nada, ni una prenda. Regreso a maquillaje–. ¡Dios santo! Hoy no es mi día. También se ha olvidado de mí Susana. No tengo ningún cambio preparado. Sin duda se trata de un lunes fatídico –pero acto seguido cambio el chip–. ¡Noooo! No pensemos eso, que aún puede ser peor. Creamos, cómo dice el refrán, que todo lo que empieza mal acaba bien. Y así será. Al fin y al cabo, me he traído esta chaqueta de color negro que me vale con los vaqueros que llevo puestos, así que, como ves, voy de negro, mi color preferido en ropa.

–¡Bien! Un color precioso. Te pondré entonces tu marrón en los párpados y el rosa nacarado en los labios –me dice Rosa.

–¡Sí, perfecto! Pero recuerda maquíllame muy natural, sobre todo el delineador de ojos. Ya sabes que al tener el párpado muy carnoso parece que me come el ojo si el trazo lo haces muy ancho.

–¡Tranquila Mar! Ni que nos conociéramos desde hace trece años –y ríe a carcajadas.

–También es verdad –río yo también–. ¡Correeeee!

–¡Tranqui! Y por cierto, ¿qué te pasa, que no tienes muy buena cara?

–Nada importante, no he dormido bien, sólo es eso –intento quitarle importancia.

–Vamos Mar, eres un libro abierto. Cuenta –Rosa me conoce. No hay manera de engañarla.

–Que no tiene importancia, de veras.

–Vale, como tú prefieras. ¿Y qué tal con tu nuevo proyecto de televisión, ese al que llevas tanto tiempo dando vueltas en la cabeza? ¿No me dijiste que estaba ya prácticamente cerrado?

–Rosa, no quiero hablar de eso. Corre, que es lo que tienes que hacer.

–¡Ya sé! Se trata de Ramón –insiste.

–¡Rosa, noooo! –empieza a resultar difícil controlarme y se me saltan las lágrimas–. ¡Lo siento! Ves, ya estoy llorando y tu maquillaje se está destrozando… y no puedo parar. Ahora sí que la hemos liado. Te dije que no me preguntaras. –Mientras trato de mantener el rímel a raya le explico–: Ramón salió de mi vida hace más de seis meses. Se fue, igual que entró, milagrosamente y no he sabido de él hasta hoy.

¡Imagínate! Cuánto recuerdo y cuánto dolor vuelven a entrelazarse, instalándose en mí. Un desasosiego, que marchita cualquier intención de seguir hacia delante. Quiere verme y yo no. Fíjate, que estoy dispuesta a sacrificar mis dos grandes sueños: el proyecto de televisión que me obsesiona y el amor con mayúsculas.

–¡Venga, rápido, Mar, que no llegas al directo! –concluye Rosa.

¡Uff, por los pelos, ya estoy aquí! ¡Qué mal rato he pasado! Menos mal que tengo cerca a Lola. Ella es mi compañera y amiga del alma. Pocas periodistas son tan versátiles como ella, que lo mismo te presenta como los ángeles los deportes de la cadena, que te baila una jota en el plató. Sus chascarrillos, sus caras y su buen corazón le hacen parecer un duendecillo siempre en danza y ojo avizor. Y hoy más que nunca su complicidad me ha salvado de la quema. A un minuto de mi aparición en directo sus palabras me han dado alas para afrontar el informativo de las 07.00 horas: «¡Mar, venga, que tú puedes con todo!».

Ahora toca preparar el informativo del mediodía. Así es que me pongo a elaborar el pronóstico del tiempo para los próximos tres días. Para ello, y como de costumbre, consulto la información de la Agencia Estatal de Meteorología y, tras una larga comparativa con otra serie de modelos, construyo el mío que suele coincidir en un 90% con el de la Agencia. A partir de ahí, y con ayuda de Photoshop, voy creando los mapas con la imagen que cargaba del Meteosat. Entonces intento imaginar todo tipo de posibles discursos que permitan al telespectador quedarse con el pronóstico. El objetivo es lanzar unos pronósticos diferentes que lleven una carga emotiva positiva.

En estos momentos la cadena de televisión pasa por muy momentos bajos y un ERE nos acecha. Cualquiera de nosotros se encuentra en el disparadero y es susceptible de causar baja. Hay mucho nerviosismo y demasiadas luchas personales que, irremediablemente, están conduciendo al caos. La guerra se convierte en algo lícito y cada uno, de forma individual, busca la manera de sobrevivir, pero a precios altos que se graban en la memoria. Sólo me queda aferrarme a la fe porque siento tambalearse los cimientos que alimentan mis más profundos anhelos. Y para colmo se pone en riesgo mi presencia en la tele, además de la pérdida del que creía que iba a ser mi amor verdadero.

2. La delicada línea del corazón

En esta tesitura fue cuando un buen amigo, Tomás, observando mi inquietud, me regaló un libro que hablaba de los ángeles. Cuando lo vi me eché a reír y le pregunté:

–¿Tan mal me ves?

A lo que contestó:

–No tienes nada que perder. Tú lo lees y a ver si te sirve de algo.

Con gran cautela y escepticismo hojeo el libro y sus páginas extrañamente me empiezan a transmitir paz. Recuerdo que una de sus frases me alertó de la presencia de ángeles que iban a aparecer en mi vida desde ese momento. Ese texto, sin querer, me ha quedado grabado y me ha hecho reflexionar. Y en plena revolución intento memorizar el texto del programa del mediodía. Mientras me dirijo hacia el estudio no puedo evitar pensar en Ramón.

Ramón Fernández es uno de los hombres que, hasta el momento, más me ha amado en esta vida. Todo comenzó con un extraño presentimiento y las redes sociales. Como puedes imaginar, nunca revelo mi verdadero nombre mientras chateo. Pero este desconocido artilugio me enganchó hasta tal extremo, que me pasé horas enteras navegando entre sentimientos desconocidos y emociones dispares que aceleraron mi corazón cada vez más en cada sesión que iniciaba. Era realmente emocionante descubrir diferentes perfiles de personas, a cuál más interesante, que me iban nutriendo y enriqueciendo. Hasta que un día conocí a alguien muy especial.

Durante muchos meses hemos estado enviándonos mensajes sin desvelar nunca nuestra verdadera identidad. Mensajes en los que muy lentamente íbamos desnudando nuestra alma. Sin apenas darnos cuenta y dejando rienda suelta a nuestros sueños más cautivos, fue creciendo en nosotros una sensación tan extraña pero a la vez tan gratificante que, sin querer, nos hechizó hasta límites insospechados.

Ramón se convirtió en mi prolongación. Parecía como si el universo hubiera escuchado mis plegarías y me presentara al hombre con el que siempre había soñado. Estaba viviendo una verdadera historia de amor. Un amor escrito con letras mayúsculas que me mecía hasta perder el sentido. Nuestros mensajes fueron en aumento y no había noche que no me adormecieran sus bellas palabras cargadas de tanta sensibilidad que me conducían inexorablemente al más dulce de los sueños. Al despertar, enganchada totalmente a sus escritos, como si fuera una zombi, corría al ordenador para volver a leer el mensaje del día. Sí, me había convertido en una yonqui de su literatura amorosa. Y así, estuvimos durante muchos meses hasta que, sin poder retrasarlo ni un instante más, decidimos conocernos en persona.

Me citó en el Jardín Botánico un sábado al mediodía en el que las flores y el aroma que desprendían decoraban el escenario perfecto para el amor ideal. Yo llegué puntual y allí me lo encontré, en un banco avejentado y con un periódico en las manos. Perfecto, armonioso, bello por dentro y por fuera. Era más de lo que me había imaginado. Y sin poderlo evitar, mis piernas empezaron a flaquear y mi corazón a acelerarse. «¡Qué vergüenza! –pensé–. ¡Me lo va a notar! ¡Me siento totalmente insegura y creo que me voy a derrumbar! Será mejor que me vaya y no vuelva jamás. Que esta historia se guarde en mi retina, como el amor que pudo ser y no fue». Pero en ese preciso momento, cuando estaba a punto de dar la espalda a la historia de amor más bonita de mi vida, él alzó su mirada y tras clavarla en la mía me acercó hasta él. Allí estábamos los dos, postrados el uno frente al otro sin emitir sonido alguno, mirándonos a los ojos sin apenas parpadear, eliminando cualquier vestigio de temor y sacando de nosotros lo mejor que llevábamos dentro. Así nos pasamos los minutos más auténticos de toda nuestra existencia. Nos habíamos reconocido. Pareciese que llevábamos toda una vida buscándonos y al final nos habíamos encontrado.

Estábamos solos en aquel hermoso lugar. Extrañamente, no había nadie. Sólo podía escuchar el dulce cantar de los pájaros, cuyos sonetos de amor me envolvieron en una nube mágica que me trasladaba muy lejos de allí. Y desde ese lugar pude contemplar cómo su forma de besarme y su manera de acariciarme me iniciaron en un ritual amoroso que me hizo perder el control de mis sentidos.

Jamás había sentido tanta pasión y amor unidos. Era como si la tierra y el cielo se fundieran dentro de mí. Me sentía poderosa, la mujer más hermosa del mundo capaz de realizar cualquier bella hazaña. Su mirada, que no olvidaré jamás, me abrasaba provocando la aceleración constante de mi respiración. La diosa que llevaba dentro, desenfrenada y encantada, se empapaba de felicidad y satisfacción. Y así, bajo esa estela de fulgor, disfrutamos de largas horas de frenesí hasta el momento de la partida. La despedida fue muy dura. Me confesó la existencia en su vida de una bonita familia a la que proteger y a la que no podía abandonar por nada del mundo, ni siquiera por este amor tan mágico. Una familia que yo no tenía y que anhelaba por encima de todo. Así es que, con un nudo en el estómago de esos que te hacen sentir la amarga cara del infortunio, nos dijimos hasta pronto.

Poco tiempo después decidimos volver a reencontrarnos, prometiéndonos apagar cualquier impulso de pasión que pudiera hacer peligrar aquella amistad del alma. Pero teníamos que vernos una vez más. Y aquella tarde Ramón me aseguró que no podía olvidarse de mí, al tiempo que me desvelaba su verdadera identidad. ¡Dios mío! No podía dar crédito a aquella situación. Ramón era una persona muy influyente en el mundo empresarial e inmensamente rica.

–¡Dios Santo, Ramón!, ¿por qué me lo ocultaste? Ya sabes mi credo. Llevo años buscando a un fantasma que hoy se ha materializado en tu persona. Déjame que te cuente algo. Desde bien niña siempre me han sucedido sucesos, que más han tenido que ver con un mundo onírico que con la realidad. Aunque no te lo creas, casi todos mis sueños, por imposibles que parezcan, se han cumplido. Y hace unos años, estando sentada en una terraza del viejo Madrid con un amigo y rodeada de mucha gente, se acercó hasta a mí una pobre mendiga que me previno sobre la presencia de un personaje influyente. Sin duda alguna, creo que eres tú, Ramón.

Le conté cómo visionaba el programa televisivo que triunfaría en televisión, cuya esencia no era otra que la de poder ayudar a todos los que sufrían, minimizando su dolor mediante un entrenamiento positivo del cerebro.

Mientras le iba hablando, notaba cómo sus pupilas chispeantes se llenaban de lágrimas. La idea le conquistó.

–¡Mira, Mar! Quizá nuestro amor no tenga cabida en este mundo pero sí tu proyecto, que respeto y voy a promocionar junto a ti. Ayudaremos al mundo a cambiar. Yo que puedo, nunca me perdonaría si no hiciera nada al respecto. Así que cuentas con toda mi bendición. A partir de mañana empezaré a moverlo.

Y tras dos besos en la mejilla y un abrazo eterno, volvimos a despedirnos hasta hoy. Nunca más supe de él ni de aquellos dos sueños que se encargó de verter en el olvido. Y hoy quería volver a verme. Aquella situación supuso un momento difícil. Era consciente de que amar es dar y ceder sin esperar. Es extender tus límites para renacer en otra persona. Es ser idealista creando de la nada lo que deseas. Pero por imposible que fuese ese amor, deseaba el reencuentro, porque de otra manera estaría recordándomelo toda la vida.

3. Señales con alas

Hoy es jueves. Son las 14.30 horas. Salgo de mi puesto camino de la sala de maquillaje.

–Buenas, ¿por dónde paso primero? Sólo es un retoque –pregunto.

–Por aquí, Mar –me contesta Pilar, otra de las maquilladoras.

–¡Qué suerte tienes, chiquilla! Hay que ver qué bien se te conserva el maquillaje desde esta mañana.

–Sí, es cuestión de genética pienso. Mi madre tiene una maravillosa piel que yo he debido de heredar.

–Pues un poco de polvo y saca tu barra de labios, que te dé un poquito en ellos. Ya está. Lista para triunfar.

–Gracias, Pilar, eres un sol.

–Pasa por aquí, Mar –me dice Carmen, la peluquera.

–Nada, levántame un poco el flequillo y a correr –le digo mientras coge un bote de laca.

–Ya estás lista. ¿Te gusta?

–Sí, gracias Carmen. Como siempre, un placer estar con vosotras.

Camino del camerino voy en busca de mi chaqueta negra en el armario. De repente me encuentro con una de mis compañeras, Irene. Ella llevaba más tiempo que yo en la casa y se dedicaba a presentar los informativos. En ese momento y con mala fe o sin pretenderlo, sembró en mí la daga de la inseguridad al decirme:

–Hola Mar, cómo te va? Mejor, imagino, ahora que vas a tener nuevo o nueva compañera del tiempo.

–¿Perdón? –contesté yo.

–Sí, te digo esto porque ayer estuvieron haciendo pruebas en tu croma. Supongo que ya estarías informada del tema, ¿no?

–Ah, pues para serte sincera, no tenía ni idea. Pero gracias por advertirme de ello justo ahora, que entramos en directo.

En ese momento no puedo más que esbozar una de esas sonrisas irónicas y nerviosas que delatan tu falta de información. Abandono el camerino con la cabeza puesta en otro lugar. ¡Dios, qué día tan cruel! ¿Y ahora, qué? ¿Cómo consigo centrarme? ¡Mar, tranquila! Seguro que se trata de un error o probablemente es que estén buscando ya a la becaria que me ayudará en el verano. Nooooooo, ¡me voy a la calle! Ya sabes cómo se las gastan aquí. Extraña política la que llevan a cabo desde la cúpula. Todo es hermetismo, falsas direcciones y caos a la hora de organizar. ¡Así es como se genera mal rollo e inseguridad entre los compañeros! ¿Cuándo se darán cuenta de que un poquito de inteligencia emocional daría mejores resultados? Nos tienen acostumbrados a la política del miedo y a la confrontación entre compañeros. Sólo deseo que esta realidad cambie. Renovarse o morir teniendo en cuenta que en las empresas trabajan personas y que por ello el factor humano no se puede obviar si queremos triunfar. Es momento de revindicar figuras como la de director de la felicidad, un personaje cuya misión reside en la búsqueda del bienestar de los trabajadores. Daniel Goleman, máximo exponente de la inteligencia emocional, dice que «las empresas más talentosas del presente empiezan a seleccionar a su personal en base a este concepto que configura los rasgos que sobresalen en los denominados trabajadores estrella».

Bueno, ¡ya está! Voy a revisar los mapas antes de entrar en directo. La verdad es que no sé por qué me encontraba tan incómoda cuando realmente no había pasado nada. Sólo era una prueba más. El tiempo de la mañana había salido perfecto. Pero, extrañamente, me sentía inquieta. Algo no iba bien y no sabía que era. Y desde luego no era Ramón. A él le tenía aparcado para el final. Mi sexto sentido me prevenía de un peligro y no alcanzaba a averiguar de qué.

Mientras regreso a mi puesto abro el ordenador y compruebo que los mapas que ya había terminado y lanzado a control central han desaparecido. Estamos a menos de un cuarto de hora y no hay rastro de ellos. La realizadora, viendo la que se venía encima, ha llamado al jefe de informática, quien con gran rapidez buscó al experto. El informativo de la tres está a punto de finalizar para dar paso a un tiempo que no existía, porque por arte de magia ha desaparecido. Mis nervios, otra vez a flor de piel. En ese momento entra una de las personas que se convirtieron en mi ángel, Javito.

–Hola, buenas tardes, ¿Mar?

–Hola, buenas –le respondo.

–Soy Javi, del departamento de grafismo. Me han dicho que tienes problemas con unos mapas que haces en Photoshop. ¿No es así?

–Sí, ¡qué horror! Los había guardado en esta carpeta que ahora no aparece por ninguna parte. Y el tiempo corre para mi desgracia.

–¡Tranquila, Mar! ¡Vamos a conseguirlo! –Y mirándole a los ojos, en décimas de segundo entendí que Javito estaba allí realmente para ayudarme y que lo íbamos a conseguir. Sus ojos del color del azabache y esa mirada enigmática que siempre llevaré conmigo me abrazaron envolviéndome entre algodones. Me sentía cómoda y confiada y de repente…

–¡Ya está, Mar! Sólo era esta tecla que tenías desactivada y por eso, como si pusiéramos un filtro encima, impedía ver los mapas que necesitas. ¿Son todos estos, verdad?

–Sí, gracias a Dios que están aquí. ¡Qué tonta soy! No me lo podré perdonar nunca. La verdad es que yo no sé utilizar este programa muy bien. Aprendí los tres pasos necesarios para realizar los mapas y ya está. Así es que en cuanto alguien toca lo más mínimo el programa y lo desajusta me hace una gran faena. En fin, ¡qué torpe! ¡Qué tonta!

–Mar. No quiero volver a oírte esa palabra nunca más. Todas las personas venimos a este mundo con unos dones y no todo el mundo puede saber de todo. Eso es imposible, que te quede claro. No tienes por qué saber Photoshop. Para eso estoy yo. Tú eres lo que eres. Una gran comunicadora. Cuando sales en la tele sabes contar lo que hay que contar y tocar el alma de los telespectadores. Yo sería incapaz de hacer lo que tú haces. Así que deja de preocuparte y no vuelvas a maltratarte. Quiérete más y no dejes que nada ni nadie borre esa sonrisa tan magnética de tus labios. No dejes de soñar y de perseguir tus sueños porque el mundo necesita gente que nos recuerde a diario este mensaje.

En ese preciso instante, recobrando mi energía, le pregunté.

–Javi, ¿a qué te dedicas, aparte del grafismo de esta cadena?

–Me gusta dibujar. Ese es mi verdadero don.

–¿Y puedo preguntar qué tipo de pintura realizas?

–¿Quieres que te haga uno rápido?

–Vale. Corre que me esperan.

Y raudo y veloz me pintó un hermoso ángel. Su pasión eran los ángeles y yo acababa de descubrir a uno como el que me había indicado el libro que me estaba leyendo.

–Querido Javi, algo muy dentro de mí me dice que vamos a ser muy buenos amigos.

Y ruborizándose contestó:

–¡Mar, no digas eso! Resulta muy frívolo por tu parte afirmar tan tajantemente tal aseveración. La amistad es algo que se cautiva y mima con el paso del tiempo. Es ahí cuando se demuestra que se trata de una verdadera amistad.

–Javi, lo creas o no, presiento que este es el comienzo de algo maravilloso entre nosotros.

Y con una sonrisa abandonó mi sección para regresar a su trabajo mientras que yo, mucho más optimista, salí a hacer mi programa. No se puede vivir siempre con miedo a las tormentas.

Javito, sin pretenderlo, había puesto mi mundo del revés. Con él había conocido un cariño especial. Alguien con quien en segundos empaticé como nunca había hecho antes salvo con Ramón. En ese momento recordé que esa misma tarde me reunía con él.

Sin embargo, el encuentro con Javi me hizo reflexionar. Nada más terminar el programa, salí sin perder ni un minuto al encuentro con Ramón.

4. Tentaciones

En esta ocasión me citó en un exquisito hotel. De nuevo lo había dispuesto todo para mí. En la cafetería no había nadie, sólo un simpático músico que tocaba su arpa con gran sentimiento y un camarero que atentamente me dirigió hacia mi mesa. Él no había llegado aún y yo, casi tartamudeando, le pedí al camarero un Martini doble, mi bebida preferida. Observé aquel lugar con gran incredulidad. Todo era tan elegantemente hermoso que parecía como sacado de un sueño. Un sueño que yo misma había creado e imaginado tantas veces en mi cabeza, que me parecía imposible estar viviendo. Él había vuelto y todo apuntaba a que lo hacía para quedarse. Y así fue como entró con su andar decidido y distinguido en el aquel mágico lugar. Al llegar a mí, y sin tiempo a pronunciar ni media palabra, me levantó del asiento y me abrazó cálidamente, al tiempo que me susurraba al oído que era la mujer de su vida y con la que quería pasar el resto de sus días. Ahora ya era libre.

¡No me lo podía creer! Había dejado todo por mí. Había abandonado a los suyos por mí. Y un corto pero intenso escalofrío recorrió mi cuerpo y, tras estremecerme, me obligó a apartarme de sus brazos. Ramón, me miró sorprendido.

–¿Qué te pasa, Mar? ¿Acaso no te hace feliz volver a verme?

–No, no es eso.

–Entonces, ¿qué te ocurre?

–Nada, es que…

Y no me dejó terminar cuando arrodillándose me dijo:

–Eres lo más puro y sincero que he tenido en mi vida. Nadie ha sido capaz nunca de despertar semejantes sentimientos. A mis casi 50 años, he sentido el amor verdadero y no voy a permitir que nadie ni nada se pueda interponer entre nosotros. Eres un regalo del cielo al que mimaré y cuidaré como se merece. Discúlpame si he tardado mucho en volver a por ti, pero por favor no me abandones. Cásate conmigo.

Y levantándose del suelo y mirándome fijamente a los ojos, deslizó por mi dedo un precioso brillante que hubiera vuelto loca a cualquier mujer. Pero en mi cabeza y en mi corazón ya estaban grabados a fuego lento aquellas bellas y alentadoras palabras que Javito pronunció: «no dejes de soñar, que este mundo necesita gente como tú que nos ayude a seguir creyendo». Y en ese momento supe, que mi sueño había cambiado. Ramón no era en ese instante mi prioridad. Me había fallado. Se había ido de mi vida sin mediar palabra y ahora quería regresar para quedarse cuando yo ya estaba muy lejos. Lejos de aquel hombre que prometiéndome amor desapareció como rayo que no vuelve a verse y cuyo resplandor atormentaba mi existencia. ¿Cómo recuperar la confianza depositada en él y en la fuerza de sus palabras? Palabras que se llevaba el viento pero que, a su paso, incrementaban mis dudas sobre su persona porque, si había sido capaz de abandonar a los suyos por mí, ¿qué no me haría en un futuro? Así que me vi atrapada entre dos cuestiones vitales. ¿Quería vivir en ese mágico sueño pero con fecha de caducidad? O por el contrario, ¿deseaba un cariño eterno en el que la complicidad, fidelidad y respeto fueran las tónicas dominantes?

–Mar, no me puedes rechazarme. Tengo otra sorpresa. Mira este papel: Producciones ICC ha aceptado tu proyecto como algo realmente innovador que hará mucho bien al mundo como tú querías y, para más inri, será tu cadena actual la que te catapulte al éxito.

En ese instante, me desmoroné como una niña y empecé a llorar pegando alaridos que se debieron escuchar en todo el hotel. ¡Horror! ¡Qué tentaciones te pone la vida! ¿Cómo podía rechazar una oferta así? ¿Estaba loca o qué? ¿Qué estaba pasándome? ¿Por qué el destino me lo daba todo o me lo quitaba de golpe? Sin duda alguna, este era el chantaje emocional más fuerte al que me habían sometido jamás.

Y es que hay veces que en la vida de una persona confluyen tus más profundos anhelos con la cruda realidad. Y es ella precisamente la que hace que aquello por lo que llevas luchando siempre no tenga demasiado sentido en ese instante. Todo estaba en mis manos y sentía cómo se me escurrían mis sueños por los dedos sin poder hacer nada para remediarlo. Pero acababa de descubrir mi convicción más íntima y la clave de mi vida había cambiado de rumbo. Era el momento de parar en seco y observar alrededor. Necesitaba darme cuenta de mi posición actual y decidir mi nueva trayectoria. Tenía claro que debía decidir bien porque de esa decisión dependería mi futuro. Un futuro irreconocible en principio para la Mar que había sido hasta ese momento. Me había enamorado de mis nuevos ecos que llevaban mucho tiempo resonando en mi interior y a los que yo no prestaba la suficiente atención. Como dice un proverbio maltés, «cámbiate a ti mismo y el mundo cambiará». Y así, contemplándolo con otros ojos decidí y me pronuncié.

–¡Ramón, por Dios!, no me lo tomes a mal pero, en tu ausencia, la mujer que conociste ha pasado por un período de metamorfosis en el que la madurez se ha hecho en mí más patente. Y con esto no quiero decir que haya dejado de perseguir mis sueños, pero lo cierto es que estos sueños han cambiado. Lo fundamental en estos momentos no eres tú ni casarme contigo. Mi prioridad de vida apunta hacia un crecimiento interior que necesito. Así que Ramón, te pido que me perdones y respetes la decisión que acabo de tomar. Contigo o sin ti, debo continuar con mi desarrollo. ¡Lo siento, de veras! No creas que se trata de una venganza sino de un nuevo despertar. De un nuevo horizonte que cruzar. No sé si la vida nos dará otra oportunidad venidera.

–Mar, no sé cómo has podido cambiar tanto en estos últimos meses. Me dejas destrozado. No sé si lo superaré.

–Pues claro que sí. Un hombre como tú no va a tener problemas jamás para recomponerse. En cambio, mis límites se encuentran en mi propia brújula interior.

–Qué distinta te veo. Eres otro ser.

–Soy el Ser que no dejaba aflorar por los dichosos miedos. Ramón. Se es o no se es… así de sencillo.

–Ya veo, Mar. Enhorabuena porque, en el fondo, me das envidia. Te estás encontrando. ¿Sabes una cosa? Independientemente de lo nuestro y con todos mis mejores deseos, tu programa de televisión sigue en pie y por supuesto con la mejor de las capitanas al frente. ¿Qué te parece?

–¡Por Dios, Ramón! ¿Qué me va a parecer? Mil gracias de todo corazón.

–Mar, admiro tu lealtad hacia tus propias emociones.

–Ramón, no puedes hacerte una idea de lo que esto supone para mí. Sin duda, supera todas mis expectativas. No puedo ser más feliz de lo que soy en estos momentos. Sólo siento no poder corresponderte hoy.

–Mar, conocerte a ti ha sido una de las lecciones más importantes que la vida me ha dado.

La senda de mis propias emociones me ha llevado a conocer nuevas personas y abrir las puertas a nuevos proyectos. En las relaciones de trabajo parece que el dictamen del corazón debe dejarse a un lado. Sin embargo, forma parte de nosotros y es la brújula que nos mueve con más fuerza, a veces con caminos ambivalentes. Termino como empecé: ¡llorar! ¿Para qué? ¡Ya está, ya pasó, Mar! ¡No hay vuelta atrás! Al final encuentras la siguiente puerta de tu destino si te entregas en la búsqueda de un objetivo digno. Acompáñalo de agradecimiento y no pierdas la fe por el camino, ya que sólo así se produce el milagro. En ti está dejarte llevar. Tú eliges.

Besos del alma.

5

Traición a la tradición

Pablo García Sampedro

Prólogo

Estudié y me examiné fuera de mi país, controlando una ajustada economía. Terminé mis estudios y ya en casa busqué empleo y lo conseguí.

No recuerdo asignatura ni foro sobre la relación empleado-jefe; ni consejos para salir airoso de alguna encerrona inesperada, cruel y absurda. Ni a mis compañeros ni a mí nos advirtieron de que con nuestra preparación tendríamos que hacer frente a situaciones despóticas, donde la capacidad de análisis que puedas aportar a un buen fin empresarial, se reduciría a un humillante silencio.

Ningún profesor, decano o rector, nos insinuó que nos enfrentaríamos a jerarquías laborales propias de amo y esclavo. Dirían nuestros tutores que son daños colaterales, que cada superior tiene un nivel de empatía o de aguante. ¿Es mejor un jefe exaltado que no sabe escuchar pero es eficaz o uno comedido, simpático y paternal con el que tienes dudas de si cobrarás a final de mes? Necesitas el empleo y sopesas tus límites; casa y familia. En cada cajón, una factura. Ese parece ser el reto: salud y al ruedo.

Vamos bien preparados a la entrevista. Físico impecable, la mente despejada; o mejor dicho insegura o pretenciosa. Un orden mental que se sale del guión previsto y mientras el interlocutor habla, pienso en la gente que esa mañana habrá estado sentada en la misma silla que yo. Personas que habrían escuchado lo mismo y que, sin poder evitarlo, habrían expuesto los mismos argumentos.

Con el tiempo te das cuenta de que solemos preparar tres tipos de entrevista. La primera, el guión escrito en la frente con la intención de conseguir un empleo. La segunda, las respuestas automáticas a todo lo que escuchemos. Y la tercera, cómo hacer lo anterior con seguridad y naturalidad.

Luis García Gómez
Guionista

«El orgullo divide a los hombres,
la humildad los une».

Sócrates

1. Líder por encargo

Nací en Madrid hace 31 años. Bautizado con el nombre de Jaime. Pertenezco a una familia de clase media, rodeada de costumbres y tradiciones que han marcado el paso de al menos tres de sus generaciones.

Tengo tres hermanos, dos chicas y un chico, todos ellos mayores que yo. Como hermano pequeño que soy, he tenido que aprender rápido para sobrevivir, y acostumbrarme a compartir y heredar todas mis posesiones: juguetes, libros, ropa... a diferencia de mi hermano mayor, arrogante y consentido y especialista en el arte del estreno. Los demás siempre hemos ido a rebufo de él, tanto mis hermanas como yo. Aunque con ellas se nota menos por la sumisión que siempre las ha caracterizado, pues se han acomodado a los estereotipos machistas asignados en mi familia. Tanto mi padre como mi madre se han encargado de que todos nosotros cumpliésemos esa jerarquía con perfección y sumisión.

A pesar de la diferencia de edad que nos llevamos y de las ventajas que sobre mí disfrutaba, siempre he pensado que mi hermano me envidia.

No por algo concreto, sino a mí como persona, como hermano hacia mis hermanas, como amigo hacia mis amistades. Vamos, por un todo, que ha hecho que nunca pueda destacar y me haya quedado siempre en un segundo plano. Hoy en día, creo que aún no lo tiene superado.

Estudié por invitación (obligación) familiar la licenciatura de Administración y Dirección de Empresas, al igual que lo hicieron anteriormente mi hermano y mi padre. Una vez finalizada mi etapa en la universidad, cursé un máster MBA en Londres. Y habiendo ya cumplido los intereses de mi familia, quise especializarme en mi vocación y estudié un máster MBA de Dirección de Marketing en Barcelona durante dos años. Podría decir que en la formación académica llegué hasta el final, si bien soy de los pocos compañeros en el máster que mantengo mi residencia inicial. La mayoría de mis compañeros han ido desarrollando sus profesiones por medio mundo. Y esto es algo que siempre me ha quedado pendiente de hacer.

Nada más terminar mis estudios en Barcelona volví a Madrid y comencé a trabajar en una empresa dedicada a la fabricación de envases y embotellados de bebidas gaseosas y vinícolas: ENBOTELLA S. A. Se encuentra ubicada en el suroeste de Madrid, en el municipio de Alcorcón, y tiene acuerdos comerciales con más de 16 empresas, entre bodegas y bebidas gaseosas. Aunque ha expandido sus redes fuera, su cuota de mercado es prácticamente nacional. Y todo ello a pesar de su ya dilatada historia desde su creación, en 1943. Ocupo el puesto de Marketing Senior Manager o, lo que vendría a ser lo mismo, soy el responsable del departamento de Marketing de la empresa y, a su vez, miembro del consejo de administración de la misma.

La empresa está bajo la tutela de Enrique Escribano, presidente de la misma desde el pasado septiembre de 2011, fecha en la cual promocionó desde el puesto de director financiero de la misma hasta hacerse cargo de la empresa a nivel global. Dicha promoción en parte fue debida al estado de salud del anterior presidente, apartado de la vida profesional y por recomendación médica.

Enrique Escribano no es un presidente al uso en lo que se refiere a edad, experiencia y, sobre todo, capacidad personal. Una vez terminó sus estudios, comenzó a trabajar en esta empresa, donde ha ocupado distintos puestos dentro del departamento financiero, formando parte del consejo de administración hasta que hace un par de años, con la edad de 38 años, dio el salto para ocupar el puesto de presidente de la compañía.

Es una persona de carácter introvertido, reacio a compartir sus sentimientos e interioridades y con nulo don de gentes. Ya desde que ocupaba cargos intermedios nunca ha tenido en cuenta al resto de departamentos ni a las personas que los formaban. Carente de esa sensibilidad emocional, sus actos y decisiones siempre han estado supeditados por una justificación numérica, empírica y sobre todo jerárquica, sin valorar el entorno que le rodea. Y él lo sabe. Es consciente de todo ello. Conoce sus límites. Muestra de ello es que los exterioriza. Como persona insegura, mientras habla contigo y te expone algo en lo que no confía o desconoce, su pierna derecha flexionada se mueve con rapidez de arriba a abajo por debajo de la mesa de su despacho. No está seguro de sí mismo y así lo demuestran las uñas de sus dedos, mordidas casi con ferocidad, con tal de llevarse las manos a su boca mientras se dirige a alguien.

Pero como si de una obligación se tratase, por no defraudar a los que pensaron que era la persona ideal para el cargo de dirección, Enrique se resiste a cuestionar su valía para esa posición. Incapaz de hacer uso de la empatía y darse cuenta de que, a pesar del cargo que ocupa, nadie le muestra un respeto por él ganado, sino por una obediencia jerárquica instaurada. Es por ello que siempre ha habido continuas confrontaciones entre nuestros departamentos y en algunas ocasiones entre nuestras personas. Su actitud, manteniendo las mismas vías de actuación que ha llevado esta empresa durante los últimos años, dista en gran medida de la oportunidad de optar por nuevos planes estratégicos, dinamizar procesos, diversificar nuestros productos o salir al extranjero. Sin ir más lejos, recuerdo la reunión semanal que todos los martes por la mañana venimos celebrando con la dirección los distintos responsables de departamentos: logística, producción, compras, financiero, contabilidad, comercial, marketing... En ella se valora la posibilidad de cambiar el sistema de logística y aprovisionamiento por uno nuevo ya informatizado que nos permita mantener las exigencias de los últimos compromisos que estábamos adquiriendo con dos nuevos clientes. Estos, al tratarse de bodegas que comenzaban a exportar sus botellas a distintos países, originan un exceso de carga que hasta ahora veníamos parcheando con un refuerzo de mano de obra y horas extras que repercutían en un aumento de taras y fallos en el proceso de almacenaje y distribución.

Otra de las personas clave en la empresa es Pascual, de 57 años, de los cuales los últimos 29 los ha desarrollado dentro de esta empresa. Es un hombre tenaz, perseverante, responsable en sus funciones, aunque con escasa capacidad de comunicación, y menos aún de argumentación. Y eso Enrique lo sabe y se aprovecha de ello.

2. Marcando las posiciones de autoridad

Hoy toca reunión del consejo de dirección. Nada más llegar me encuentro con una discusión entre Enrique y Pascual:

> –A ver, Pascual, no valoramos en estos momentos ningún cambio en el proceso de logística. Es cierto que con estas dos últimas bodegas con las que hemos comenzado a trabajar ha surgido algún que otro momento tenso, de exceso de trabajo y de un aumento de las incidencias. Sin embargo, tan sólo nos suponen un 7% del total de nuestra facturación y no sabemos la carga de trabajo que nos asignarán de aquí en adelante. Ellos han arriesgado tomando la decisión de exportar a nuevos mercados y desconocemos su éxito fuera de su entorno natural –le comenta Enrique.
>
> –Pero ya sabes, Enrique, que el personal ha estado haciendo muchas horas estas últimas tres semanas y no creo que aguanten mucho tiempo así –le contesta Pascual.
>
> –¡Pascual, pues ese es tu objetivo! Os tenéis que aplicar y apretar. Esta empresa no va a cambiar un sistema que hasta ahora ha funcionado bien únicamente porque no seas capaz de calmar los ánimos de tu gente –le replica de nuevo Enrique.

En ese momento, Pascual baja la cabeza. Al ver esa contestación jerárquica, no pude evitar entrar en la discusión:

> –¿Contados momentos tensos? Hemos tenido al enlace sindical con un conato de huelga en dos ocasiones por las horas de trabajo que estaban soportando los trabajadores, sin valorar además que la última auditoria identificó una desviación de incidencias que nos amenazaba con perder uno de los certificados de calidad más importantes a nivel europeo en nuestro sector... y hablas de contados momentos tensos.

–Jaime, no salgas tú ahora, que esto no concierne a tu departamento de marketing –me contesta Enrique con cierto aire de prepotencia.

–Discrepo Enrique, esto es algo que afecta tanto al departamento de marketing como al resto de departamentos aquí presentes–le contesto y prosigo–. Escucha lo que Pascual te dice, es algo que todos hemos ido comunicando en estos últimos meses.

–Insisto, Jaime, esto no te incumbe y lo que nos pide ahora Pascual significaría un coste que no está ni planteado ni mucho menos presupuestado. Y ahora, Jaime, no es momento de que opines de un departamento ajeno a tus responsabilidades –sentencia Enrique.

Opto por no forzar, por no seguir sugiriéndole que ha de escuchar al resto de los equipos y que a todos nos afecta su postura. Giro mi cabeza hacia la silla donde está sentado Pascual. Nos intercambiamos miradas. Miradas que hablan, que agradecen mi intervención. Una complicidad. Un apoyo.

En este caso parece que se trata de una decisión que afecta a un departamento en particular. La actitud de Enrique es la que siempre viene utilizando. Posee grandes habilidades numéricas, sabe leer los números con precisión y siempre busca la rentabilidad en todas y cada una de las operaciones que lleva a cabo. Sin embargo, creo que eso no es suficiente para hacerse cargo de una compañía. El aspecto personal es imprescindible para liderar diversos equipos, y mucho más aún si hablamos de motivación. Realmente, creo que él estaba cómodo en su posición de director del departamento financiero y que este nuevo rol le queda grande. Aunque su vanidad y también su temor le obligaron a aceptarlo. Como decía el clásico libro *El principio de Peter* (Laurence J. Peter/Raimond Hull), «dentro de su nivel de incompetencia salvaron a otros ya que a sí mismos no pudieron salvarse».

Esa misma tarde recibo una llamada de Ricardo, responsable del departamento de compras y aprovisionamiento.

–Jaime, soy Ricardo, ¿puedes hablar? –me pregunta.

–Sí, claro, ¿qué pasa? –le respondo.

–Acaba de enviarme un correo electrónico Enrique. Me dice que mantenga los mismos proveedores que hasta ahora. Que a pesar de la carga de trabajo no busquemos otras opciones fuera, que hasta ahora han funcionado bien. ¿Sabes lo que eso significa, no? La dependencia que vamos a tener sobre la plantilla será mayor y eso nos puede suponer un problema –me añade con cierta desazón.

–Ricardo, no es nada nuevo. Estamos con lo de siempre. Yo intentaría preparar una reunión con el proveedor y plantear una modificación del contrato firmado con ellos para que no nos quedemos al descubierto si no llegasen a fechas o nos envían algo defectuoso. Endurece el acuerdo con ellos para no pillarte los dedos. Y, por otro lado, plantéale a Enrique la oferta del nuevo proveedor que es más económica y encima nos ofrece más servicios –le sugiero a Ricardo.

–Gracias tío, aunque a Enrique no se le puede decir nada, ya sabes cómo es –me contesta.

–Yo haría lo que te he dicho, Ricardo. Seguro que se lo plantea. Decídelo tú. Ah, y hablando de temas más importantes... mañana miércoles, ¿contamos contigo o nos vuelves a dejar tirados? La semana pasada fallaste y tuvimos que convencer a uno de los que acababan de dejar la pista para que jugase con nosotros –le digo.

–¿Mañana? Claro, allí estaré, je, je, je. Voy a presentar la instancia oportuna en casa para dicho evento. Esperemos que lo estime a trámite mi mujer. Además, reconoce que si falto yo como pareja no sabes si subir a la red o saltarla. Oye, por cierto, gracias Jaime por tu ayuda –termina Ricardo.

Pascual o Ricardo son dos casos de la dificultad de comunicación que existe con la actual dirección. Y hay más ejemplos de ello. Es el caso de Miguel, director del departamento comercial desde hace año y medio. Antes de trabajar aquí, Miguel venía de ocupar un puesto similar en otras empresas de alimentación y bebidas en Sevilla y Jaén. Por motivos familiares, su mujer fue trasladada a Madrid por su empresa y Miguel recaló en la compañía. Andaluz de casta y orgullo, excelente comunicador, formador y entrenador de sus equipos, motiva, desarrolla y cumple con todo su equipo, sin bajar un ápice la exigencia sobre los resultados del grupo. Es de los que considera que para la obtención de resultados en su plataforma comercial los objetivos han de ser cuantificables y alcanzables con el fin de mantener el grado de motivación y compromiso al máximo. Sin embargo, Enrique no piensa lo mismo. Cree que en el departamento trabajan pocas horas, que exigen mucho para lo que a la compañía aportan y que, en buena manera, su actitud es consecuencia del poco rigor que Miguel demuestra en sus funciones.

Enrique y Miguel tienen continuos enfrentamientos por la manera en la que Miguel dirige a su equipo comercial. Piensa que no les exige lo suficiente y que podrían estar viajando más tiempo, dedicando más horas, fines de semana si fuera necesario, para obtener más rentabilidad en su departamento. Pero esto no sólo lo piensa de Miguel. También lo pensaba de sus antecesores, Rubén Pérez y Eric Copons. Ambos ocuparon mismo puesto que Miguel y de ambos consideró que no estaban a la altura de las exigencias que requiere la empresa.

De Miguel podría decir que además de ser compañero de trabajo es amigo mío. Desde que llegó a la compañía congeniamos rápidamente en el aspecto laboral y también en lo personal. Como profesional, en más de una ocasión hemos tenido que llevar a cabo distintos proyectos de la mano. En varias acciones de políticas de precios y productos, su soporte y su experiencia han resultado fundamentales. Respecto al ámbito familiar diría de Miguel que adora su familia e intenta disfrutar de ella todo el tiempo que su trabajo se lo permite. Algo que cuando llegue mi turno y también tenga la mía, haré con total dedicación.

3. Si te gusta bien y si no, también

Todos los empleados de la empresa temen a Enrique. De forma global. A su persona y a sus actos y a las repercusiones que puedes tener si decides rebatir o poner en duda sus decisiones. Y ciertamente, creo que lo temen por el mal uso de poder que ejerce sobre los demás. Creo que la base de su comportamiento se debe a una profunda inseguridad de sí mismo, en el puesto que desempeña como presidente de la compañía y en la inseguridad de ser consciente de no estar capacitado a afrontar sus obligaciones como líder.

Enrique sabe cómo soy. Sabe que priorizo el entorno del grupo frente al resultado numérico o a los beneficios a corto plazo. Soy corredor de fondo mientras que él lo es de 100 metros, y eso hace que cada vez nos distanciemos más.

Ya desde que entré en la compañía Enrique no me dio margen de actuación. Me ató en corto en mis planes operativos. Nunca permitió que mi voz se escuchara más de lo debido en el consejo de administración, cuestionando los resultados y acciones del departamento que dirijo, modificando o anulando algunas de las acciones del plan de marketing que veníamos ejecutando en la compañía o intentando ponerme en contra de más de un compañero. En alguna ocasión lo consiguió, aunque el tiempo más tarde hacía que las diferencias ficticias se convirtieran en un mayor respeto y complicidad entre ellos y yo.

Conozco mis debilidades, carencias y áreas de mejora. No soy un maestro numérico. No disfruté de la carrera de Dirección de Empresas que mi familia me obligó a estudiar. Diría que con más de una asignatura no aprendía sino que memorizaba términos y ejercicios para usarlos en los exámenes con el único fin de aprobar y contar con una asignatura menos para finalizar la carrera. Tampoco me considero apto para imponer mi discurso sobre el de los demás sin antes haber escuchado los mensajes del resto del grupo. Y considero que a veces me hubiera gustado estar dotado de esa capacidad de hacer valer la autoridad. Sin embargo, creo que en pocas ocasiones el resultado final es el idóneo. O en ninguna.

Hoy es miércoles y enciendo mi móvil al despertarme, como todas las mañanas. Nada más encenderlo, parpadea el chivato rojo indicando que tengo mensajes nuevos en mi bandeja. ¿Quién leches necesita enviarme un correo antes de las 07.00 de la mañana? Cómo no, Enrique. Me pide que nos reunamos a las 09.00 horas en su despacho para repasar la campaña de comunicación que llevaremos a cabo en la próxima feria de alimentos y bebidas a la que acudiremos a principios de abril en Barcelona.

Llego a la oficina 20 minutos antes con el fin de recabar e imprimir toda la información para preparar la reunión. Enrique es así. Dice que los números hay que tenerlos todos en la cabeza, por pequeños e insignificantes que parezcan, por lo que te pide cualquier dato en cualquier momento. Y mejor que te los sepas.

Y es que para esta próxima edición de la feria a la que vamos a acudir, le presenté hace más de un mes un plan de comunicación distinto al que llevábamos haciendo los últimos años en la compañía. Se trataba de un documento afín a los últimos giros que estábamos llevando a cabo con la internacionalización de nuestro negocio y aumentando la cuota de mercado en el extranjero. Había basado dicho plan en una nueva imagen de nuestra compañía, con una nueva propuesta del *stand* que presentaríamos, *videowalls* en la parte trasera del mismo, azafatas trilingües de chino, inglés y castellano, y la propuesta de participar en dos de las ferias internacionales más importantes de nuestro sector para darnos a conocer y explorar así nuevos mercados. Además se proponía que Miguel, como director comercial, estuviera presente en toda la edición para que los clientes pudieran contactar con él de forma más cercana, ya que hasta ahora sólo mandaban a dos comerciales para dar soporte. Miguel estaba encantado con esta propuesta. El plan de comunicación iba a representar un antes y un después.

Llego a su despacho a la hora señalada de la reunión. Golpeo la puerta con los nudillos de mi mano.

–¿Se puede pasar, Enrique? –le pregunto con la hoja de la puerta apenas abierta.

–Pasa Jaime, siéntate. Vamos a ver esto rápido. Verás, quiero que me expliques esta propuesta de plan que me has presentado. No entiendo el porqué de este giro en la forma de trabajar que llevábamos haciendo –me pregunta dando a entender que no quiere emplear mucho de su valioso tiempo conmigo.

–De acuerdo. Hasta ahora, Enrique, veníamos manteniendo una forma similar de actuación, sin dedicar tiempo a quién nos dirigíamos, a dónde queríamos llegar y cómo lo queríamos conseguir. Casi actuábamos con inercia de los últimos años, pero el mercado está cambiando y nos obliga a cambiar a nosotros con él –le contesto.

–Vale, vale –me corta Enrique, sin quitar la mirada de la pantalla de su ordenador, y prosigue–. Vale, Jaime, pero ¿te has parado a pensar en el presupuesto para hacer frente al plan que has presentado? Supone gastar tres veces más de lo que veníamos gastando. ¿Tú sabes lo que es eso? –me indica Enrique con desprecio.

–Sí, por supuesto que lo sé, Enrique. Sin embargo, que cueste tres veces más no supone que sea una cantidad ingente –le replico.

–¿Ingente? Venga Jaime, ¿cuánto quieres crecer con ese aumento? Es desmedido, irreal... ¡no te puedo autorizar una subida de presupuesto así! –contesta con rotundidad Enrique.

–Insisto Enrique, que represente tres veces el presupuesto anterior no indica que sea desorbitado. Tendríamos que pararnos y ver que dicho presupuesto no se modifica desde hace tres años, ¡tres, Enrique! Y darnos cuenta de que esa cifra apenas suponía un 20% del presupuesto anual de comunicación cuando los clientes que nos visitan en esa feria representan más de un 70%.

–No me hables de cifras, Jaime, que las conozco mejor que tú –me corta Enrique con recelo–. Tú no me vas a explicar a mí el peso que supone uno u otro presupuesto. Si lo hemos mantenido es porque no ha hecho falta y no lo vamos a triplicar de un año para otro. Además, ¿para qué incluyes a Miguel en la feria? Estábamos bien con los dos comerciales de la zona y punto. Anda, preséntame un nuevo plan con el mismo presupuesto de siempre y sin extravagancias de *videowalls,* ni azafatas que hablen chino. Con el inglés se llega a todo el mundo, Jaime –me contesta airado en su tono de voz.

–¿Quieres que te presente un nuevo plan? ¿Ahora? Te presenté este hace más de un mes y medio y no le has hecho caso hasta ahora. Me lo tiras para atrás, para que lo cambie todo con el mismo presupuesto. Enrique, sabes que no hay tiempo, ya vamos con retraso –le contesto, intentando ponerme a su nivel de voz aunque no me guste.

–Jaime, leo tu propuesta de comunicación cuando puedo, ¿vale? Tú no eres la prioridad, que te quede claro esto. Haz un nuevo plan y lo quiero para el lunes de la semana que viene. Debo cerrarlo el lunes de la semana que viene –me insiste con rotundidad.

–Lo siento Enrique, sabes que no llego. Es imposible cambiar entero el plan y localizar a todos los proveedores externos para que modifiquen lo hecho hasta ahora. Te propuse el año pasado que debíamos cambiar y te dije que te presentaría una nueva propuesta acorde con lo que teníamos en las manos. No me dijiste nada. Y me dices que no ahora, un año después –le contesto ya airado después de escuchar su mensaje.

–Jaime, es lo que hay. Si te gusta, bien. Y si no te gusta, también. Eres el gurú del marketing, ¿no? Pues bien, demuéstranoslo de una vez –añade con sorna.

4. Otra vuelta de tuerca más

Estoy al límite de contestarle con un adjetivo calificativo de nombre de animal, pero me detengo. Le miro. Él apenas me ha mirado a la cara en toda la discusión. Con gesto de desprecio ha seguido mirando la pantalla de su ordenador mientras su pierna derecha votaba arriba y abajo con agitación.

–Enrique, verás. No es sólo este plan de comunicación, es todo –le digo con un tono de resignación.

–¿A qué te refieres Jaime? –me pregunta con aire escéptico.

–Lo que te he dicho, Enrique. Que es todo. Todo lo que llevo proponiendo estos cuatro años, todo, ha sido modificado. Bueno, modificado, ajustado a lo que se venía haciendo hasta ahora, algo que veníais haciendo entre unos y otros sin una definición estratégica clara. Todo lo que te llevo proponiendo se me rechaza. Doy por hecho que no satisfago tus requisitos del puesto que ocupo, Enrique –le explico con tranquilidad y con un volumen de voz tranquilo y directo, lo que más le puede molestar.

–Jaime, a ver, no te pongas estupendo ahora –me contesta con chulería–. Llevas tres años y medio trabajando en la empresa. Con la edad que tienes eres director del departamento de marketing, ¿qué más quieres? No te pongas ahora a cuestionarte todo, ¿eh? Hay asuntos que se te aprobarán y otros que no. ¡Así es la vida empresarial, Jaime! –me contesta.

Insisto en no entrar en la provocación. En el terreno de la confrontación y barro en el que se siente cómodo Enrique. Más aún gozando de la posición de líder que él usa.

–Está claro tu mensaje, Enrique, vale –le contesto con voz calmada–. ¿Alguna otra cosa más por tratar? –le pregunto para intentar cerrar la reunión.

–No, esto es todo lo que teníamos que ver –me contesta mirando la pantalla.

Salgo de su despacho en dirección al mío. Lo primero que hago es mostrar una expresión relajada en mi rostro. Muchos de mis compañeros,

Pascual y Miguel, me miran porque saben de qué despacho he salido y han oído tono de voz que ha salido de él. Muestro tranquilidad y rutina en mi expresión, acostumbrado a la situación. Escuché una vez una frase de Jarvis, Juliet Alicia, que decía: «el verdadero poder consiste en saber que sí se puede, pero no se quiere».

Entro en mi despacho. Lo primero que hago es darme cuenta de que lo que me afecta no es la modificación de este plan de trabajo, sino que ello representa la rutina de no aceptarme ninguno de los proyectos de trabajo que presento. Es lo común. Lo instaurado. Rechazar por rechazar, aunque luego más tarde se hayan tenido que recurrir a ellos de manera indirecta, tarde o a través de otras personas. Pero eso no importa, lo importante es quedarse encima.

Mientras pienso en todo ello, veo en mi ordenador que entra un correo electrónico. Lo envía Ricardo. «¿Te ha echado el plan de comunicación abajo? ¿A estas alturas? Uff, una más. Paciencia y ánimo, tío», me escribe.

Recibo otro correo. En este caso, se trata de Miguel. «Oía sus voces desde mi mesa. Mejor que haga él todo y así nos deja en paz. No te quemes, Jaime que no vale la pena. Tú a lo tuyo. Abrazos».

Aparto la mirada de la pantalla y llamo a los dos miembros de mi equipo, Paulina y Víctor. Jóvenes y con contrato en prácticas. Se comen el mundo por aprender. Trabajan más horas que... bueno, diría que casi viven aquí. Hablo con ellos. Les indico el cambio de última hora. No pestañean. Esperan mis indicaciones. Les propongo y les convenzo de que lo sacaremos adelante y que el próximo lunes presentaremos un nuevo plan de comunicación ajustándonos a las exigencias de la dirección. Ello implica trabajar el fin de semana. Lo saben y no ponen pegas a ello.

Enrique sabe que lo entregaré en la fecha que me ha dicho. Que me involucraré en él lo que haga falta y que quedará terminado. Y eso no lo soporta.

Durante el resto de la semana, mientras no estoy con mi equipo trabajando no puedo quitarme de la cabeza la chulería con la que Enrique viene tratándome desde que entré en la empresa. Voy recabando y resumiendo todo el tiempo que llevo aquí. Pienso en que si continúo igual mi carrera tiene techo, que es limitada y que nunca podrá aflorar nada de lo que yo haga mientras tenga a Enrique por encima de mi trabajo.

Llega el lunes. Son las 09.00 de la mañana. Paulina, Víctor y yo hemos estado el fin de semana trabajando en el nuevo plan de comunicación para presentárselo a Enrique. He aprovechado para conocer más sobre ellos. Tienen buena formación y muchas ganas por aprender.

Nos dividimos las tareas y vamos reconduciendo y ajustando el trabajo hasta dejarlo hecho. Lo terminamos el domingo sobre las nueve y media de la noche. Ellos están contentos por haber llegado a tiempo. Yo, orgulloso de ellos. No del trabajo que presentamos, que por otro lado es impecable.

–Gracias, chicos. Paulina, Víctor, gracias por vuestro tiempo. Por vuestro fin de semana. Si vuestras parejas se enfadan con vosotros decidles que me llamen. Llevadlas al cine el fin de semana que viene y las entradas pasadlas por las notas de gastos. Yo os las aprobaré –les digo con complicidad.

Se ríen ambos. Han dedicado muchas horas de trabajo pero se les nota que les gusta lo que hacen.

–Gracias, Jaime –me contesta Paulina.

Se despiden y abandonan mi despacho.

–Descansad. ¡Nos vemos en unas horas! –les digo cuando caminan por el pasillo.

–Igualmente, Jaime –me contesta Víctor.

Me quedo solo en mi despacho. Son más de las once de la noche. Tengo el plan ya terminado y lo paso al formato correcto. Lo vuelvo a repasar en soledad. Está perfecto aunque no es lo que me hubiera gustado presentar. Pero como me dijo Enrique, ¡es lo que hay!

Pienso que soy joven, que no tengo responsabilidades familiares. Dispongo de contactos en el extranjero y mi formación académica y experiencia profesional me permitirá al menos tener un trabajo de igual responsabilidad en otra empresa.

5. El poder del silencio

Es lunes y son las 09.00 horas de la mañana. Tal como me indicó Enrique, le envío por correo electrónico el plan de comunicación. Le urgía y no podía esperar, según la reunión que tuvimos.

Va pasando el día y no recibo contestación alguna por su parte. Ni por teléfono ni en ningún correo electrónico. No hay noticias de Enrique.

Sobre las doce del mediodía me suena el móvil. Es Miguel.

–Jaime, ¿puedes hablar? –me pregunta.

–Sí, claro. ¿Qué pasa? –le pregunto a Miguel.

–He estado reunido con Enrique esta mañana. Me ha dado cera, como de costumbre. Pero aparte me ha comentado que le has propuesto que yo no esté en la feria este año. ¿Es cierto? –me pregunta Miguel con sorpresa.

–¿Eso te ha dicho? Vamos, pero ¿de qué va este tío? Es mentira, Miguel. Me ha tirado abajo todo el plan que le propuse y me dice que lo hagamos con las premisas de los años anteriores, vamos, que no estés tú, entre otras cosas –le explico.

–Me lo imaginaba Jaime. Pero te lo quería decir –me contesta Miguel.

–Gracias Miguel. Ya hablamos. Cuídate –colgamos los teléfonos.

Era la última, o la guinda al pastel. No se conformaba con anularme profesionalmente sino que además quería ponerme a mis compañeros en contra. No soporta que nos llevemos bien entre nosotros. Similar acción intentó con Pascual y con Ricardo meses atrás.

Son ya las 16.30 horas de la tarde y no tengo noticias suyas. Decido llamarle.

–Enrique, soy Jaime.

–Dime Jaime, ¿qué hay? –me contesta Enrique.

–Te he enviado esta mañana el plan de comunicación. ¿Lo has podido abrir? –le pregunto con ironía.

–No, aún no. Estoy con otro tema. Luego le echo un vistazo y hablamos. *Ciao* –me contesta con brevedad.

La prisa y urgencia con la que me había alentado la semana pasada en la entrega del plan no se corresponde en nada con la parsimonia de hoy. No le da ningún interés. Actúa como si ahora no importase.

Son las 18.30 horas. Suena el teléfono de mi mesa del despacho. Es Enrique.

–Jaime, ¿vemos eso? –me pregunta.

–Vale Enrique. Voy para tu despacho –le contesto.

Me acerco a su despacho con absoluto desánimo, como si de un mero formulismo se tratase y viendo por su parte que se sentía obligado a darme audiencia después de las horas dedicadas, sin importarle el tiempo de mi equipo y mío propio.

Llamo a la puerta de su despacho.

–Enrique, ¿puedo pasar? –le pregunto.

–Pasa –responde–. He echado un vistazo al plan y por mi parte está conforme. Envíalo por correo electrónico al departamento financiero para que te lo aprueben y ponme a mí en copia para que vean que estoy al corriente –me indica.

–De acuerdo. Lo envío ahora.

–Bien –sentencia Enrique.

–Enrique, un tema más –le digo.

–¿Qué pasa? –me pregunta mientras retira su mirada de la pantalla del ordenador.

–Me marcho de la compañía. Está decidido. No coincido en las formas con las que estás dirigiendo y tampoco creo que estés satisfecho con el trabajo que vengo realizando. Considero que es lo mejor para todos y que soy yo el que debo tomar esta decisión. Abandono mi cargo y mi puesto en el consejo de administración –le explico.

Enrique se queda mirándome unos segundos. Desconozco lo que se le pasa por la cabeza en esos momentos. No me quita la mirada y parece como si el tiempo se le hubiera detenido.

–¿Sabes lo que esto va a originar? –me pregunta mirándome a los ojos.

–Sí, Enrique. ¿Lo sabes tú? –le pregunto a él de la misma forma.

–¡Lo sé! –me contesta mientras vuelve su mirada a su pantalla.

Como decía Lacordaire, «después de la palabra, el silencio es el segundo poder del mundo». Así es que, con tranquilidad, abandono el despacho sin mediar palabra.

Ha pasado ya más de un año desde esa conversación con Enrique. Después de unos meses de búsqueda, llevo tres meses trabajando en Lyon, en una de las empresas embotelladoras más importantes a nivel europeo. Ocupo el mismo puesto que desempeñaba antes. Sin embargo, el volumen de esta nueva empresa es mayor y trabajan a nivel mundial, por lo que el departamento de marketing ocupa uno de los puestos más relevantes de la organización. Me siento cómodo y a gusto en esta nueva empresa. Liberado, sería el adjetivo más adecuado. Estoy al corriente de que en este tiempo la situación en ENBOTELLA ha cambiado. Su desarrollo internacional se ha estancado y depende de los clientes nacionales, afectados por la crisis local. Ricardo y Miguel han abandonado la compañía. Pascual solicitó un plan de prejubilación anticipada. Mantengo el contacto con todos ellos.

En mi familia, con mi padre enfermo, no entendieron la decisión que tomé. Mi hermano Enrique también tardó un tiempo en asimilarlo. El mismo que tardó en presentar su dimisión al consejo de administración como presidente de la compañía. Como decía Bacon, «la verdad es hija del tiempo, no de la autoridad».

6

La envenenada máscara del anonimato

Ramón Fuentes de Juan

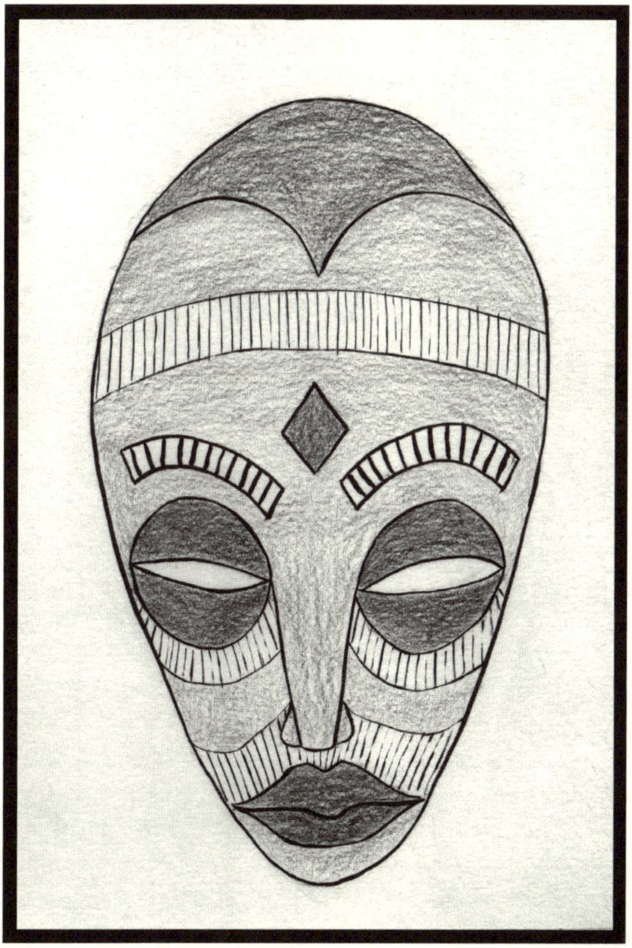

Prólogo

El cuento de *La lengua de las mariposas* de Manuel Rivas trata sobre la relación de un niño y su maestro durante la época de la guerra en España en 1936. Hay cierto paralelismo con las distintas historias que cuenta Ramón. En la última escena de la película, basada en el texto de Rivas, un niño comparte con sus padres y otros vecinos del pueblo la búsqueda de insultos contra el maestro, que se vuelven más contundentes en la medida que los profieren. El maestro es un viejo republicano que interpreta el desaparecido Fernando Fernán Gómez. La criatura no consigue superar los insultos de sus padres, que además apedrean a la persona que les enseñó a leer. Estos, tras el estallido de la guerra, se pasaron al bando nacional y perseguían ahora al maestro por rojo.

Cuando detuvieron al profesor, le gritaban «rojo, cabrón». Entonces el niño recordó dos palabras que había aprendido y las gritó como poseído por el demonio: «¡tilonorrinco! ¡Espiritrompa!». El pequeño no había aprendido insultos en la escuela, pero el maestro sí le había enseñado que en Australia había un pájaro que se llamaba tilonorrinco y que la lengua de las mariposas se denominaba espiritrompa. Insultar es odiar, descalificar a otro para anularlo. Es un chantaje, el ninguneo hacia la otra persona. La sociedad se ha acostumbrado al insulto y, como dice el director de aquella celebrada película, José Luis Cuerda, «las palabras en nuestra sociedad se han abaratado». Me gusta cómo se desarrolla el relato de Ramón y las conclusiones que se extraen, pero sobre todo me gusta que el insulto no salga gratis.

Joaquín Brotons
Director del área de eventos deportivos en
Secuoya Grupo de Comunicación

«Los fantasmas dan miedo,
hasta que le quitas la sábana».

Anónimo

1. Pupitres cargados de tinta

Madrid, primer martes de febrero, 08.15 horas. Típico día de frío invernal en España. Uno de esos días en los que, cuando suena el despertador, darías lo que fuera por volver a apagarlo y seguir durmiendo para disfrutar del calor que transmiten tus sábanas. Te sientes protegido, como en un caparazón; ajeno a un mundo que sólo te trae tristezas, decepciones y, de un tiempo a esta parte, una enorme frustración.

Ummhh, ¡ya huele la cafetera! Fiel a mis costumbres, primero paso por la cocina para tomarme un café, justo antes de afeitarme. Después, la pertinente ducha para tomar camino al trabajo.

Disculpa, me llamo Pedro Dóniga. Tengo 35 años, estoy casado sin hijos y llevo seis años ejerciendo aquello que siempre soñé. Soy maestro de un colegio de Primaria e imparto clases para alumnos de 10 y 11 años. Pero, lo que es la vida, eso que tanto amaba y por lo que tanto he luchado se ha convertido en mi calvario de un tiempo a esta parte.

Soy un tipo de costumbres, así que, una vez que me pongo el abrigo y cogido el maletín, me dirijo como todos los días a dar un beso a mi mujer Esmeralda.

–Cariño, me marcho –mi cara refleja resignación, apatía y desilusión.

–Tranquilo, ya verás cómo hoy todo cambia y se comportan como es debido. Algún día se tiene que poner orden a los niños en ese colegio –me contesta Esmeralda con ojos compasivos.

Rumbo a la escuela, me vuelven a venir a la cabeza las mismas cosas que llevan unos meses machacándome todos los días. ¿Pero qué estoy haciendo mal? ¿De verdad que no valgo para impartir magisterio? ¿Debería dejarlo y buscarme la vida de otra forma?

Igual monto un negocio que no tenga nada que ver con la docencia y me va fenomenal. Pero no puedo, ahora no, tengo una hipoteca que pagar, unos deberes que cumplir y no me voy a venir abajo por una panda de renacuajos.

Entre una cosa y otra, acabo de llegar. Aparco el coche en el sitio habitual y me dispongo a emprender camino al aula. Mientras subo las escaleras camino de la clase, no dejo de pensar: «¡quién me diría que voy a hacer lo que más me gusta!». Tras las escaleras, continúo caminando por un amplio pasillo. Al fondo a la derecha está mi aula, donde se escuchan gritos y ese murmullo constante que te taladra el cerebro.

Son las 08.25 de la mañana y la clase comienza en cinco minutos. Por delante me esperan cinco horas seguidas con descanso de media hora. Hasta las tres y media de la tarde no salgo.

Entro por la puerta y allí están los aproximadamente 30 alumnos con los que cuento este curso. La gran mayoría están de pie, otros incluso encima de los pupitres. Pocos, muy pocos, están sentados como corresponde, en su sitio.

Nada más atravesar la puerta la cierro con energía. No es un portazo pero sí lo suficiente para que los alumnos se percaten de que acabo de llegar. Un golpe de autoridad que parece dar resultado porque todos se paran y me miran atentamente mientras se van sentando. Pero en esta rutina de apenas segundos se escuchan muchos murmullos, risitas, etc. Es entonces cuando giro mi cabeza a la pizarra y me encuentro con una frase bien grande donde puede leerse: «no te queremos como profesor, no sabes enseñar».

Estas frases ya no me sorprenden. Son una constante desde que empezó el curso. El hecho de que no me cojan de sorpresa no significa que lleguen a lo más íntimo de mi ser. No hay día que no me encuentre escrito en la pizarra todo tipo de improperios. Lo que verdaderamente me duele es que no sé quién las escribe, nadie quiere dar la cara. Hoy es «no te queremos como profesor, no sabes enseñar», pero el otro día fue «vete de la clase, queremos que vuelva Elena». Elena era la antigua profesora que dejó el colegio por motivos personales. O incluso mucho más duras: «eres un sinvergüenza, un vago». Y así podría estar enumerando decenas de frases escritas desde el anonimato, de forma cobarde.

Ya he trasladado el problema a Dirección, pero en el colegio no saben cómo afrontarlo. Más que nada porque cuando han preguntado públicamente a los alumnos ellos niegan haberlo escrito. Y hasta ahora el colegio no tiene pruebas que puedan señalar a alguien. Ni siquiera indicios para hacerlo.

Mientras borro la maldita frase, siempre me hago la misma reflexión: «¿por qué tengo que aguantar esto? Lo mejor es que me marche de aquí».

2. Crueles con traje de grupo

Son las 09.00 horas. Me llamo Sofía, tengo 12 años y curso estudios en el mismo colegio donde Pedro es profesor, aunque todavía no lo conozco.

–Hasta luego, mamá –me despido de mi madre, fingiendo una sonrisa.

–Hasta luego hija. ¡Ten mucho cuidado! Y ya sabes, tú eres muy buena y llegarás lejos. Ahora es cuando estás labrándote tu futuro –me contesta.

Estas palabras son un ritual diario. Soy consciente de que lo hace con la mejor intención pero significan para mí una gran presión. No quiero decepcionarla.

Nada más despedirme no puedo dejar de mirar el coche que se marcha a lo lejos. Me inunda una sensación de inseguridad como si me quedara en tierra de nadie. Ha llegado el momento. Respiro hondo y con mirada al suelo entro al instituto. Antes de entrar, localizo al mismo grupo que parece esperarme todas las mañanas. Su diversión no es otra que insultar, atacar y ofender a todo aquel que les viene en gana. Y entre esas víctimas estoy yo.

Muchas veces he sentido el deseo de contárselo a mis padres pero la deseabilidad social y el evitar darles un disgusto paralizan el intento. Si lo hago, ¿qué pensarán de mí? Estoy segura de que pensarán que no tengo personalidad y que no sé defenderme por mí misma.

Ha llegado el momento. Respiro hondo, agacho la cabeza y con paso rápido trato de atravesar lo más deprisa posible este calvario. Aunque intento protegerme para que las voces no lleguen a mi interior, no puedo evitar que mi corazón se acelere y que el gesto de mi cara se torne tenso. Lo tienen todo perfectamente estudiado. Se ocultan en el grupo, en el parapeto de la multitud, para que nadie pueda saber quién lo dice. Pero el daño lo consiguen hacer, y no puedo evitar que algunos de los mensajes entren en mi corazón. Mi entrada en la clase se acompaña de una lágrima que se me escapa fruto de la tensión acumulada. Me pregunto una y otra vez: «¿hasta cuándo voy a tener que aguantar todo esto?».

Hoy no es de los días más duros, aunque todavía resuenan los ecos de algunos de los desprecios: «Empollona... Repipi... Siempre queriendo dar la nota... Por qué no te vas a otro sitio donde te quieran... Aquí te repudiamos, repelente de m...». Así podría estar horas, recordando todos y cada uno de los calificativos que llevo tiempo escuchando. Y además nadie es capaz de dar la cara. Se esconden en el tumulto, en ese grupito donde se arropan unos a otros.

Ahora mismo sólo pienso en que acabe el día para regresar a casa.

3. Miedo al teléfono

Valencia, jueves a las 10.00 horas. Soy Verónica, una chica de apenas 24 años, recién licenciada en Turismo y que tuvo la suerte de encontrar este trabajo nada más abandonar la facultad. Si algo siempre ha marcado mi personalidad es mi sonrisa en la cara, predispuesta, con ganas de hacer reír.

–Buenos días, Vero, ¿con qué nos sorprendes hoy? –me pregunta mi compañera.

–La vida es una caja de sorpresas, sólo hay que abrirla cada día para ver qué encuentras –le respondo.

Este ritual es el que ha caracterizado mi estancia en el hotel desde que llegué. Creí que había conseguido el trabajo de mi vida. Sin embargo, en las últimas semanas no soy la misma. Estoy más apagada y me encuentro encerrada en mí misma. Soy consciente de que mis compañeros no saben muy bien a qué puede deberse. Lo achacan a que las cosas en casa no están muy bien. Son varias las veces que se han acercado a preguntarme.

–Buenos días Verónica, ¿cómo estás hoy? ¿Va todo bien? –me pregunta mi compañera Laura, de recepción.

–Eh, sí, sí, cosas de la vida. No estoy pasando una buena racha –le respondo.

–¿Quieres hablar del tema? –me insiste con ánimo de ayudarme.

–No, no, prefiero olvidar, Laura. Gracias por preocuparte –le contesto.

Sé que esta respuesta no convence a nadie. De hecho me he dado cuenta de que han montado una especie de grupo de investigación para intentar averiguar qué me pasa.

¡No puedo más! Esta situación me supera. Todo empezó hace unas tres semanas. Sería alrededor de las cinco de la tarde cuando sonó el teléfono de la recepción.

–Buenas tardes, le atiende Verónica, ¿en qué puedo ayudarle? –respondo con el cliché habitual de empresa.

De repente, se hace el silencio. Pasados unos segundos, se escucha una voz, rasgada, grave e incluso manipulada que no me deja de insultar. Apenas duró un minuto el primer día. De hecho pensé que era una broma de mis compañeros, pero el tono y contenido iban más allá de esto. Además era una línea de uso interno y privado del hotel donde es imposible conocer el emisor y localizar la llamada. Puede venir desde cualquier sitio. Los teléfonos de emergencia en cada una de las plantas, el sótano, las cocinas, los servicios de limpieza, la habitación de mantenimiento.

En los últimos días siento pánico escuchar el sonido del teléfono. Cada vez que suena cerca de esa hora me cambia la cara, empiezo a temblar e incluso hay veces que sudo de forma compulsiva. Intento animarme diciéndome: «Venga Verónica, seguro que no es él o ella. Será alguna llamada importante. Ánimo, toma aire, respira profundo y levanta el teléfono».

Reconozco que estoy pensando en marcharme del hotel y buscarme la vida fuera. Llevo unos días dándole vueltas al asunto de dar un paso adelante y afrontar el problema. Sólo yo sé cómo estoy sufriendo en la soledad todo esto. Cuando regreso a mi pequeño pisito que he alquilado cerca del hotel se me pasan miles de cosas por la cabeza. Frases del tipo: «me voy, no aguanto más». «Yo no merezco esto». «¿Con quién me he portado mal?». Las últimas noches me acuesto llorando y me despierto en mitad de la misma sobresaltada.

4. Tuercas que aprietan

Sevilla, martes a las 08.00 de la mañana. Me llamo Mario y soy un hombre casado de mediana edad, comercial de ferretería. Mi rutina diaria consiste en vender herramientas por las ferreterías con mi modesto automóvil que adquirí hace un año y medio.

¡Dios, otra vez, la nota en el parabrisas! Llevo dos semanas así. Cada vez que cojo el coche me encuentro una nota con un insulto. Al principio me lo tomé a broma, ya que me pareció una chiquillada típica de jóvenes que vienen bebidos a altas horas de la noche. De hecho, cogía la nota y la rompía allí mismo. Ahora llevo una semana que estoy coleccionándolas porque el contenido del mensaje me hace pensar que quien sea me conoce y sabe más de mi vida.

Estoy preocupado. Vivo en un piso situado en el centro de Sevilla que no tiene garaje. Así es que no me queda más remedio que aparcar en la calle. Los últimos días suelo subirme toda la documentación del coche a casa. No me fío.

Disculpa, voy a leer la nota de hoy. «Tu mujer es una gu… y está con otro». Esto ha pasado de castaño a oscuro. Que me insulten a mí es una cosa pero que se metan con mi mujer o cualquiera de mi familia es otra. Cojo el papel y lo pongo en el asiento del copiloto. Estoy muy enfadado, siento impotencia. Quien sea es un cobarde. Esto no se queda así.

La ira me ayuda a mantenerme despierto y evitar pensar que el contenido de los mensajes pueda ir más allá. En los últimos días, mi mente sólo da vueltas por este tema. He llegado a olvidar pedidos e incluso ayer se me pasó felicitar a mi mujer por su santo.

5. Final del partido, comienza la pesadilla

Asturias, domingo a las 17.00 horas. Soy César, contable en una gestoría, pero compagino el trabajo con mi gran pasión: arbitrar encuentros de fútbol en la liga autonómica.

Uff, partido difícil el de hoy. Todo un derbi y los ánimos están cargados. Me encuentro en el vestuario y no dejo de acordarme de mi padre y las mil batallas que me ha contado de cuando él era árbitro. Lo tengo claro, mi deber es intentar impartir justicia, aunque no siempre resulta fácil.

El ruido fuera es ensordecedor. Respiro hondo y trato de relajarme. Debo proyectar tranquilidad y seguridad. Junto a mí se encuentran mis dos compañeros que actúan de linieres. Son jóvenes y con menos partidos que yo, por lo que el sentimiento de responsabilidad está en aumento.

–Venga chicos, ánimo –les comento mientras recojo las tarjetas de la mesa.

–Uff, madre mía la que hay liada fuera –responde el más joven de los dos.

–Sí, pero recordad que estamos aquí para impartir justicia. Así es que centraos en el partido.

Con estas palabras y con un pitido atronador nos dirigimos al centro del campo.

Comienza el partido. Parece que, más allá de un par de jugadas dudosas, el partido se desarrolla dentro de la normalidad. Gol del equipo local en el minuto 39. Jugada clara de córner. Miro el reloj y pito. Fin de la primera parte.

Mi equipo y yo nos dirigimos al vestuario. Parece que el hecho de que el equipo local vaya ganando apacigua en parte los ánimos de la mayoría. Mientras tomamos agua y nos refrescamos sigo animando a los linieres para que continúen igual de concentrados. Soy consciente de que un pequeño traspiés puede ensombrecer toda una actuación impecable.

Es el momento. Nos dirigimos al centro del campo. Comienza la segunda parte. Minuto 35, falta al borde del área en contra del equipo local. Lanzamiento y gol: 1-1 en el marcador. Es en ese momento cuando los ánimos comienzan a calentarse y la grada provoca que los jugadores actúen más agresivamente. Hay mucho en juego pero debo mantener la calma. Minuto 44, caída en el área del delantero del equipo visitante. Mi corazón se dispara, creo que es penalti pero quiero asegurarme. Me acerco al linier.

–¿Ha sido dentro? ¿Ha sido dentro? –le respondo tapándome la boca para que nadie pueda leer mis labios.

–Eh, eh, creo que sí –me responde con titubeo.

–¿Sí o no?, vamos –le respondo mirándole a los ojos con firmeza.

–Eh, sí, sí, ha sido dentro del área –me responde.

¡Dios, en el último minuto! ¡Madre mía, la que se me viene encima! Mirando al punto de penalti, declaro la falta máxima. El estadio se me viene encima literalmente. Apenas puedo asimilar los miles de improperios que recibo. Debo actuar rápido. Me alejo de la zona conflictiva para evitar calentar más el ambiente, no sin antes sacar dos tarjetas amarillas a dos jugadores locales por protestar.

El delantero coloca el balón y doy la señal. Coge carrerilla y gol: 1-2 para el equipo visitante.

Después de ese momento, creo que me sumergí en una nube para poder soportar la presión que desde todos sitios me llegaba. Tuvimos que salir corriendo al vestuario escoltados por la Guardia Civil y con lanzamiento de objetos.

Tras una hora y media esperando en el vestuario, aún nos esperaban aficionados para insultarnos. Abrimos la puerta y, escoltados nuevamente por la autoridad, pudimos salir de aquella olla a presión.

Llego a casa y mi cara lo dice todo. Mi mujer, al verme, sólo me da un abrazo. No hay palabras, los gestos lo dicen todo. Afortunadamente mi hijo ya está en la cama. Es una cena extraña. Mi mujer intenta hablarme de banalidades para ayudarme a pasar el mal trago. Necesito descansar, mañana será otro día. Antes de cerrar los ojos, suena el móvil: número oculto. Dudo si cogerlo o no. Lo cojo.

–Sí, dígame –respondo.

–¡Te vas a enterar! –responde con voz difusa y acento forzado.

Tras esa frase, corta la llamada.

–¿Quién era, cariño? –me pregunta mi mujer.

–Eh, nadie, nadie. Se han equivocado –le respondo.

Tras estos hechos, sólo deseo dormir y que mañana amanezca otro día. Y vaya si lo hizo. En las radios y periódicos locales, salía mi foto como si fuera un delincuente. Me siento acorralado injustamente y los enemigos crecen. Mi mujer me acaba de llamar, dice que al llevar al niño al cole, algunos padres le han mirado con una sonrisa sarcástica e incluso a mi hijo le han dicho que su padre es un manta.

Lo tengo claro. Esta vez la cosa se ha desmadrado. Nunca hasta ahora había vivido algo similar y estoy seriamente preocupado. Ya no por mí, sino por mi mujer e hijo. No sé si estas amenazas son para meterme miedo o podrían cumplirse en realidad. De momento hoy mismo he pedido al colegiado de árbitros mi renuncia voluntaria.

6. Combatiendo tu propio *troll*

Pedro, Sofía, Verónica, Mario y César; todos ellos son supervivientes de situaciones que podrías vivir a diario en pequeñas dosis. Son fruto del ataque de los cobardes que se esconden en sus guaridas para atacar y no mostrar su rostro. Sólo quieren hacer daño, menoscabar la confianza y atacar donde más duele. Utilizan el método más fácil, que no es otro que hacerlo desde el más absoluto anonimato.

Hoy hace un mes desde aquellos sucesos que han marcado sus vidas. El efecto *troll* de los mensajes anónimos ha hecho mella hasta que pones punto final, o al menos, punto y aparte.

Pedro acaba de llegar a clase, su semblante ha cambiado. Está serio pero con una aureola de seguridad que transmite en cada paso. Sabe que cada movimiento que hace es analizado minuciosamente por los ojos de los alumnos. Saca el móvil de su bolsillo y hace una foto a la pizarra. Después otra con una panorámica general. Sin mediar palabras se vuelve a guardar el teléfono. Los alumnos comienzan a mirarse unos a otros, están extrañados. Parece que no sólo no le ha hecho efecto el mensaje de hoy, sino que se avecina una contraofensiva que no esperan. Uno de los alumnos no puede evitar preguntar:

–Profe, ¿qué hace? ¿Por qué está haciendo fotos? –le pregunta.

–El tiempo dirá muchas cosas y todos aprenderemos de lo que estamos haciendo –le responde con seguridad.

Un silencio sepulcral se respira en la clase. Los alumnos se miran entre sí. No entienden lo que está pasando. El objetivo era seguir minando la autoestima del profesor pero la respuesta de hoy les desconcierta. Desde hace unos días, Pedro ha tocado fondo. Está dispuesto a poner coto a este sinsentido. Y para ello tomó conciencia de que se trata de un grupo de niños con un anonimato localizado en un grupo concreto. Por ello contraataca con su primera acción, la duda. Sabe que del poder del anonimato que tenía la clase se ha pasado al poder de la incertidumbre sobre lo que hará con esas fotos. Un simple acto ha trasladado el mando de la situación y ha sembrado el desconcierto en el grupo. Está combatiendo su miedo con otro miedo. En su mesa está el listado de nombres de los padres de alumnos y una nota que dice: «reunión urgente en clase a la salida del colegio».

Nuestra otra víctima, Sofía, se encuentra en el recreo. Está con Patricia, su mejor amiga. En los últimos días los temas de conversación se han reducido. Patricia sabe lo que le ocurre, ya que ella misma también ha sufrido alguna muestra de rechazo del grupo. Mientras se dirigen a uno de los bancos, Patricia saca del bolsillo del chándal una pequeña muñeca de llavero y le dice:

–Toma Sofía, ha sido mi pequeña amiga cuando estaba triste.

Sofía, sin apenas mediar palabra, toma la muñeca y le da un abrazo fuerte a Patricia. Dos lágrimas en los ojos caen por sus mejillas. De repente la directora del centro educativo se acerca a ellas y les invita a tomar un zumo en su despacho.

–¿Cómo te encuentras Sofía? –le pregunta la directora.

–Eh, eh, eh… bien, bien –le contesta sorprendida.

–Tranquila, no hace falta que me cuentes nada. Sabemos lo que ha estado ocurriendo y quiero que no te preocupes, no volverá a ocurrir. Hace unos minutos acabamos de hablar con los chicos que te dicen esas cosas y se les ha comunicado a sus padres. A partir de hoy, todos los profesores tendrán conocimiento de ello para que desde sus aulas comencemos a combatir estas acciones.

–Eh, pero mañana… –responde Sofía.

–Mañana comienza un nuevo día para ti, Sofía. Tus miedos necesitaban compartirse y tu amiga Patricia ha sido la mejor interlocutora, ya que ella misma vivió el año pasado alguna situación similar. Nadie tiene derecho a agredir a otra persona y la fuerza del anonimato de un grupo localizado también se puede combatir con un castigo general. Se trata de una lección para que quienes formen parte de este grupo sopesen si les merece la pena seguir encubriendo a los dos o tres instigadores. Sólo así lograremos dividir y vencer –le responde.

–¿Y mis papás lo saben? –pregunta Sofía.

–No, eso te tocará hacerlo a ti. Habla con ellos abiertamente, te vendrá bien. Piensa que a partir de este momento no estás sola y que son muchos más los que te quieren. Ahora regresad al recreo.

Tras esta conversación, Sofía apretó fuerte la mano de Patricia mientras que caminaban juntas por el pasillo que llevaba al patio. Un gran peso se liberaba en Sofía. A veces el miedo nos paraliza, pero sus tentáculos se diluyen cuando son otras personas las que lo conocen.

En cuanto a Verónica, acaba de recibir una llamada al móvil. Es un amigo suyo que ha sufrido un accidente y está en el hospital. Son las 20.00 horas y se dirige a la planta. El peligro ha pasado, ha sido un susto. Todavía recuerda los ojos de Miguel, su amigo, mirándola y diciéndola:

–Vero, he tenido suerte. Miraba el móvil y por poco no lo cuento. A veces en la vida, olvidamos las prioridades. Hoy he vuelto a nacer, gracias por venir.

Una extraña emoción sigue recorriendo el cuerpo de Verónica. Es una mezcla de miedo e ira. Los ojos de Miguel han detonado la fuerza de rabia ante lo que está viviendo. No entiende por qué está pasando esto, aunque presiente que el origen es la envidia.

Suena el despertador. Son las 07.00 horas. Verónica se levanta con una energía inusual. Llega al trabajo y a los saludos de sus compañeros vuelve a responder como antes, pero con un plus de intensidad. Sus compañeros están perplejos pero al mismo tiempo, contentos de recuperar a la Verónica jovial que era. Aprovechando que acaba de llegar el jefe y que están todos en el vestuario decide contarlo. Hoy comienza un nuevo día. La intensidad del miedo aumenta cuando vives la realidad en soledad. Sus palabras cargadas de emoción han trasladado su miedo en el propio grupo. Sabe que alguno de los oídos que la han escuchado son los de su agresor. Pero ahora sabrá que no está sola y que la sombra de la duda se cierne sobre ellos.

Mario, con sus notas en el coche, ha puesto el asunto en manos de la Policía Local de la zona. Aquí juega un papel esencial el apoyo que está recibiendo desde el principio de su mujer. Desde el primer momento le ha dejado claro que lo mejor es obviar el asunto, no darle importancia. En este caso, el anonimato no está localizado. Una vez que está en manos de la Policía, que sean estos quienes resuelvan. La presencia policial ha provocado que el envío se distancie. Hoy hace dos semanas que no recibe notas. De hecho, las últimas son repeticiones de las primeras, por lo que parece que las ideas del anónimo se van diluyendo. Es consciente de que mañana es posible que se levante con otra nota, pero ahora sabe qué hacer con ella y donde llevarla. El efecto persuasivo de las notas ha ido decayendo, en parte porque está en manos de la Policía y en parte porque evidencia falta de recursos culturales. Empieza a tomar con humor las notas y le apetece contestarle diciéndole «inculto». Pero es consciente del lema «no alimentes al *troll»,* así es que ha decidido sencillamente recoger las notas y llevarlas a la Policía pero eso sí, el efecto del miedo se ha diluido.

César está siendo víctima del juicio social paralelo alentado por los medios de comunicación. Asiste con ojos de incredulidad al modo en que se legitima la opinión de varios periodistas, sin haber escuchado su versión de los hechos. En ocasiones, el silencio puede ser tu peor enemigo o la carta de presentación del miedo. Así es que ha decidido contraatacar. Ha remitido sendas notas de prensa a todos los periódicos. Considera que más allá del plano profesional se ha atacado a su persona. Su decisión de abandonar el arbitraje y la falta de profesionalidad de determinados periodistas que no contrastan las noticias son algunos de sus argumentos. Pero sobre todo ha quedado bien claro que más allá de una función de impartir justicia deportiva los árbitros son personas con familias y que hoy le ha tocado estar en el candelero pero mañana le puede tocar a otro. Su versión de los hechos y la valentía de contraatacar por los mismos canales ha dado como consecuencia que hoy tenga una llamada de una radio local; quieren invitarle a comentar los partidos.

7

Me gusta tu juguete
Álvaro Merino Jiménez
y Pedro Díaz Ridao

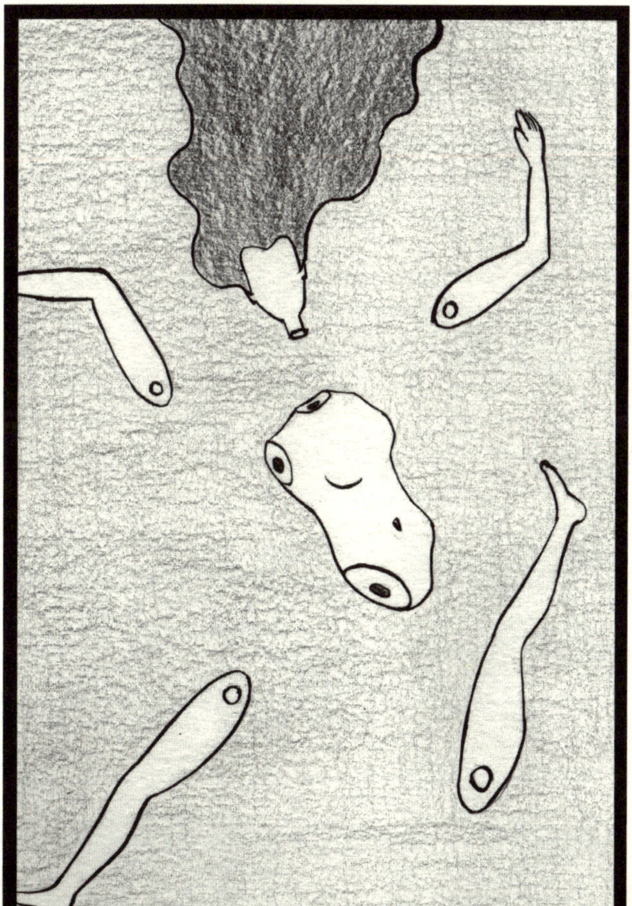

Prólogo

Hace más años de los que me gustaría confesar, cuando ejercía como periodista radiofónico novel, se armó un gran lío el día que un equipo de fútbol anunció la contratación de un psicólogo para ayudar a sus jugadores. Quería aquel profesional que visualizaran objetivos y sensaciones para superar sus miedos como futbolistas de primer nivel. Esta práctica que ahora nos parece de lo más normal, era entonces algo tan atípico que la innovación se quedó entonces en anécdota breve.

El deporte es un microcosmos que facilita el análisis de todas las parcelas de la realidad. El mundo de la empresa, la dirección de personas, la gestión; en suma, el mundo del triunfo y el fracaso de determinados proyectos, también se retrata a la perfección en el microcosmos del deporte.

En este capítulo titulado «Me gusta tu juguete», Álvaro y Pedro dan claves concretas para entender mediante magníficos ejemplos del deporte situaciones que representan los bloqueos, palancas, éxitos y fracasos de cualquier compañía.

Todos consumimos y vemos deporte pero ellos han sido capaces de ver en el deporte. No sólo ver. También analizar y sintetizar mediante historias con argumento. Este capítulo es un buen ejemplo de cómo los relatos anclan las ideas en el recuerdo de los lectores. Mucho mejor que las interminables cadenas de datos.

Ahora sólo falta que su experiencia pionera tenga más éxito que aquel primer viaje al mundo de la psicología realizado por el deporte más profesionalizado.

Javier Reyero González
Periodista y presentador del programa *Centímetros cúbicos*
en Antena 3 TV

«Los errores en mi carrera como entrenador, seguramente
fueron cuestiones de falta de sensibilidad en
lo humano, más que en lo técnico».

Jorge Valdano

1. Un equipo, un estado de ánimo

–¿Sabes lo que te digo? ¡Que si te parece bien te calzas tú las botas y sales a jugar!

No pude evitar que se me viera la cara de estupefacción al escucharle. Quería decirle miles de cosas pero de mi boca apenas salió un tímido hilo de voz.

–Bueno, mejor lo hablamos luego, porque creo que estás demasiado enfadado por el resultado.

–¡Estoy harto! ¡Esto no tiene remedio!

Pensaba que iba a ser capaz de lidiar con esta situación y sin embargo me resulta increíble el bucle en el que he entrado. Haber sido un buen jugador no me garantiza ser un gran entrenador. De eso me doy cuenta ahora, y mira que les he criticado ferozmente durante mi etapa de jugador.

Un equipo es un estado de ánimo. Una frase repetida hasta la saciedad por muchos entrenadores como yo. Cuanto más la escucho, más me pone delante de mis propias limitaciones.

Dirigir un equipo de fútbol tiene muchas similitudes con la dirección de una pequeña o gran compañía pero tiene otros condicionantes muy específicos y únicos del deporte de alto rendimiento, como pueden ser la edad de mis jugadores y las situaciones de alta tensión emocional y mediática en las que desarrollan su trabajo.

Esta es mi segunda temporada a los mandos del primer equipo del club y como en todos los equipos tengo jugadores de perfiles muy dispares. En el vestuario conviven seis nacionalidades diferentes, jugadores muy jóvenes y algunos veteranos que ya están en la recta final de sus trayectorias deportivas.

A día de hoy creo que mis principales errores nada tienen que ver con los aspectos técnicos o tácticos, sino con la falta de sensibilidad con los problemas que se generan en la convivencia entre los jugadores. Al fin y al cabo se trata de liderar a 22 jugadores y a un cuerpo técnico bajo la presión de directivos, agentes y periodistas que trabajan a diario gracias a nosotros.

Después de estas dos temporadas he descubierto cuáles son los dos aspectos que se repiten continuamente en todos y cada uno de los conflictos que he vivido y sigo viviendo dentro del vestuario: la envidia y el miedo.

Mientras se duchaban los jugadores pude escuchar el siguiente comentario:

> –¡Sé que tiene sus favoritos, sus niños mimados, y al final esos son los que juegan!

Ese comentario me da en lo más hondo. Sé que la envidia es una emoción social y que nace en el momento en que empezamos a interactuar con otras personas. Pero de lo que me he dado cuenta a lo largo de mi vida es que se manifiesta con diferentes niveles de toxicidad. Ella nos mantiene en la queja y la queja alimenta nuestra sensación de victimismo.

Competir al más alto nivel no es precisamente fácil. Sólo son unos pocos entre miles de deportistas los que alcanzan ese reto. Pero esto no significa que no tengan miedo. Lo tienen y mucho. Todos compartimos dos temores que son inherentes al ser humano: el miedo a morir y el miedo a vivir. Y quizá la envidia sepa mucho de esto. Envidiamos el coraje de unos pocos que, teniendo miedo, son capaces de enfrentarse a sus fantasmas para arriesgar y vivir la vida que desean vivir. Pero en el momento en que esto ocurre, la envidia encuentra su motivo para emerger alrededor.

Cada día soy más consciente del papel que juega el factor humano y de su importancia para liderar a un equipo y me enfado pensando cuál será el motivo por el que nadie me lo había enseñado antes. Mis conocimientos técnicos son tan buenos o mejores que los de cualquier otro entrenador pero reconozco que los mejores tienen ese plus de maestría en el manejo de las emociones colectivas. Porque más allá de ser entrenadores, quienes nos dedicamos a esta preciosa profesión nos transformamos en mentores de jóvenes deportistas que en pocos años empezarán a vivir una vida alejada del *glamour* y los focos en los que viven actualmente. Y entonces, si no han sido capaces de gestionar sus envidias y sus miedos, seguirán siendo unos eternos adolescentes.

Ah, por cierto, me llamo Víctor, tengo 45 años y necesito encontrar respuestas.

2. Me gusta tu juguete y lloro

–Venga chicos, hemos dado lo mejor en este momento. Ahora toca descansar. Mañana intentaremos aprender de lo sucedido.

–Sí, ya –se escucha un leve murmullo al tiempo que todos los jugadores agachan la cabeza para seguir recogiendo sus pertenencias.

Un terreno de juego, una cancha o cualquier espacio deportivo donde se compita es el escenario que simula la vida que vivimos a diario.

Jorge es uno de mis jugadores clave. Pese a su juventud tiene tanto talento como miedo a demostrarlo. Desde pequeño fue un número uno en su localidad y su crecimiento deportivo fue meteórico. Siempre lo tuvo fácil hasta que llegó a este equipo. Aunque era evidente, Jorge no fue consciente de que iba a encontrarse con otros jugadores con características muy similares, otros números uno que habían vivido experiencias similares. El problema de Jorge es que su miedo a vivir le bloquea de tal manera que está victimizándose por momentos.

Tener miedo a vivir en el caso de Jorge se traduce en su miedo a asumir riesgos y a probar cosas nuevas en el campo. Siempre existe algún problema o alguna dificultad que se lo impide. Lo peor de todo es que esos problemas son invenciones suyas, preocupaciones falsas que crea en su cabeza y que justifican y alimentan un temor insano que le lleva a no asumir su responsabilidad y su protagonismo en el terreno de juego. Tan sólo hace lo que se le pide. No se sale del guion marcado y se está convirtiendo en un jugador mediocre. Y si continua así, es difícil que siga en este equipo.

Hace unos días tuve una conversación difícil con él a raíz de un comentario desafortunado que tuvo con un compañero del equipo. Teníamos una charla técnica con todos los jugadores acerca de determinados cambios que necesitábamos hacer de cara a los siguientes partidos. Jorge, que actualmente no juega demasiado porque su rendimiento no está a la altura de lo que esperamos, sacaba punta en privado a cada comentario que hacíamos.

Era imposible no darse cuenta de que estaba enturbiando el ambiente con sus constantes intervenciones. Todo lo que dijimos le parecía mal, nada de lo que estamos haciendo le parece atractivo. Todo el día está sumido en una permanente queja. A veces me pregunto: ¿para qué? Mucho me temo que la razón es la de no asumir la responsabilidad de tomar las riendas de su función en el equipo y por tanto las de su propia vida. Al fin y al cabo se resume en una cuestión de actitud y no tanto de aptitud.

Lo peor de todo es que su entorno familiar no favorece en nada que sea capaz de salir de su victimismo. Es una lástima ver cómo muchos de estos jóvenes jugadores se alimentan de los halagos desmedidos de quienes ven en ellos todo lo que nunca pudieron conseguir. La sobreprotección es una sibilina forma de agresión que alimenta la victimización de quien la busca desmedidamente para no asumir ninguna responsabilidad. Y desgraciadamente el personaje se come a la persona.

El miedo a vivir nos paraliza y es más peligroso incluso que el propio miedo a morir. Jorge está perdiendo oportunidades en su vida deportiva de las que posiblemente se arrepienta en el futuro. Sé de lo que hablo. Me encantaría poder hacerle cambiar de actitud pero también sé que sólo él puede conseguirlo. Necesito saber cómo ayudarle a que descubra por sí mismo que seguir viviendo la vida como una víctima no le llevará a ningún lugar interesante.

Jorge me recuerda a esos niños que cuando otro niño les quita un juguete, en lugar de tratar de conseguirlo de nuevo, se echan a un lado y lloran para que un adulto les solucione su problema. Creo que con él lo han hecho en innumerables ocasiones y es un hábito que ha aprendido. Sigue comportándose de la misma manera con la diferencia de que ya no queda nada de aquel niño. Y es que, como decía Alain Emile Chartier, «quien tiene miedo sin peligro, se inventa el peligro para justificar su miedo».

3. Me gusta tu juguete y te lo quito

El caso es que no sólo me preocupa Jorge. Otro de mis jugadores, Miroslav, me quita el sueño últimamente. Es un jugador con una capacidad natural muy superior al resto de la plantilla. Sin duda es el jugador más vehemente, combativo y pasional de todo el equipo.

Miroslav es un volcán a punto de erupción. Su miedo a fracasar está alimentado por una inagotable necesidad de éxito. Sí, es el delantero centro del equipo. En demasiadas ocasiones ha perdido el control y ha sido expulsado. Ya sabíamos de su carácter y estábamos prevenidos. Sin embargo, ciertos comportamientos no sólo dañan al equipo sino fundamentalmente a él mismo. Creo que los expertos en inteligencia emocional llamarían a esto un grave problema de autorregulación emocional. Cuando le intentamos corregir, siempre lo vive como un ataque personal, lejos de entender que no le criticamos a él, sino a su hacer.

Su sarcasmo es el vivo reflejo de su envidia. A diferencia de Jorge, la envidia que muestra Miroslav es mucho más dañina. La envidia de Jorge le está imposibilitando conectar con su poder personal. Sin embargo, la de Miroslav está quitando valor a muchos de sus compañeros.

Al finalizar el último partido de liga, que empatamos a dos goles, Miroslav entró muy enfadado en el vestuario y gritando increpó a varios de sus compañeros. Realmente hicimos un buen partido pero Miroslav no estuvo afortunado de cara al gol. Muy al contrario que Ioan Pardini, un joven italiano nacionalizado español muy extrovertido, estiloso y que nunca pierde la sonrisa.

–¡No tenéis ni idea de pasar! Así es imposible hacer un gol. ¿Qué pasa? ¿Es que yo no soy tan simpático como Ioan? Pues nada, si os da la gana ya podéis pasarle todos los balones al guaperas.

Miroslav no soporta no marcar goles. Es tan alta su necesidad de éxito, que cuando no lo consigue muestra su lado más oscuro. Y ese domingo lo vivimos descarnadamente.

Ahora bien, todos somos conscientes de que en media hora se va a arrepentir. Soy consciente que como entrenador nunca se pueden tolerar estos comportamientos, pero por mi estilo de liderazgo más calmado me cuesta abordar estas situaciones y conllevan en mí un estrés emocional importante. Así es que después de ese comentario ordené a los jugadores que acabaran la discusión de inmediato y pedí a Miroslav que esperara un poco más en el vestuario. Me aseguré de que el vestuario estaba vacío para preguntarle:

–Vamos a ver, ¿tú qué necesitas? –le pregunté fijando mi mirada en sus ojos.

–¿Cómo? –respondió medio sorprendido o medio enfadado–. Pues lo que quiero es que algunos hagan bien su trabajo. Creo que no es tan difícil, ¿no?

–No Miroslav, no me refiero a qué necesitas de los demás, sino a qué es lo que necesitas de ti mismo para no estar continuamente comparándote con Ioan y abandonar de una vez por todas las quejas.

Atónito por la pregunta, me miró, mostró un gesto de disconformidad y se marchó.

Esta envidia es la que lleva a los niños a quitar el juguete que no pueden tener. En los adultos la manera de quitar el juguete es infravalorar el desempeño de los demás.

4. Me gusta tu juguete y te lo rompo

Pero seguramente el caso más peligroso con el que convivo este año es el de David. Durante más de diez años ha sido el eje de la defensa del equipo. Un jugador seguro, versátil y con grandes dosis de liderazgo dentro del equipo.

La decisión de no darle minutos este año ha sido, sin lugar a dudas, la más complicada que he tenido como entrenador, apoyada por mi equipo técnico y que sabíamos que iba a levantar polémica dentro y fuera del equipo.

David ya no está al nivel de años anteriores. Sus mejores años han pasado y su juego ha bajado en intensidad y rapidez. Este año, previendo que esto podría pasar, reforzamos esa posición con un jugador con gran proyección y que está superando con crecer las expectativas que habíamos puesto en él.

No es difícil darse cuenta de que David lo está viviendo muy mal. Tanto es así, que su comportamiento está siendo destructivo. Lo que no podíamos imaginar es que un jugador que siempre había sido un ejemplo dentro y fuera del terreno de juego pudiera comportarse de esta manera durante el trabajo de la semana, incluyendo los días de partido.

Sus quejas son constantes con todos los planteamientos que hacemos, sonriendo socarronamente y mostrando desaprobación sin motivo aparente. Lo peor de todo es que toda esa seducción que conllevaba su liderazgo se ha transformado en una vil manipulación sobre aquellos jugadores más influenciables. Ha creado una corriente de opinión contraria a nuestras decisiones como cuerpo técnico.

Sin duda este es un claro ejemplo del miedo a no sobrevivir. David ve en peligro su supervivencia dentro del equipo y su miedo a morir, metafóricamente hablando, le lleva a tener este comportamiento tan disfuncional. Esta envidia es la que lleva a los niños a romper los juguetes que no pueden tener. Y en el caso de David es un órdago en toda regla. O juega, o no va a descansar hasta que vea destruido nuestro proyecto deportivo.

¿Qué hacer en estos casos? Junto a mi cuerpo técnico, decidimos que no podemos permitirle que se salga con la suya. En el momento en el que lo hiciéramos perderíamos toda la credibilidad de cara al grupo. Pero, ¿es posible reconducir ese comportamiento sin darle algo que no se merece? ¿Seremos capaces de transmitirle esto a David y que sea consciente de que su miedo le está destruyendo y nos está destruyendo poco a poco? ¿Debemos apartarle del equipo? Ni os cuento cómo están muchos medios de comunicación que son muy afines a David después de tantos años de carrera deportiva. La verdad es que lograr una situación en la que ambas partes salgamos ganando me parece ciencia ficción.

Es en estos momentos cuando me doy cuenta cómo una sola persona es capaz de destruir un equipo entero, cómo una emoción tóxica se transmite con tanta velocidad que puede destruir un proyecto que con tanto cariño se ha ido construyendo poco a poco.

Soy consciente de que todo el equipo está en peligro y debemos encontrar la solución más adecuada.

5. Enderezando el timón

Sabía que Arturo, un viejo entrenador que tuve hace años, podría ayudarme. Nunca quiso dirigir un equipo importante. Siempre me decía que cada uno debe saber dónde está su lugar y que él siempre había sido feliz en el suyo. Había dedicado más de 50 años de su vida profesional a acompañar a niños y jóvenes a descubrir su talento deportivo que años más tarde se convertiría en su valía personal.

Yo fui uno de esos niños. Nunca olvidaré su sonrisa tranquila cuando perdíamos un partido. Nunca le vi perder las formas por más injusto que hubiera sido un partido. Siempre era capaz de encontrar ese lado positivo a todo lo que nos ocurría. Incluso nos ayudó a entender el porqué de los comportamientos de muchos jugadores, entrenadores y árbitros. Siempre tuvo una mirada diferente de las cosas y siempre la compartía con los demás por si ayudaba a mirar con otros ojos.

A pesar de su dilatada experiencia, no dejaba de sorprenderme la manera con la que vivía las cosas. Parecía un niño que de repente descubre algo nuevo y el asombro aparece en su mirada. Quizá esta sea la gran diferencia entre un experto y un maestro. Los maestros son expertos que se perciben continuamente como principiantes. Él era mi maestro y yo necesitaba mirar de manera diferente para encontrar soluciones diferentes.

Cuando le encontré en las oficinas del viejo club del barrio me pareció retroceder en la máquina del tiempo a esos días en los que salía del colegio con mi mochila de deporte en un hombro y la merienda en la mano sin dejar de correr para estar lo antes posible en pantalón corto y con las botas bien apretadas.

Nos cruzamos las miradas y de nuevo esa sonrisa calmada que parecía esperarme y decir «anda, entra y hablemos». Necesitaba compartir todo aquello que me desbordaba, necesitaba respuestas a mis preguntas pero la sabiduría de mi viejo profesor me regaló lo que necesitaba: mejores preguntas.

Tras un abrazo sincero, me invitó a sentarme. Su mirada compasiva me invitaba a abrir la caja de Pandora que había estado aguantando durante largas semanas. Tras media hora contándole lo que me estaba ocurriendo con el equipo, Arturo con voz tranquila me dijo:

> –No soy yo quien debe darte las respuestas. Si lo hubiera hecho con todos los que pasasteis por aquí, sería muy probable que ninguno hubierais hecho el esfuerzo de encontrarlas.

En un principio este planteamiento me dejó muy descolocado. Yo necesitaba la receta pero él me ofrecía más dudas. Luego descubrí que no era así. Creo que mi cara de sorpresa le invitó a concretar más su mensaje:

> –Escucha Víctor, el deporte nos enseña que los resultados llegan cuando has entrenado bien. Debes darte el permiso de entrenar y aceptar que el entrenamiento ya no está relacionado con los conocimientos técnicos de tu deporte. Quien se queda ahí acaba incompleto. Nuestro trabajo consiste en otra cosa. Somos compañeros de viaje de las personas y de sus sueños. Pero para ser buenos compañeros de viaje necesitamos seguir entrenando y aprendiendo. Y esos aprendizajes, en ocasiones, debemos encontrarlos en lugares muy diferentes a los que estamos acostumbrados. Porque aprender significa enriquecernos con miradas muy distintas y si sólo buscas donde conoces es muy difícil encontrar respuestas nuevas. Permíteme que te hable y te pregunte sobre tres cosas: la responsabilidad, las necesidades y el éxito.

Si quieres saber en qué consiste la responsabilidad, tan sólo debes volver a los principios. Dice Savater que:

> «Responsabilidad es saber que cada uno de mis actos me va construyendo, me va definiendo, me va inventando. Al elegir lo que quiero hacer voy transformándome poco a poco. Todas mis decisiones dejan huella en mí mismo antes de dejarla en el mundo que me rodea. Y claro, una vez empleada mi libertad en irme haciendo un rostro, ya no puedo quejarme o asustarme de lo que veo en el espejo cuando me miro. Si obro bien cada vez me será más difícil obrar mal (y al revés, por desgracia). Por eso lo ideal es ir cogiendo el vicio de vivir bien».

Entonces mi entrenador continuó:

–¿Y sabes qué ocurre con esto? Pues que los grandes aprendizajes de la vida no pueden ser enseñados, deben ser vividos.

Cada palabra de Arturo tenía tanta carga de significado que apenas me daba tiempo a interiorizar lo que me decía. Quizá en ese momento, mis ojos se tornaron en los de ese chaval que fui con la mochila cargada, para seguir escuchando lo que Arturo quería transmitirme:

–Querido Víctor, hay personas que creen que las cosas suceden y otras que hacen que las cosas ocurran. ¿Tú a qué grupo perteneces? –me preguntó.

–Eh, pues quizá en ciertas ocasiones espero a que ocurran.

Su sonrisa seguía siendo acogedora y libre de juicio, como la del amigo que guarda silencio para darte el espacio para reflexionar y encontrar tu respuesta.

–Bien, pues déjame ahora que te hable de las necesidades –me respondió mientras cogía dos botellas de la misma marca que cuando era niño.

Con voz calmada y sin darle casi importancia a lo que me iba a decir me lanzó una pregunta poderosa:

–Debajo de una queja es muy probable que encuentres una necesidad no cubierta. ¿Dónde pones el foco, en la queja o en la necesidad? –me preguntó como si de un juego se tratara.

–Sin duda en la queja –le respondí de inmediato.

–Pues posiblemente ahí encuentres la dificultad para hallar la solución. Desde ahí es muy complicado construir.

Mi viejo profesor había abierto una puerta que estaba oculta para mí. En ese momento comencé a revisar, a modo de instantáneas, los casos de mis jugadores más polémicos y de repente aparecían delante de mí las respuestas. Salían a borbotones como si alguien hubiera abierto el grifo del agua y esta saliera a presión.

El caso de Jorge me hablaba de una clara necesidad de aceptación social no cubierta. Lo de Miroslav tenía mucho más que ver con su necesidad de tener éxito en todo aquello que se propusiera. Necesitaba transmitirle que su éxito sería completo cuando tratase mejor a sus compañeros. De David estaba desaprovechando su necesidad de influir a los demás. Necesitaba sentirse importante para los demás y ahí estaba su nuevo desafío: hacerlo desde otro lugar.

Demasiadas cosas se acumulaban en mi cabeza y muchas salían sin control. Necesitaba ordenarlas pero esta nueva mirada me hacía ser un nuevo observador del mundo. Ahora había cambiado la perspectiva y por tanto también me estaba cambiando a mí.

La sensación de empoderamiento era absoluta y creo que mi viejo profesor se daba cuenta de ello y por eso dejó para el final la lección más importante de las tres:

–Ahora me gustaría hablarte del éxito.

–Claro, por supuesto –le respondí deseoso de saber más.

–Déjame que te cuente un cuento –me contestó mientras llenaba aquella taza que aún conservaba las señales de haber sido pegada varias veces al romperse. Y comenzó a relatar.

«Un anciano y su nieto durante un verano se sentaban juntos a jugar al Monopoly. Todas las partidas las ganaba el anciano, conocedor de las reglas del juego y generando una tremenda frustración en su nieto, que ese mismo verano iniciaba sus estudios de empresariales.

El joven se dio cuenta de que realmente la clave del juego consistía en arruinar al contrincante y quedarse absolutamente con todo. Por fin, en una de esas partidas, el joven aprendiz derrotó a su contrincante y llevado por la euforia le dijo a su abuelo que era mejor que él y que ya nada podía enseñarle. El abuelo, con una sonrisa socarrona le dijo:

–Te felicito, has ganado la partida. Pero ahora devuelve todo lo que tienes en tus manos a la caja. Ahora todo lo que has ganado déjalo en la caja del Monopoly. Nada de esto fue realmente tuyo, tan sólo te emocionaste por un rato. Todas estas fichas estaban aquí mucho antes de que te sentaras a jugar y seguirán ahí después de que te hayas ido. El juego de la vida es exactamente el mismo. Los jugadores vienen y se van. Interactúan en el mismo tablero en el que lo hacemos tú y yo. Pero recuerda, tu dinero, tu casa o tu coche, algo que crees que es tuyo, tarde o temprano irá a parar nuevamente a la caja. Y te quedarás sin nada».

–Y ahora, ¿dónde está el éxito, Víctor? ¿Dónde lo buscas? Si lo haces en el lugar equivocado es muy probable que envidies profundamente lo que otros consiguen. Tener éxito es estar donde quieres estar, haciendo lo que quieres hacer y gozando mucho de ello. Lograr el éxito no es conseguir cumplir los objetivos fijados, no te equivoques.

–¿Y entonces, qué es? –le pregunté sin entender lo que me decía.

–Tener éxito es tomar conciencia de en quién te estás convirtiendo mientras persigues lo que buscas. Tener éxito es ser capaz de inventar la mejor versión de uno mismo. Y en esa versión no tiene cabida la envidia.

En ese momento entendí toda la sabiduría que acumulaba mi viejo profesor, toda la generosidad con la que me regalaba sus preguntas para que yo descubriera mis respuestas.

No sé si seré capaz de solucionar este tema pero gracias a él hoy veo todo de manera diferente: sembrando las semillas de la queja sólo conseguimos cosechas de resignación. Al quejarnos por todo estamos soltando las riendas de nuestra propia vida. Quizá, como decía Antoine de Saint-Exupéry, «para ver claro, basta con cambiar la dirección de la mirada».

Estoy deseando que llegue el siguiente entrenamiento.

8

Derrocho tanto *glamour* que sudo purpurina

Marta M. Ferrer González

Prólogo

Tiene muchos vestidos, aparece en todos los órdenes de la vida, se repite una y otra vez y además, suele ser predecible y poco controlable. Los románticos lo comparan con los celos, ese sentimiento caprichoso en el que uno también tiene desdicha y el deseo de tener lo que el otro tiene. Me resisto a llamarlo por su nombre, pero os daré otra pista más, poniendo como ejemplo aquello a lo que dedico mi día a día y que tiene mucho que ver con el título de este capítulo, la máxima competición del motor, la Fórmula 1.

En ella hemos vivido cómo pilotos exigían muros para mantener sus secretos a salvo de su máximo rival, su compañero de equipo. Contratos exigiendo ser el número uno dentro de la escudería, o llevar el mejor material, forma parte del equipaje de la estructura de cada formación.

Ser el más rápido, guapo, atrevido, tener más fans, ser el centro de atención de los focos; pero sobre todo, ser el número uno. Nada iguala esa sensación pero también nada despertará más deseos de ocupar ese lugar y desbancar a tu máximo rival.

Me gusta y mucho cómo lo conocemos en el mundo del deporte y sí, suena muy bien. Lo llamamos competitividad. Se trata de un ingrediente común en la competición que vivimos en nuestro día a día y que, de una forma u otra, lo habéis vivido, o peor, lo habréis sufrido. ¿Seguro que no sabéis de qué estamos hablando?

Si os queda alguna duda, en las primeras líneas de este brillante capítulo sabréis de qué pecado capital estamos hablando.

Juanma Fernández Aguilera
Productor del programa *Fórmula 1* en Antena 3 TV

«Si no puedes soportarme en mis peores momentos,
entonces estoy segura de que no me mereces
en los mejores».
Marilyn Monroe

1. Trabajando en terreno hostil

–Buenas noches, gracias por venir. Mañana nos vemos en la oficina.

Con estas palabras despedía a mis últimos invitados. Cuánta paz. No hay nada comparable a la sensación de soledad que queda después de horas de copas, música y gargantas que luchan por hacerse entender entre tanto revuelo. Después de todo eso, la nada. Bueno, la nada y todos los elementos que recuerdan que hace unos minutos más de quince personas ocupaban mi sofá, conversaban en mi cocina acompañados de copas y copas de *gin-tonic* y tomaban prestadas algunas de mis habitaciones. Sí, porque de eso que os estáis imaginando también ha habido, pero ya habrá tiempo de contar cotilleos. Lo importante ahora es analizar el panorama que tengo ante mis ojos.

El panorama te lo puedes imaginar ¿no? ¿Quién no ha organizado alguna vez una reunión de compañeros de trabajo para tomar algo y se le ha ido de las manos? ¡Que levante la mano quien esté libre de pecado! Pues eso es lo que me ha pasado a mí. Nada hacía suponer que mi convocatoria fuese a tener tanta aceptación en la oficina pero después de esta noche puedo decir, sin miedo a equivocarme, que a una copa y buena música nadie le hace ascos.

Lo cierto es que la relación con mis compañeros (y especialmente compañeras) de trabajo, hasta la fecha, es bastante limitada. Se limita al hola y adiós cuando están delante los jefes y poco más. Trabajo en MC Comunicación, posiblemente una de las agencias de publicidad más importantes del país y, como te imaginarás, no trabajo sola. En plantilla somos unas 25 personas con las que, en mayor o menor medida, tienes que tratar a diario. Llevamos a cabo proyectos en los que durante días tenemos que trabajar como si no hubiera un mañana. Horas y horas alrededor de una mesa de trabajo llena de papeles, borradores, cifras, más cifras, imágenes, pruebas de color, borradores… Se me viene ahora mismo a la cabeza aquella campaña de *Be Beauty* a la que dedicamos casi tres semanas sin descanso el año pasado. Recuerdo a mi jefe entrando por la puerta con una expresión difícil de definir. Digamos que estaba entre el pánico y la ilusión. Pánico por la envergadura del proyecto e ilusión porque, de salir bien, supondría el desembarco de la empresa para la que trabajo en el sector de la cosmética.

–Acabo de hablar con Miguel Ángel Castillo, el responsable de producto de *Be Beauty*, que, como imagino sabréis, es una firma de cosmética de alta gama, con mucho éxito en el mercado anglosajón, que busca expandir su negocio a otros países, entre ellos, el nuestro. –Así nos daba el jefe la buena nueva, poco antes de salir a comer. Se le iluminaba la cara cuando hablaba de esa conversación con el señor Castillo, un nombre hasta entonces completamente desconocido para mí y para algún que otro compañero, todo hay que decirlo–. Nos ha propuesto presentarle un plan integral de marketing, promoción y comunicación de la marca y sus productos para España. ¿Qué supone esto si sale bien? Muchos miles de euros. He estado haciendo un par de llamadas y sé que nuestra competencia también ha recibido la misma propuesta así que si queremos que esos miles de euros que están en juego pasen a engrosar nuestras arcas nos tenemos que poner a trabajar desde ya. Os voy a pasar a vuestros correos electrónicos toda la información para que le echéis un vistazo cuando volváis de comer.

Quiero todos vuestros cerebros y vuestras manos trabajando en ello. Es una oportunidad que ni podemos ni vamos a perder.

Era un proyecto ilusionante, por supuesto, y más para una chica como yo, con 29 años, que no hacía ni tres meses que había entrado a trabajar en el departamento de comunicación de la compañía. Participar en el que podía ser el mayor éxito de MC Comunicación hasta la fecha, formar parte de algo grande… No entraba ni en mis mejores planes. Sin embargo, pronto iba a descubrir que *Be Beauty* iba a ser la mecha que haría explotar una bomba que llevaba escondida tres meses bajo una mesa de oficina.

Al día siguiente de la gran noticia nos pusimos a trabajar duro para que el proyecto fuese a parar a manos de MC Comunicación. Había tanto por planificar que uno no sabía ni por donde empezar. A mí me tocaba encargarme del plan de comunicación en medios y, por supuesto, no estaba sola en esta aventura: junto a mí, Elisa Sánchez de Cábanas, la gran Elisa Sánchez de Cábanas. No entiendas mi «gran» como reproche, todo lo contrario. La señora Sánchez de Cábanas es toda una personalidad en el mundo de la comunicación. Lleva más de 20 años al frente de importantes cuentas y ha participado en prestigiosas campañas de comunicación. Tanto es así, que no hace mucho creo recordar que recogía uno de los premios más distinguidos en el área de la publicidad. Toda una oportunidad para mí, Ana García, la joven e inexperta Ana García. A priori todo pintaba muy bien y estaba convencida de que ambas nos íbamos a entender a la perfección: yo admiraba el trabajo de Elisa (permíteme que aquí, en confianza, la llame así) y creía que ella respetaba el mío. Pero nada iba a ser fácil y su trato hacia mí ni mucho menos demostraba respeto sino todo lo contrario. A la media hora de empezar a trabajar con ella comencé a darme cuenta de que constantemente ponía en duda mis capacidades y aptitudes para encargarme del proyecto. Nada de lo que decía valía y todas mis ideas me las tiraba por tierra por absurdas, fuera de tono, alejadas de la esencia del producto o simplemente porque pensaba que estaban poco maduras. Pasé a ser la becaria recién licenciada (o ni siquiera eso) que sólo servía para recoger los bocetos de la impresora.

Aquellos que me conocen desde hace años saben que soy paciente y que nunca suelo pensar mal de nadie de buenas a primeras. Trato de buscarle constantemente una explicación a las cosas. Por eso justifiqué a Elisa pensando que eran los nervios del primer día, la presión de mi jefe por este proyecto. Estaba segura, o quería estarlo, de que al día siguiente las cosas mejorarían. Un mal día lo tiene cualquiera, ¿no? Sin embargo, esta vez estaba equivocada.

A la mañana siguiente las cosas no fueron mejor ni por la mañana ni por la tarde. Es más, empeoraron considerablemente. Ya no sólo sentía la tensión que se respiraba en el ambiente con Sánchez de Cábanas (la gran Sánchez de Cábanas), sino también con Marisa Santos, la directora de Marketing, una mujer de unos 40 años que me recordaba muchísimo a una profesora que tuve en la universidad a la que admiraba profundamente. Y no sólo con Marisa, también con Beatriz Martínez, la responsable de diseño, una chica de mi edad, un poco alternativa y bohemia, a la que creo que nunca caí bien. Y así, una larga lista de mujeres de la empresa con quienes tenía que remar rumbo al concurso de la campaña de *Be Beauty*. Todas en una misma dirección y, sin embargo, yo sentía que iba a contracorriente. ¿Qué habría hecho yo para despertar tantas suspicacias?

Te aseguro que no había entrado a trabajar en MC Comunicación como enchufada de nadie. Entendería que si hubiera sido hija de, amiga de, querida de o cualquier otro parentesco de, mi presencia en la oficina podría generar cierta tensión. Pero lo cierto es que entré en la empresa por un proceso de selección nada sencillo, después de pasar cinco entrevistas. Así que no entendía nada.

No te voy a negar que fueron unas semanas muy duras hasta que el proyecto de *Be Beauty* vio la luz. Mis compañeras se encargaron de no ponérmelo nada fácil y llegaba todos los días a casa destrozada, y no precisamente en el aspecto físico. ¡Pobre Nacho! ¡La cantidad de llantinas mías que ha tenido que presenciar por culpa de MC Comunicación! Sí, como imaginarás Nacho es mi novio y, en ese momento, hacía poco que nos habíamos ido a vivir juntos. Si no me dejó entonces, creo que estará a mi lado toda la vida.

No ganamos finalmente el concurso de *Be Beauty,* se lo llevó otra agencia de comunicación, pero a mí me sirvió para, desde ese momento, andarme con pies de plomo en la oficina. ¡Ah!, también para encontrar un apoyo y un aliado entre esas cuatro paredes: Alfonso Márquez, del departamento de ventas. Desde entonces nos hicimos uña y carne y, poco a poco, empecé a contarle cómo me sentía. Era mi desahogo en un ambiente en el que me notaba el centro de atención de todas las miradas y en el punto de mira con cada cosa que hacía. Alfonso se convirtió, desde entonces, en mi mejor amigo del trabajo.

2. Los rumores de pasillo

«Ana, a lo que estás que mira cómo tienes la casa. No querrás que Nacho vea todo esto así cuando llegue mañana por la mañana, ¿no? Pues venga, deja de mirar al pasado y mira tu presente. ¡A limpiar!». La voz de la conciencia me devolvió a mi realidad. Al salón de mi casa devastado por los estragos de una fiesta.

De camino a la cocina, una tela fucsia sobre el respaldo del sofá llamó mi atención. No es nada que yo recuerde haber tenido antes en mi armario, y mira que tengo cosas en él. Es un pañuelo de seda que alguien se ha debido de dejar olvidado. Me lo acerco a la nariz para ver si por el olor puedo adivinar de quién es y enseguida me doy cuenta de que su dueña es Marisa, el álter ego de mi profesora de universidad. Su olor es inconfundible, Eau de Rochas, el mismo perfume que lleva usando mi madre toda la vida. Es algo que me llamó la atención nada más conocerla.

«Ana, ella es Marisa Santos, directora de Marketing. Marisa, ella es Ana García, nuestro fichaje estrella para reforzar el departamento de comunicación y savia nueva para la empresa». Así nos presentó José Manuel Hernández, el jefe de recursos humanos de MC Comunicación, un hombre amable de unos 60 años que daba la impresión de llevar mucho tiempo en la empresa. Hablaba con esa naturalidad y transparencia de quien ya no necesita demostrar nada a nadie.

«Encantada. Os dejo, que tengo mucho trabajo». Así, sin más, sencillamente «encantada», es lo único que dijo Marisa para recibirme en la empresa. Por supuesto un «encantada» precedido de un repaso en toda regla con la mirada. De los pies al último pelo de la cabeza. Fueron dos minutos como mucho de encuentro, pero ya me sirvió para darme cuenta de que utilizaba el inconfundible perfume que se ponía todas las mañanas mi madre antes de salir de casa y que siempre la acompañaba en el bolso en un pequeño pulverizador.

Marisa se sentaba a pocos metros de mi mesa y sólo levantando la mirada podía ver perfectamente lo que hacía e incluso escuchar sus más que frecuentes conversaciones telefónicas. Era una mujer elegante y, a pesar de que nuestro primer encuentro fuese más que frío, despertaba en mí confianza y cierta admiración. No te voy a negar que en más de una ocasión pensaba que de mayor me gustaría ser como ella. Habíamos cruzado sólo dos palabras pero eso, y algunas horas de observación, me habían bastado para darme cuenta de que era una mujer respetada en la compañía, con las ideas muy claras, ambiciosa e independiente. De estas mujeres que se suben al tacón y caminan por la vida pisando fuerte.

Un día volví a la oficina a los cinco minutos de haber salido a comer, me había dejado unos papeles que tenía que ir a entregar a la gestoría. Ese día había salido media hora antes de lo habitual, por lo que todavía quedaba gente trabajando en sus ordenadores cuando volví apresurada a por mis papeles. Me llamó la atención Marisa. Estaba al teléfono, aunque no fue eso lo que provocó mi curiosidad. Estaba en una postura relajada y no tomaba notas, como hacía habitualmente mientras hablaba por teléfono. Se la veía disfrutando de la conversación. Como no era habitual verla así, me senté en mi silla y afiné el oído. Te aseguro que nunca lo habría hecho de imaginarme que iba a escuchar lo que escuché.

> –Sí… y siempre viene que parece que va a salir de fiesta en cualquier momento. ¿Te has dado cuenta de los trajes que me trae? Bueno, qué digo los trajes, esas chaquetas de mercadillo sin gusto ninguno… –¿de quién estaba hablando y con quién lo hacía? Volví a afinar el oído una vez más–. Savia nueva me dijo Hernández que era cuando me la presentó. ¡Y tan nueva! ¿Qué ha hecho esta chica antes de entrar aquí? Pero si no sabe hacer nada. Está la pobre Elisa desesperada. Bueno, el otro día me dijo que es que había entrado en la empresa porque sus padres eran amigos íntimos del dueño. Claro, y eso se nota –no tardé mucho en darme cuenta de que esa savia nueva de la que hablaba era yo. ¡Y no estaba diciendo más que mentiras! ¿Pero con quién estaba hablando?

Oteé el horizonte, miré a mí alrededor con todo el sigilo que pude y después de varios repasos oculares a la oficina tuve mi respuesta: estaba hablando con la chica de diseño, Beatriz Martínez. ¿Qué hacía Beatriz, una tía que siempre había pensado que iba a su rollo, criticándome con Marisa de esta forma? ¿Qué les había hecho yo?

«Paciencia, porque las cosas al final siempre caen por su propio peso». Fue lo último que alcancé a oír de esa conversación telefónica (de mesa a mesa) entre Marisa y Beatriz. Dos mujeres completamente diferentes unidas por una causa: criticarme de forma gratuita y sin conocerme.

Como te podrás imaginar no fue la única conversación que llegó a mis oídos de forma accidental en las semanas siguientes. En la máquina del café, en la puerta de atrás mientras fumaban un cigarro o en el baño de señoras. Escuché críticas a mi trabajo, a mi forma de vestir, a mi manera de tratar al jefe (o trabajarme al jefe, como decían ellas), a mi última propuesta, etc. A Marisa y Beatriz pronto se sumaron Elisa y algunas compañeras más con las que nunca había tenido relación. Una vez más, allí estaba Alberto dispuesto a escucharme y a animarme. «Menudas arpías», me decía continuamente.

Sé lo que estás pensando y la respuesta es sí. Por supuesto, pronto empezaron a criticar mi relación con Alberto y mi continua provocación, como decían ellas. «Mírala, no para de provocar al personal. Sólo se relaciona con los chicos. Seguro que más de uno ha pasado ya por su cama». Sabía que no era verdad nada de lo que decían pero la situación comenzó a hacerse insoportable. No quería ir a trabajar y tengo que reconocer que más de una vez tuve que ir al médico, me levanté con fiebre o se me rompió el coche para no ir a trabajar.

3. Buceando tras la máscara

«¡Madre mía! ¡Cómo está la cocina! ¡Pensé que lo peor había pasado después de recoger el salón! A veces soy tan ilusa. Bueno, yo creo que cuando termine de fregar el suelo esto parecerá otra cosa. Espera. ¡Noooo! Un vaso roto al lado del microondas». Todo esto resuena en mi cabeza a la vez que pienso que no voy a ser capaz de adecentar todo el piso antes de que llegue Nacho. Uno de mis nuevos vasos de diseño está hecho añicos sobre las baldosas de mi pequeña pero acogedora cocina. El otro, con restos de carmín en el borde, se ha salvado.

Ver ahí esos vasos, con los hielos derretidos, me trae a la mente la conversación que hace apenas un par de horas he tenido con Elisa. Sí, la gran Elisa. La misma. Entré en la cocina para reponer las bebidas que se iban terminando en el salón y, no te voy a engañar, para intentar respirar un poco de tranquilidad, que en el salón hacía horas que brillaba por su ausencia. Todo estaba yendo bien, pero cuando me di cuenta de que la botella de ron empezaba a escasear, vi la oportunidad de hacer un paréntesis y buscar la paz en un sitio solitario y, por supuesto, mucho menos ruidoso. Me sorprendió verla allí, sentada en uno de los taburetes de la cocina con la mirada perdida. Era la última persona que pensaba encontrarme fuera de la fiesta. Elisa, que era una experta relaciones públicas, que siempre tenía palabras amables y acertadas para todos, también había necesitado tomarse un respiro y buscar la soledad.

Al verla allí, sentada en mi cocina, sobre los taburetes que meses antes habíamos elegido Nacho y yo, se me aceleró el corazón. Sabía que era una buena oportunidad para acercarme a ella, para intentar limar asperezas, pero por una extraña razón no sabía cómo hacerlo. Me hubiera gustado darme la vuelta y salir por la misma puerta por la que segundos antes había entrado. Pero ya era tarde. A Elisa, que nunca se le escapaba nada, tampoco se le había escapado mi presencia entre esas cuatro paredes.

«Una gran fiesta, Ana». Esas fueron las palabras desganadas que rompieron el silencio que reinaba en la habitación. Después de darle las gracias, me di cuenta de que tenía los ojos enrojecidos y restos de rímel por unas mejillas donde antes había visto un perfecto colorete tono salmón. El pañuelo que sostenía en la mano me terminó de confirmar que Elisa había estado llorando hasta hacía unos minutos. No hizo falta que dijera nada. Mirándome fijamente, Elisa comenzó a hablar:

> –No te conozco mucho Ana, pero sin tú saberlo me has ayudado mucho esta noche. La idea de quedarme sola en casa todas las noches me mata. Le veo en cada cuadro que cuelga de mi pared, en la alfombra carísima que compramos en un viaje a Milán, en la piscina que se empeñó en construir en mitad del jardín. Le veo en cada esquina del chalé que compramos con la ilusión de una pareja de enamorados que empieza una vida eterna juntos. Le veo en mis sueños y en mis pesadillas, Ana. Y sé que él sólo me ve a mí para pedirme la mitad de lo que asegura le pertenece. Isaac sólo tiene ojos ya para su modelo, para esa niña que un día entró en su estudio de fotografía con el objetivo de hacerse un reportaje fotográfico. Maldigo día y noche esa sesión de fotos que acabó con toda mi vida.

No podía ni parpadear mientras digería las palabras de Elisa. La gran Elisa también tenía su corazón y estaba más que herido. Y por cosas del destino, ahí estaba yo, ofreciendo mi hombro a aquella mujer que semanas antes me había hecho la vida imposible y a quien juré odio eterno.

Después de casi una hora de conversación sobre el amor, el desamor, la soledad, la madurez y todo lo divino y lo humano, llegó el momento de la verdad, de plantearle cómo me sentía en la empresa y, por qué no, cómo me hacía sentir ella en la oficina. Traté de ser lo más sutil posible, de utilizar las palabras adecuadas, y creo que lo conseguí. De su boca no pararon de salir disculpas y explicaciones. Y así me enteré de que había visto en mi el reflejo de aquella chica que se había colado en su vida para ponerla patas arriba y por la que Isaac, su gran amor, la había abandonado. Juró, nada más verme, hacerme la vída imposible. Iba a ser su saco de boxeo mientras durase su particular pesadilla.

–Ana, no sé cómo hacer que me perdones. Necesitaba a alguien con quien pagar mis frustraciones y allí estabas tú. Pensé que tú también venías a desmontar la vida que todavía me quedaba en pie. Tan guapa, tan joven y tan válida. Creía que pronto te sentarías en mi mesa y que te quedarías con todo lo que tanto me había costado conseguir. Lo siento muchísimo.

Sin esperarlo, se lanzó a darme un abrazo, sin darse cuenta de que el vaso con los restos de mi *gin-tonic* había quedado peligrosamente cerca del borde de la mesa. Tanto, que terminó por estamparse contra el suelo. No importaba, ese abrazo significaba muchas cosas en ese momento. Elisa me había abierto su corazón y había conseguido que yo lo abriese el mío. Una losa importante que llevaba arrastrando meses se había quedado junto a los cristales esparcidos de lo que segundos antes había sido un precioso vaso de diseño.

4. Un océano de secretos

Riiiing, riiiiing, riiiing…

–Hola cariño –digo apresuradamente después de descolgar el teléfono.

–Hola Ana, ¿qué tal ha ido todo? ¿Habéis terminado ya por ahí? Llegaré como en diez minutos. La cena con mis padres ya no daba para más.

Sí, creo que ya está todo listo para que venga Nacho. ¡Menuda paliza me he dado! Pero creo que ha merecido la pena. Aun así, decido dar un último repaso a todas las habitaciones para comprobar que todo está en orden sabiendo que a él no se le escapa nada. Menos mal que lo hago porque ¡sorpresa!: en la habitación de invitados parece que alguien haya estado saltando sobre la cama. Me acerco a la colcha para estirarla y *voilà*, rápidamente le pongo nombre a ese alguien, o mejor dicho, a esos dos alguien. Marisa, la directora de Marketing, ha perdido su pulsera en el fragor de la batalla. Es suya, de eso no cabe duda. Un día que me acerqué hasta su mesa a buscar unos papeles me fijé en ella porque yo tenía una muy parecida, una pulsera preciosa que me había regalado mi abuela y que había perdido en una de mis vacaciones en la playa, ¡me dio tanta pena! A mí me hubiera gustado recuperarla si hubiera sido mía, así que, después de mirar el reloj, decido llamarla para decirle que se la ha dejado olvidada en una de mis habitaciones.

–Ehm… muchas gracias, Ana. No sé dónde tengo la cabeza, ni me había dado cuenta de que la había perdido –la noto nerviosa y en ese momento oigo una voz masculina por detrás que le informa de que la espera en la cama y de que los niños hace bastante que duermen plácidamente–. Ana, por favor, que esto quede entre tú y yo, ¿vale? He bebido mucho, Carlos se ha puesto muy cariñoso y bueno… creo que ya te imaginas el final de la historia. Ahora te tengo que colgar, que mi marido me espera –me dice bajando el tono.

No necesito más explicaciones, sé que de alguna manera este secreto, su desliz con un comercial de MC Comunicación, va a cambiar nuestra relación a partir de mañana. En ese momento se me viene a la cabeza una frase de una anciana Rose Dawson en *Titanic:* «el corazón de una mujer es un profundo océano de secretos». Secretos que en este caso me van a unir a Marisa. ¡Con lo que criticaba ella mi buena relación con Alfonso! No te voy a ocultar que haberme enterado de su encuentro con Carlos me ha dejado conmocionada. Es Nacho el que se encarga de sacarme de mi mundo cuando entra en casa.

–¿Qué tal ha ido, cielo? –me dice mientras me besa en los labios. No puedo evitar sonreír mientras pienso: «si tú supieras».

5. El principio… ¿del fin?

Es el mismo recorrido de todos los días pero hoy lo veo diferente. En la radio del coche suena mi canción favorita, Coldplay con su *Viva la vida,* y no puedo evitar sonreír como una boba mientras me dirijo a la oficina. No te voy a negar que estoy cansada y ojerosa después de mis escasas cuatro horas de sueño, pero estoy feliz. Tengo ganas de volverme a encontrar con mis compañeros en la oficina. Hemos vivido nuestra primera fiesta juntos y creo que eso nos va a unir.

Me alegro de haber hecho caso a Alfonso, que llevaba semanas insistiéndome en organizar algo en casa. «Necesitan conocerte más, ver que eres como ellas, conocer tu casa, a tu chico», me decía continuamente. Yo pensaba que no eran más que tonterías y que no iba a servir para nada, ¿qué necesidad tenía yo de abrir las puertas de mi casa a unas personas que no habían hecho más que cuestionar mi trabajo y criticar todo lo que les había venido en gana?

Pero Alfonso tenía razón. Ellos necesitaban conocerme para quitarse todos los prejuicios y yo necesitaba quitarme un peso de encima que iba a acabar conmigo. Estaba convencida de que mi futuro en la empresa era nulo, pensaba día y noche en cómo iba a plantearle al jefe que me marchaba, que no aguantaba más, que no podía con la presión. Imaginaba cómo iba a ser la conversación con él y me moría de vergüenza al pensar en cómo le iba a plantear que no aguantaba más la presión que sobre mi ejercían mis compañeras de oficina. «Ana, esto no es un patio de colegio», imaginaba que me diría, con esa mirada desafiante que le caracterizaba. En ese momento me haría pequeñita hasta diluirme con las baldosas del frío suelo de su despacho.

No, hoy no me siento pequeña. Todo lo contrario. Tengo la sensación de que a partir de ahora podré ser Ana García, una chica con ganas de demostrarle a todos lo que sé hacer y lo que puedo llegar a hacer. Sé que a partir de ahora mi blusa demasiado transparente o mi falda excesivamente corta no van a eclipsar lo que realmente importa: quién soy y quién está detrás de una fachada. Es muy fácil prejuzgar a alguien simplemente por lo que ves y es muy fácil que eso no te deje ver lo que realmente tienes delante de tus ojos. Eso es lo que ha estado pasando en MC Comunicación demasiado tiempo. Ahora lo sé y sé cómo cambiarlo.

El primer paso, el más importante, está dado. No es el definitivo, lo sé, pero es el que a mí me ha abierto camino y el que ha abierto los ojos a mis compañeras.

Llego a la oficina y allí están ellos, con las mismas caras de cansados que llevo yo pero regalándome sonrisas. Esta mañana, en el desayuno, tendremos algo de lo que hablar: la resaca de la fiesta.

Han pasado dos meses y medio desde el día X, como lo hemos llamado Nacho y yo en *petit comité*, y parece que después de la tempestad sigue reinando la calma. El día a día en la oficina es mejor que bueno, descontando los problemillas habituales que surgen en duros días de trabajo, pero no me puedo quejar. Sigo entrando por la puerta de MC Comunicación todas las mañanas feliz, ilusionada y con ganas de ver a mis compañeros, ¿quién me lo iba a decir hace un par de meses?

Hoy, sin embargo, se respira un ambiente extraño en la oficina. Una sensación extraña me vaticina que algo va a pasar. Hace unos días recibimos un correo electrónico del equipo directivo de la empresa anunciándonos una nueva incorporación al equipo comercial. Hasta ahí, todo normal. Desde que estoy en la compañía, el departamento comercial ha ido cambiando de caras una media de dos veces al mes, sin exagerar. Pero algo en ese correo electrónico había sido inquietante:

> «Queremos comunicar a todos los empleados de MC Comunicación que el departamento comercial va a ampliarse en los próximos días con la incorporación de un nuevo miembro cuyo perfil es necesario para la revolución que busca la compañía. Si queremos revolucionar el mercado tendremos que empezar por revolucionar nuestra propia casa».

Si algo me ha enseñado la todavía poca experiencia que tengo en el mercado laboral es que la palabra «revolución» en una empresa antecede a un cambio drástico que no suele gustar a los trabajadores. Pero no hay que perder los nervios antes de tiempo. Poco he hablado con mis compañeros del tema pero si hay algo que tenemos claro es que todos esperamos que la revolución que viene en forma de jefe comercial no nos afecte en exceso a nuestra forma de trabajar. Oye, igual es guapo y nos alegra la vista todas las mañanas, ¿quién sabe? Bueno, guapo… o ¡guapa! Nada más pensarlo, aparece por la puerta una espectacular mujer de unos 45 años. Junto a ella, José Manuel, dispuesto a hacer las pertinentes presentaciones que su cargo al frente de recursos humanos le requería.

–Compañeros, ella es Marta Otero, nuestra nueva directora de Cuentas –nos comenta José Manuel.

La revolución en MC Comunicación llegaba embutida en un espectacular vestido rojo y subida a unos tacones de aguja *animal print* (el estampado animal que tan de moda se ha puesto). En la mano derecha, Marta cargaba un elegante maletín marrón junto a una carpeta con el logotipo de la empresa. La mano izquierda, libre para poder estrechar la mano de sus nuevos compañeros. Tras un breve saludo, José Manuel conduce a la nueva directora hacia el que iba a ser su despacho. Me di la vuelta buscando con la mirada las caras de Marisa, Beatriz, Elisa... No hizo falta que me dijeran nada. El corrillo que habían formado en el centro de la oficina lo decía todo: ya tenían una nueva víctima.

Parece que el ser humano no cambia, se disfraza. A veces olvidamos que hoy te toca estar en el candelero, pero mañana le tocará a otro. Quizá sea sólo cuestión de tiempo.

9

Limpiando los cristales de la realidad

Ricard Lloria Llauradó

Prólogo

Limpio, claro, realista y soberbio está Ricard Lloria en este magnífico capítulo. Y es que para compartir experiencias, haberlas vivido en primera persona ya es un éxito seguro.

Tres momentos son los que lo componen. El primero, «Aguanta, es lo que hay», es un viaje a través de las horas, un viaje que empieza un lunes en el que cada hora, cada minuto y cada segundo cuentan... relato de un día que es el día de muchos: un lunes que no promete ser diferente al resto de lunes, un protagonista que ejerce un trabajo para el que está sobrecualificado, algo que a sus 40 años empieza a ser una carga que por necesidad está dispuesto a aguantar entre jefes que no le valoran, compañeros poco solidarios y luchando con los egos que se va encontrando por el camino, un camino que sólo se ve iluminado por un «te quiero» que llega en el mejor de los momentos y sus contactos en las redes sociales, que le permiten seguir avanzando en su mundo de relaciones y de autoaprendizaje.

El segundo momento, «Universos paralelos», nos invita a vivir en primera línea sobre la lucha incesante de una persona implicada al cien por cien en su organización, que ve y vive durante una jornada los peligros que acechan al resultado de la compañía y que tiene que convivir con el pasotismo de los demás y la incomprensión de sus propios jefes directos. Y es que a veces querer hacer bien las cosas y brillar ensombrece a los que tienes alrededor y eso puede llegar a pasarte una factura importante. Una vez más, de forma providencial el amor aparece para calmar la angustia vivida en un día que prometía no tener fin, donde la falta de transparencia y la incompetencia han sido los protagonistas.

El tercer y último momento, «Espejo de colores», relata un día en el trabajo en el que parece que será el último. Y es que la lucha diaria por la subsistencia en las organizaciones se ve empañada muchas veces por la toxicidad de las personas que la componen, así como por los dispares niveles de implicación. Cuando las cosas llegan a su fin es por algo. Respirando hondo una vez más, todo parece acabar para volver a empezar de una forma distinta.

No te conformes con lo que hay, lucha cada día por tener y ocupar el lugar que te corresponde, por muchas zancadillas que te encuentres por el camino, y haz siempre de los problemas una oportunidad.

Eva Collado Durán
Directora asociada Humannova

«Los errores son siempre perdonables,
si se tiene la valentía de admitirlos».

Bruce Lee

1. Aguanta, es lo que hay

«La desobediencia, a los ojos de cualquiera que haya leído la historia,
es la virtud original del hombre. El progreso ha llegado por
la desobediencia, por la desobediencia y la rebelión».

Oscar Wilde

07.00. Tut, tut, tut, tut, tut. El despertador sonando. No me lo puedo creer, otra vez lunes. A volver a la rutina de cada semana, con lo bien que estoy en la cama. Estos últimos días me encuentro raro. No sé si para bien o para mal, presiento cambios.

07.02. Mi cabeza se despierta, pero mi cuerpo sigue pidiendo cama. Estoy físicamente agotado, ya no sé si mentalmente también, pero sigo y no paro.

07.03. Tranquilízate, eres tú. Suerte que no salgo el fin de semana, si no estaría para el arrastre. Mi vida se ha convertido en pura actividad, aunque lo de hacer vida nocturna pasó a mejor vida.

07.05. Venga, va, tú puedes, música y acción. Vamos a por la ducha, un poco de ejercicio, café y un buen desayuno. Hoy puede ser un gran día (eso espero). Nunca sabes quién puede llamar a la puerta.

07.20. Hola. Soy Alberto, tengo 40 años, máster en Marketing, Distribución y Logística. Más de quince años en un departamento de compras, logística, operaciones y aprovisionamiento con cargo de responsabilidad, toma de decisiones. Ahora Mozo de Almacén y auxiliar administrativo. Lo pongo en mayúsculas porque también lo considero un cargo de responsabilidad y merece todo mi respeto.

07.25. Cada día la misma rutina. Ducha, desayuno, café y volcando información en las redes sociales de las lecturas del día anterior; programadas para que se vayan distribuyendo durante el día. Y sí, me gusta escribir, saco tiempo de debajo las piedras, no desisto. Tengo el deseo de que un trabajo mejor me espera. Mientras tanto, ahora me toca aceptar la realidad. El país está en crisis, las últimas tres empresas con las que colaboré han cerrado, ya no existen o bien han realizado lo que todo el mundo tiene en la boca cada día: los ERE, esa palabra desconocida tiempo atrás.

07.30. Ya está todo compartido en las redes. Saludo los buenos días a todos, desde el mundo 2.0 al mundo real que me encuentro cada día al entrar en la empresa donde estoy. Las cajas y el almacén me esperan. Atender a clientes, peso a mi espalda (a veces 1.280 kg al día), etc.; casi nada.

08.00. Por fin llego al complejo industrial. Un día más y encima lunes. Caras largas, las chicas de la oficina con los cotilleos de siempre; que si Fulanita ha dejado al marido en tal programa de televisión, que si Menganito se ha echado novia, etc. Entre ellas destaca la Suprema, así la llamo yo.

09.00. Hoy tiene que ser un gran día. Veo allí encima el despacho del director de Operaciones; lo que ahora llaman el COO. Mírale allí, con su traje elegante. Pero su mirada hoy parece diferente. Se llama Juan Antonio. Un buen tipo, la verdad. Tengo que agradecerle que tenga trabajo, tal y como está todo fuera en la calle. Mientras venía para el trabajo escuchaba en la radio que un 26% de la población activa, es decir, de la que puede trabajar, está sin trabajo. Juan Antonio es ese tipo de persona a la que le gusta actuar por convicción, como un líder horizontal. Es de los que en picos de trabajo baja al almacén, se remanga y coge el toro o la carretilla. Se quita la corbata y carga con nosotros. Son gestos que muestran su interés por el porvenir de la empresa y por el futuro de todos nosotros. Tiene tan sólo 40 años, como yo, y con una larga experiencia a su espalda. Te confieso que llevo tiempo observándole y diría que es una persona intraemprendedora, de las que propone cambios continuos, mejora de procesos, etc. Eso sí, todo el día parece que esté girando el timón del barco y sorteando las olas. Y esas olas tienen nombre: Jorge, el director comercial. Tiene unos 35 años, con el pelo bien engominado, soberbio y parece ser la mano derecha del director general. Es el que supuestamente vende.

9.01. Aquí está el plan de trabajo de hoy. Cambios de cajas, recogida del correo físico, distribución por los casilleros de las oficinas. Vamos, cinco horas sin parar haciendo pesas sin ir al gimnasio. Llevo una hora y sigo pensando que hoy tiene que ser un gran día.

10.30. Ya voy por el segundo café de la mañana. Mira que antes no bebía ni la mitad de cafés que ahora, pero es que no puedo con el alma, estoy agotado. Me encuentro como si hubiera ido al gimnasio para hacer dos horas de pesas y una de kárate, con *press* de banca incluido de los de antaño: 80 kg por series de 3x15 y barra fija de 15 kg. ¡Venga, vamos, que nos vamos! De repente, veo llegar a uno de mis compañeros con mirada al suelo. Le pregunto:

–¡Eh, Miguel!, ¿qué te pasa?

–Nada, lo de siempre, prefiero no hablar –me responde mientras se agarra a una caja, igual que un niño coge su muñeco cuando tiene una pesadilla.

11.00. No hace falta preguntar. Es el efecto que produce la Suprema. Algunos la denominan la Medusa, lo que en la mitología griega representaba a un monstruo octónico femenino; es decir, una diosa perteneciente al inframundo por oposición a las deidades celestes. Y entre sus cualidades destacaba la de convertir en piedra a aquellos que la miraban fijamente a los ojos. Fue decapitada por Perseo, quien después usó su cabeza como arma hasta que se la entregó a la diosa Atenea para que la pusiera en su escudo. Un escudo que en teoría te hacía parecer que fueras una persona con una gran invulnerabilidad. Aunque, entre tú y yo, lo de Medusa, también va por sus pelos ondulados, de dos semanas sin lavar. Creo que alguna vez me ha parecido ver unas culebrillas saliendo de su cabeza. Nada más pensarlo, escucho:

–Albertooooooo, ven.

Dios, me tocó. Venga ánimo, recuerda no mirarla a los ojos. Carmen es la jefa, la responsable, la diosa. Es conocida por sus miradas, por sus gritos, por su ego. Cree que el mundo gira a su alrededor. Entro en el despacho:

–A ver, Alberto, hoy por favor tengo mucho trabajo así es que estate callado, que si no me desconcentras con los envíos, que tú no sabes lo que es hacer un envío internacional.

–Eh, sí, disculpe –le respondo con mirada baja.

Mejor no digo nada. Si ella supiera que yo antes no sólo mandaba documentación urgente a nivel nacional e internacional, sino que también enviaba contenedores, palés, muestras, coordinaba equipos, transportes etc. Pero bueno, las circunstancias del mercado laboral son las que son y ahora toca subsistir, aguantar como un gladiador en pleno circo romano, no vaya a ser que el siguiente grito de la Medusa me petrifique y me vaya a la calle a formar parte de ese 26% que quiere trabajar y no puede. En otro momento de mi vida no sé cómo habría reaccionado ante esta humillación constante. Bueno, sí lo sé.

Vuelvo a mi trabajo mientras al fondo la escucho de nuevo.

–Mirad chicos, tengo mucho trabajo, así es que no quiero problemas. Menos mal que al final voy solucionando lo que otros no hacen.

11.42. ¿Has tenido esa sensación de que el recuerdo te traslada a un momento de la vida que te gustaría volver a estar? Pues en ese punto álgido estaba yo ahora mismo. Un grito de Carmen me ha hecho volver a tocar con los pies a tierra. Por un momento pensaba que algo importante estaba pasando. Pero no es así, es que sale a tomarse café con su amiga de otro departamento. Cada día la misma historia se repite. Otros 40 minutos más, y ella sin hacer nada. ¡Qué mal repartido está el mundo! Luego a escuchar la frase de cada día: que sin ella no se hace nada, que sin ella no funcionaría nada, etc. ¿Te suena de algo?

11.45. Respiro hondo, bebo agua. Necesito hidratarme, el calor me asfixia. No sé si es la indumentaria del *prêt-à-porter* que me obligan a llevar como uniforme de empresa o si es el calor de mover cajas.

13.50. Jorge y Juan Antonio salen del despacho del presidente. Algo están tramando, y me temo que nada bueno. Me cruzo la mirada con Juan Antonio, él me mira a mí. Se lo noto en sus ojos.

14.00. Casi sin tiempo para darle vueltas a lo ocurrido suena el timbre del cambio de turno. Tengo hambre. Normal, después de todo lo cargado. Me dirijo a mi fiambrera como si fuera mi pequeño tesoro. De repente suena el teléfono, es Julia.

–Hola Julia, ¿qué ocurre? ¿Cómo estás?

–Hola Alberto, sólo te llamaba para decirte que te quiero, que sé que últimamente vas muy agotado, te lo noto. Sé que estás luchando con todo. No te rindas y adelante. Sé que estás dedicando mucho tiempo al trabajo y a la búsqueda de un empleo mejor acorde con tu trayectoria. La situación actual no es para tirar cohetes pero piensa en lo que tú siempre dices: «un trabajo es un trabajo, todos son muy honrados y por eso hay que respetarlo siempre». Me acuerdo mucho de lo que me contabas lo que hacías con tu equipo de personas y eso es un gesto de humildad siendo un líder. Pocas personas saben comunicarlo y tú siempre lo has realizado. Te quiero mi vida.

Con el sándwich en la mano, casi me atraganto al escuchar estas palabras.

–Tienes razón Julia, gracias por tu llamada. Cada día pienso en nosotros y sobre todo en ti para hacerte más feliz y ofrecerte mi apoyo incondicional. ¡Adelante! Que juntos podremos con todo. Gracias por llamarme, Julia. Hoy me has alegrado el día. No te esperaba. Voy a comer, que el trabajo me espera, cariño. Te quiero mucho.

Como habrás intuido, Julia, es mi pareja. La verdad es que nos conocimos cuando teníamos 16 y 17 años, respectivamente. Yo soy mayor que ella. Como todas las parejas, hemos pasado nuestros momentos de más y menos, incluso llegamos a tener una ruptura en la que estuvimos años sin saber el uno del otro. Hasta que un día, no sé ni cómo ocurrió, pero me llamó. Quería verme. Hacía siete años que no nos veíamos ni nos hablábamos y como el primer día, nos cruzamos la misma mirada. Sentimos esa sensación en la que ves en ella su alma, su espejo y sientes cómo tu corazón vuelve a bombear la sangre como nunca. Y así llegamos hasta día de hoy.

Julia es una mujer generosa, de piel suave, alta, ojos verdes y una melena castaña hasta la cintura, de esas personas que te ayuda cuando te ve mal sin pensárselo. Apoya todas las causas y se involucra en todas ellas. Le gustan los animales e intenta buscar tiempo para ir de voluntaria. Siempre me dice la misma frase: «la vida es muy corta para despertarse con remordimientos. Ama a quien te trate bien y olvida a quién no. La vida pone a cada uno en su sitio».

15.47. Acabo de toparme con Juan Antonio nuevamente. Le miro a los ojos y veo en él la misma expresión.

16.00. Reanudo mi tarea. Es el momento que más cuesta. Si no te pones en marcha cuanto antes, te duermes. De repente, oigo un grito, como si fuera un aullido. ¿Pero qué ocurre? Ahí va, ¡pero si es Carmen de nuevo! Que se va para casa. ¡Qué morro! Se va antes que nadie y luego nos clava cada día la misma frase. Anda que si fuera mi empresa… Pero en fin, a aguantarse.

18.00. Por fin, hora de salir. Todo terminado. ¡Qué ganas de llegar a casa! Afortunadamente vivo cerca del trabajo. Si además del agotador trabajo me tuviera que tirar dos horas de viaje, me quedaría dormido por el camino.

18.30. Llego a casa y me pongo cómodo. Preparo la cena y mi fiambrera para mañana.

19.30. Es mi momento. Me siento en el sillón y cojo mi portátil para ponerme al día en las redes. Mañana con un poco de suerte empiezo a escribir un nuevo post del blog. Este ejercicio me ayuda a conectar con el mundo y ver que la realidad es algo más que mover una caja.

22.00. Llega Julia. Nada más llegar, un beso y un abrazo largo. A veces un gesto es capaz de decir más que un discurso. Cierro los ojos y siento.

2. Universos paralelos

> «Cuando nos paramos al frente de un público para pedir su aprobación, admiración y aceptación, nuestro ego tiene mucho que perder, entra en estado de pánico al exponerse a una posible tragedia, a sentirse no querido ni aceptado. En cambio, cuando nos paramos frente al público con actitud de servicio, de entrega y de lo mejor que podemos ofrecer… el miedo no tiene cabida».
>
> Alexander Albán Alencar

07.30. Ring, ring, ring, ring… ¿Dónde está el móvil? Pero si estaba aquí al lado de la mesilla de noche. Ya está, párate. Un rato más, por favor, que ayer terminé tarde de trabajar. No puedo, estoy agotado. Suerte del móvil que cada día me despierta sí o sí. Venga, a la ducha, al ritual de cada día: desayuno, café y lectura de buena mañana. Ejercicio y al trabajo.

09.05. Llego al trabajo. Buenos días, Silvia, ¿cómo estás? ¿Qué tal tus niños? Silvia es la persona con la que çolaboro habitualmente y me ayuda con la agenda, aparte es una persona altamente cualificada para llevar una buena responsabilidad de la empresa, la parte que más me gusta a mí. Forma parte del departamento de compras. Sí, ese grupo de personas que batallamos hasta el último céntimo de euro. Ya no os digo cuando, como en mi caso, llevamos a nuestra espalda la totalidad del 85-90% del capital de la empresa para moverla; es decir, comprarla, almacenarla, distribuirla, fabricarla y finalmente lanzarla al mercado. Y por supuesto, siempre gracias al equipo comercial, las personas de marketing y comunicación.

09.06. Disculpa, no me presenté. Me llamo Juan Antonio y soy el director de Operaciones de una empresa de fabricación de maquinaria, pero me puedes llamar Juan. Perdona un momento.

–Por favor, Silvia, ¿sabes si ha llegado Jorge a las oficinas? –le pregunto.

–No, aún no ha llegado, Juan Antonio, piensa que él siempre llega sobre las 10.00 o 10.30. Cuando lo vea te aviso.

–Perfecto Silvia, muchas gracias –le respondo.

09.20. Estoy mirando el listado de los productos y hay algo que falla. Voy a detenerme a mirar de cerca los costes, los proveedores y el consumo que tenemos hacia ellos. Si no conseguimos bajar los precios del nuevo producto, valdrá más de 3.000 euros. Y no creo que nuestros clientes, tal y como está el mercado, lo vayan a demandar.

10.30. Ahora tengo reunión con un proveedor clave. Si consigo bajar el coste de la pieza de 72 euros a 62 euros la unidad, lograré una mejora del precio y seguro que Juan Carlos, el director financiero, hasta me abrazará, al tener más efectivo para negociar con los bancos la deuda contraída que tenemos ahora mismo. Un momento, espera:

–Oye Silvia, ¿sabes algo de Jorge?

–No Juan, aún no ha llegado –me responde evidenciando la falta de puntualidad reiterativa que lleva desde que entró en la empresa.

–Gracias Silvia, ahora entro en una reunión con el proveedor, calculo que estaré una hora.

11.42. ¡Dios, me ha costado la vida! Lo conseguí, he logrado que el proveedor nos sirva a 58 euros la unidad. No me lo puedo creer. Casi un 18%. *¡WooW!* Si llega a saber que no tenía ningún otro proveedor en el mercado, no me lo vende a este precio. Creo que lo de mostrarle otro precio, sin que viera que era un proveedor del mismo país del fabricante, le habría hecho dudar. El caso es que me he llevado el gato al agua.

11.43. Despido al proveedor y recojo el material de oficina. De repente, escucho unos gritos.

–Silvia, por favor, ¿me puedes decir que ocurre? ¿Qué son esos gritos?

–Nada, nada, Juan, es Carmen, que creo que está gritando de nuevo en el almacén. Ya sabes cómo es ella.

–Pues la verdad, ahora que lo dices... –le respondo.

11.44. Desde la ventana de la sala de reuniones, observo toda la fábrica y el almacén. Hago un repaso visual de todo el personal. Busco ver alguna cara alegre. En ese momento llega Jorge. ¿De dónde vendrá este? Creo que voy a convocar una reunión con el presidente y de paso, que entre también, que vendrá fresco. Espérate, que se me escapa.

–Jorge, Jorge, ¿tienes un momento, por favor?

–Sí, dime Juan, ¿qué quieres?

–Verás, Jorge, he estado mirando los últimos informes con los que se está realmente vendiendo, junto con lo que tengo en almacén ya producido. Y creo que estamos en un punto crítico, pero aun así pienso que lo podemos corregir.

–No, Juan, tú debes encargarte de tener producto en almacén para que yo pueda vender –me contesta intentando evitar el tema.

–Pero Jorge, tengo los datos aquí. Tenemos mucho dinero en el aire entre unidades producidas, terminadas y las que están en curso. Y es un dinero que los clientes no terminan firmando, más las piezas de recambio, accesorios, etc. Y a todo ello hay que sumarle el coste de mano de obra, transporte y almacenamiento. Creo que estamos perdiendo dinero desde hace meses –le respondo enseñándole los informes.

–Vamos a ver Juan, no sé cómo decírtelo de una forma más educada. Tú ocúpate de lo tuyo que yo me dedico a lo mío –me responde en un tono algo más alto.

–Bueno, sólo comentarte que dentro de un momento tenemos reunión con don Manuel (el presidente). El motivo es informar de una buena noticia. Pero creo que es momento de analizar todo porque la situación es crítica y en este barco estamos muchos.

–Juan, te repito que no sigas por este camino. Voy hablar con don Manuel antes de la reunión. ¡Pero quién te has creído que eres!

12.02. Con esta frase se despide. ¡Qué poca vergüenza! Siento tanta ira que sabiendo lo que está en juego y viendo las evidencias, que me entran ganas de haberle... Así es que para no seguir su juego decido recoger los papeles rápido y volver a mi despacho. Una vez allí, vuelvo a revisar la documentación y los números me invaden la cabeza. ¡Respira hondo, Juan! Distráete con cualquier cosa. Desconecta. Necesitas estar fresco para la reunión de esta tarde. Así es que decido salir del despacho y bajar al almacén.

12.45. ¡Qué bien me ha ido bajarme a almacén y ver a don Ignacio! Sí le llamo don, porque es el jefe de almacén. Su cargo para mí es muy importante junto al de todo su equipo. Él está por encima de Carmen. Ignacio son mis ojos. Si él falla, todo falla. Si una pieza o piezas se pierden toda la programación falla. No existe ningún programa que pueda sustituir al hombre en este caso. Desde que lo conocí le ayudé a mantener el almacén al día, a facilitarle herramientas de gestión y de lectura de códigos para que nada se le escapara, ni a él ni a su equipo. Aún recuerdo esas noches que nos quedábamos los dos contabilizando productos en almacén antes de emprender ninguna acción. Todo había de estar en orden y correctamente. Si él fallaba yo fallaba. Yo era su cabeza y el primero que asumía las responsabilidades, sin mirar culpables. Eso estrechó lazos de compañerismo, de no ser un jefe más, sino de ser compañeros.

13.05. Acabo de venir de fábrica, todos trabajando, contentos, haciendo bromas pero sobre todo sacando el trabajo. De vez en cuando me gusta bajar a hablar con ellos, así me entero de cómo van los progresos y problemas del día a día. Me estoy acordando ahora mismo del chiste que ha contado Carlos, el de la máquina fresadora. Mira que es guasón el hombre, pero eso sí, siempre está riendo y sonriendo. Ha contado chistes de los cortos, rápidos y de risa fácil. Espera que te los cuento:

–Oye, ¿imbécil se acentúa?

–Sí, con el tiempo sí.

O este otro:

–Hola Marta. Te llamo para poderte entregar la luna.

–¡Oh, qué cosas más bonitas me dices!

–A ver, me explico, soy Joseba, de Carglass, de las lunas del coche.

14.00. Por fin, hora de la comida. Aprovecho para despedirme de Silvia.

–Silvia, hasta la tarde. Márchate tranquila, que yo me quedo unos minutos más y salgo también ya a comer. Buen trabajo.

14.25. Mientras me preparo para salir a la cafetería, recibo una llamada. Es Alexia, mi mujer.

–Hola Alexia, ¿qué tal tu día? ¿Cómo está ese dolor de la espalda?

–Hola Juan, muy bien la verdad. Oye, gracias por el masaje, me encantó.

–Va, no seas tonta, que me pongo tonto. Y ahora no están aquí las cosas como para tirar cohetes. Oye, Alexia, ¿te acuerdas ayer mientras te daba el masaje que te explicaba que había detectado indicadores que la empresa iba mal? Pues vamos a tener una reunión. El tema es que no se estaba vendiendo lo que se dice y que he detectado muchas devoluciones de muchos clientes. Cuando le preguntas al jefe de almacén me responde que la orden la da Jorge. De esta manera, presenta facturas y la correspondiente comisión para él. El tema es que los clientes no están haciendo esos pedidos.

–Ay, Juan, discúlpame pero ayer estaba tan bien con tus manos en mi espalda, que hubo momentos que entre el dolor y el alivio todo desaparecía de mi mente. Entiéndelo.

–Bueno, lo entiendo. Sé que ayer estabas más fuera que dentro. No te preocupes mujer, todo tiene solución en esta vida. Cuéntame, que no quiero darte dolor de cabeza, que ayer estabas muy baja de todo.

–Nada, te llamaba para darte las gracias, Juan, y para decirte que te quiero con locura. Anda, ve tranquilo a la reunión, piensa que el futuro de la empresa, de todo tu equipo, todo está en juego. Toma las riendas como bien sabes hacer y todo irá bien te lo aseguro.

–Gracias Alexia, yo también te quiero mucho. Termino de comer y voy hacia la reunión. Es posible que llegue más tarde hoy de lo habitual, pero tú no te preocupes para nada. Todo tiene solución.

Alexia es mi pareja, es más joven que yo, una belleza de mujer en muchos sentidos, tanto interior como exterior. La verdad es que sólo con escucharla, mis ojos se han vuelto alargados o achinados, diría yo. Comunicativa, conversadora, sensorial, sensitiva. Nos conocimos años atrás, concretamente 24 años. Sólo verla y escucharla me sigue provocando cosquillas en el estómago. Mira que hemos tenido nuestros altibajos durante la relación, pero allí seguimos, luchando, compartiendo y hablando, como el primer día.

15.10. Entro en la oficina. Cojo los papeles y entre ellos, la carpeta roja. Hoy toca la carpeta roja para llamar la atención de la gente. Esto da señales que lo que llevas dentro es importante, por no decir VIP.

15.12. Entro en la reunión. Miro la sala de reuniones. Veo a Juan Carlos, el director financiero. Nos hacemos un cruce de miradas de complicidad. Él sabe como yo que los números cantan por sí solos. Conoce de primera mano cómo está la empresa ahora mismo. Necesitamos un giro de timón del barco a 180 grados a estribor.

15.13. Veo a Jorge. Lo miro a los ojos. Lo noto tranquilo. Es muy soberbio. Ha ido a comer con don Manuel, el presidente. Me sonríe, con esa falsedad de la gente que quiere ocultar algo. Nos miramos y no bajo la mirada. Yo también le sonrío. Nunca pierdo mi sonrisa, ni el objetivo.

15.16. Don Manuel llega. Se sienta. Empieza él hablando.

–Vamos a ver Juan, ¿qué me ha comentado Jorge? ¿Que la empresa va mal? ¿Quién te has pensado que eres?

Glups. Momento de tensión. Ojos clavados en mí. Respiro hondo. Voy a ser claro con él. Es mi obligación. Empiezo la explicación lógica. Casi antes de terminar la argumentación, Jorge vuelve a replicar todo. Parece la misma conversación de esta mañana. Pero esta vez Jorge empieza a ponerse nervioso. Juan Carlos trae los últimos balances que respaldan mi argumentación y se los entrega al presidente. Durante dos minutos se hace el silencio. De forma muy diplomática y con un tono algo más sosegado reconoce que los números cantan por sí solos y le indica a Jorge que se comience a vender sólo lo producido. Quiere una facturación real. Para no hacer más daño, el presidente despide la reunión y así evita evidenciar lo sucedido. Salimos de la reunión e intento evitar la mirada de Jorge. Sé que ha recibido una gran lección pero prefiero no encender su ira. Así es que bajo al almacén.

16.47. Veo a Alberto, lo veo cansado. Voy hablar con él. En ese momento me entra una llamada y no puedo pararme. Regreso al despacho a consultar unos datos.

18.45. Sigo en la oficina preparando la planificación de mañana. Me he cruzado un par de veces con Alberto pero no he tenido tiempo de hablar con él. Nos hemos cruzado unas miradas como si ambos supiéramos qué piensa el otro.

20.00. Por fin, ya está, todo realizado. Cuando llegue a casa, antes de acostarme me pondré un momento con el portátil a terminar cuatro correos electrónicos. Mañana empezamos con nuevas instrucciones.

22.00. Llega Alexia, me levanto del sillón y la recibo:

–Hola cariño, ¿qué tal estás? ¿Cómo te ha ido el día?

–Muy bien, Juan. La verdad es que me he quedado preocupada al no saber nada de ti desde que hablamos por teléfono. Me habrías podido llamar un momento.

–Tienes toda la razón, pero me había de apresurar con el trabajo. Lo he conseguido. Eso creo, de momento sí.

–Tenía muchas ganas de verte. Va, que te ayudo con la cena. Tengo mucha hambre.

3. Espejo de colores

«Para cuando vayas bien y sepas qué ocurrirá a continuación.
Si haces esto cada día, jamás te atascarás».

Ernest Hemingway

09.00. Estoy delante de un palé de cajas. Algo está pasando en el almacén. Todos parecen nerviosos. Veo a Carmen nerviosa. Escucho a Juan Antonio que la llama para hablar.

10.00. Carmen *la Diosa* sale con la mirada perdida.

11.00. Veo a Jorge, el director comercial, saliendo del despacho de Juan con una sonrisa que produce mala espina.

11.10. Carmen nos comunica a todos que entramos en concurso de acreedores. Puede que el mes que viene nos vayamos a la calle.

09.00. Entro por la puerta del despacho. Llevamos meses con la misma situación. Jorge no ha parado de ir volcando información errónea. Todo el esfuerzo no ha servido de nada. Necesito hablar con todo mi equipo, con los que he compartido todos estos años, risas, penas, preocupaciones, etc.

10.00. Llamo a Carmen, le comunico que si la empresa va a así vamos a ir a concurso de acreedores. Carmen se pone nerviosa. Le comunico que hoy es su último día. Llevo tiempo escuchándola. No quiero en mi equipo personas tóxicas y menos que me contagien al equipo. La situación se va a poner difícil. Los necesito al 100% motivados para salir hacia adelante.

10.20. Entra Jorge por la puerta del despacho, me espeta:

–Ves, si te lo dije yo. Don Manuel hará lo que yo le diga. Al fin y al cabo siempre termina haciendo lo que yo le aconsejo.

–Jorge ¿te das cuenta lo que estás haciendo? Estás engañando a los clientes. Les facturas cosas que ni han comprado ni han pedido.

–Juan Antonio, sigue con tu trabajo y da gracias de que aún lo tengas.

11.05. Respira hondo de nuevo. No sé si será un buen día, pero sé que día es hoy. A los problemas, de frente, con valentía y sin ponerse nervioso. Hay que asumir la responsabilidad del líder. Esta nueva situación de cambio nos va a cambiar la vida a todos.

12.20. Estoy terminando de dar instrucciones por correo electrónico a cada uno de los responsables. Acabo de bajar de hablar con don Manuel. Me ha dado instrucciones a seguir por todo el equipo. Creo que se está equivocando. Pero no puedo ponerme en contra de él. Él es el presidente, el director general, el propietario y máximo accionista de la empresa.

13.00. Todos ya saben lo que han de hacer. Se ponen en marcha. Todos los departamentos están haciendo lo imposible de lo imposible. Les sonrío. Les animo. Dentro de mí, una voz me dice que este es mi final en esta empresa.

14.00. Estoy comiendo, recibo una llamada de Alexia, le comunico la situación. Me dice que esté tranquilo. Todo irá bien. Le digo que sí. Sin dudarlo.

15.15. Estoy sentado en mi despacho, recordando la conversación que mantuve con ese chico del almacén, Alberto. Me contó toda su historia pasada profesional y como había crecido desde joven profesionalmente. Llegó a ser director, responsable de operaciones de una empresa multinacional, pero por cuestiones de la vida, la crisis, el sector y diferentes factores, la empresa donde trabajaba se fue a un concurso de acreedores y realizó un ERE. Le tocó despedir a mucha gente y finalmente a él. Quedaron 40 personas de 200, sin contar todo el personal externo subcontratado, que ascendía a más de 1.000. No quiso darme más datos. Tampoco se los pregunté. Aun así lo he visto cada día sonriendo, de forma humilde, moviéndose por la empresa, sin darse a conocer, ni tampoco nunca me ha pedido subir de cargo. Simplemente me dijo:

> –Sólo estoy de paso mientras el trabajo dure. Espero encontrar un trabajo mejor acorde a mi experiencia, valores y competencias; donde pueda volver a aportar de nuevo, crecer y seguir el camino.

Aún tengo esas palabras clavadas en mi mente.

17.45. Los veo a todos, están delante de mí. Caras largas. Tristeza.

21.30. Llego a casa, después de hablar con un abogado amigo mío. El objetivo es poder cobrar la parte que me corresponde por año trabajado, es decir, los 45 días, dado que, si están en concurso de acreedores, sólo me corresponden 20 días. Hasta aquí he llegado, voy a luchar siempre. Mañana puede volver a ser un gran día.

21.31. Alexia me da un beso. Hoy estás arriba y mañana abajo, pero siempre trata a las personas como personas y no como animales. Todos se merecen el mayor respeto, tengan el trabajo que tengan le digo a mi pareja. Se queda boquiabierta, no sabe ni por qué se lo digo. «Te quiero Alexia», le digo, y le doy un beso.

00.00. Ahora que lo pienso, Alberto soy yo.

«Nada está perdido si se tiene el valor de proclamar
que todo está perdido y hay que empezar de nuevo».
Julio Cortázar

10

Me comprometo: ¿compro + meto?

José Antonio Carazo Muriel

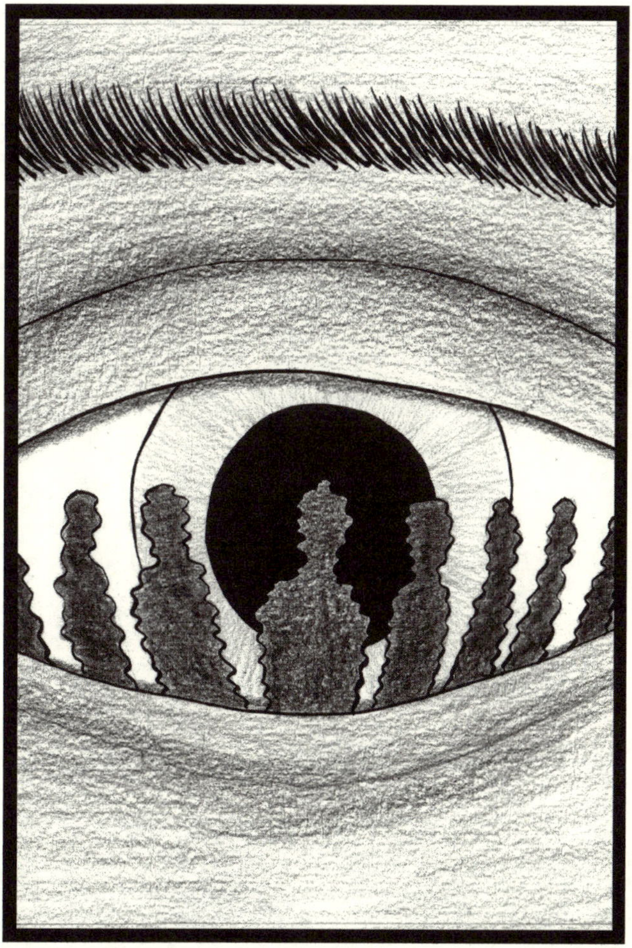

Prólogo

José Antonio Carazo ha definido, a través de una historia redactada con brillantez, cómo debemos entender el compromiso, uno de los valores más difíciles de encontrar hoy en día, tanto en la vida profesional como en la personal. En el desarrollo del capítulo se pueden encontrar todos los ingredientes necesarios: la coherencia, el aprendizaje activo y permanente, el liderazgo, la promoción del desarrollo de los demás, el involucrarnos en su motivación, el interés sincero por las cosas que les suceden...

El autor deja al descubierto las distintas formas de generar compromiso. Sobre todo es un relato clarificador para tomar conciencia de que se establece entre diferentes partes y desde una actitud de querer, desde la libertad y como acto de voluntad; no puede ser impuesto, pues se convertiría en una obligación y se desarrollaría desde la actitud del deber. Tener la capacidad de comprometernos y generar compromiso en los demás es, sin duda, una de las claves del éxito profesional y personal.

Luis Galindo
Socio director de Luis Galindo y Asociados

«Sin firmar un documento
ni mediar un previo aviso,
sin cruzar un juramento
hemos hecho un compromiso».

Antonio Machín, *El compromiso*

1. Si tú confías en mí, yo confío en ti

Hoy es lunes, posiblemente el día más tranquilo de la semana para la redacción de una revista como *Perspectivas Económicas,* una de las publicaciones más leídas de la prensa económica española. Son las nueve de la mañana y comienzan a llegar los redactores. Toman su primer café, hojean la prensa y mientras tanto piensan qué temas van a exponer en la reunión de redacción que se celebrará dentro de un par de horas.

Por cierto, no me he presentado. Me llamo Jacobo Domínguez, algo así como un becario, aunque esa expresión no sea del todo exacta. Llevo apenas tres meses trabajando aquí y algo parecido a un coordinador de cierre, que depende del departamento de edición, pero trabajando estrechamente con el director y los redactores jefes. Mi trabajo consiste en controlar que los redactores y los colaboradores entreguen sus textos en fecha, leerlos, editarlos, enviarlos a componer, corregirlos y, en fin, velar por que el proceso de edición total cumpla los plazos previstos y la revista salga a la calle con la calidad que queremos.

Esto me permite tener una visión global de la publicación, de cómo trabajan mis compañeros y del proceso industrial de un trabajo eminentemente creativo. Me toca estar al tanto de los temas de actualidad y leerme prácticamente todos los artículos. En suma, aprender. Desde hace tres meses me dedico, sobre todo, a aprender. Estudié Periodismo en Madrid y después de pasar por varios trabajos como autónomo (¡qué eufemismo más divertido para alguien que empieza!) tuve la suerte de conocer a Pedro, el director de la revista. Pues bien, durante una reunión que nada tenía que ver con el periodismo, casualmente me enteré de su cargo y una vez me había presentado le dije:

> –¿No necesitareis becarios, verdad? –le pregunté con descaro o, como dice mi padre, «de perdidos al río».
>
> –Pues la verdad es que… Mira, llámame el lunes y hablamos –me dijo.

Y hablamos, vaya que si hablamos. Poco después de aquella conversación surgió la oportunidad de trabajar y no la desaproveché.

Como decía, la mañana se presentaba (como casi todas las de los lunes) tranquila. Pero poco antes de las diez algunos acontecimientos presagiaban un día especial. Sonó el teléfono de la secretaria de redacción y esta, Lucía, pasó la llamada a Pedro, el director. Como mi mesa estaba cerca del despacho de Pedro, pude oír todo lo que se hablaba. Sí, ya sé que los periodistas estamos acostumbrados a desconectar de las conversaciones de los compañeros y abstraernos en la lectura de los periódicos o en la preparación del tema sobre el que estemos trabajando. Pero el tono de la conversación rápidamente llamó mi atención. No era habitual.

> –Sí, presidente, ¡claro que sé lo que hemos publicado! Le puedo asegurar que quien firma el artículo es uno de mis mejores redactores y que la información está contrastada –comenzó a decir en tono firme pero calmado. –Que sí, que yo respondo por él… ¿Cómo? ¿Falsedades? En ningún caso. Quizá alguna inexactitud pero depende de tu punto de vista y le puedo garantizar que lo que decimos es cierto, ¿o

no lo es? –siguió en un tono algo crispado–. Le garantizo que todo lo que publicamos lo leo personalmente, palabra por palabra. Tómelo como si lo hubiera escrito yo. ¡Ya veremos al final quién lleva razón! –terminó Pedro con una frase lapidaria.

Tras esta conversación colgó dando un fuerte golpe con el auricular. Y fue colgar y lanzar un hipoaullido huracanado:

–¡Albertooooo!

Sí, Alberto García es el redactor que había firmado el reportaje de portada. Un periodista de raza, de los que tienen el culo pelado, con un gran olfato para las noticias y con excelentes fuentes hasta en el infierno. Con el tiempo pude confirmar que cada información que sacaba era rigurosamente cierta, lo que no quiere decir que no pudiera molestar a alguien.

La noticia que estaba generando tanta crispación se refería a Maxton, una gran compañía informática que, según sus previsiones, se iba a dar un trastazo. Y claro, imagínate el revuelo que iba a causar saber que una empresa tan conocida y con tanto presupuesto en publicidad fuera a tener esos problemas.

El problema de Alberto era que su afán por dar exclusivas le llevaba a arriesgar y en ocasiones a publicar informaciones sin contrastar con otras fuentes, lo que normalmente no le restaba credibilidad.

Nada más escuchar el grito del director llamando a Alberto, busqué en la redacción para ver si lo encontraba. Eran ya las diez y media y Alberto no había llegado. Me levanté de mi mesa y fui al despacho:

–Disculpa Pedro, Alberto no ha llegado aún –le dije con cierto miedo por la cara de mosqueo con que me miró.

–Pues cuando llegue le dices que venga a verme, que le voy a cortar los... –dijo indignado.

–¿Qué ha pasado? –pregunté con ánimo de enterarme de la polémica surgida.

–¿No lo has oído? El presidente de Maxton, que está indignado con lo que sacamos en portada. ¡Vaya chapa que me ha dado! –dijo desahogándose.

–¿Y no es verdad? Lo hablamos en la reunión la semana pasada –le recordé haciendo un poco de abogado del diablo.

–A ver, Jacobo, los datos que damos son ciertos, porque son los que publican en su memoria, pero las conclusiones son nuestras. Estoy seguro de que se la van a pegar, pero no deja de ser una especulación. Recuerda que discutimos el tema hasta la saciedad y todos estábamos de acuerdo. Pero luego nadie ha querido mojarse y avalarlas. Así es que ahora me toca refrendarlas por corporativismo. Reconozco que mi participación en la discusión fue más bien escasa.

–¿Entonces? –le pregunté con cierta ingenuidad, digna de mejor causa.

–Bueno, que a uno le pongan en evidencia no le gusta a nadie. Además, Alberto ha deslizado algunos comentarios que tocan un poco las narices –continuó.

–¿Y no lo habías leído? –ahí mi ingenuidad pecó de cinismo porque intuía la respuesta.

–Pues no, estuve con otro tema. Tengo plena confianza en Alberto, es un periodista de tomo y lomo. Pondría la mano en el fuego por lo que dice –me respondió.

–Pues con decir que tú no lo has escrito ya está, ¿no? –le dije sin pensar. Lo cierto es que no me reconocí diciendo esto.

–De eso nada, Alberto. Yo soy el director y el responsable de todo lo que se publica. Le encargué el trabajo porque es el que más sabe del tema. Además, no olvides que se delega el trabajo, nunca la responsabilidad –afirmó tajante.

–Pues creo que te has comido un marrón gratis –recapitulé quedándome en un cómodo segundo plano.

–¡No estoy de acuerdo! Si el jefe se tiene que comer un marrón, se lo come. Va en el cargo y en el sueldo. Pero es que si dejo a Alberto a los pies de los caballos, ¿cómo quieres que confíe en mí en otra ocasión? Si se ha equivocado, se le dice; que hablando se entiende la gente. Yo no puedo estar en todas partes. Aprende que para que la gente confíe en ti, tú tienes que confiar en la gente –me soltó de corrido.

Lo cierto es que llevaba razón. La información parecía ser cierta y estaba bien documentada. Salvo alguna concesión a la galería, no era más sensacionalista de lo absolutamente necesario. Lo que no me esperaba fue la reacción de Pedro. En las pocas palabras que pronunció me dio una lección que nunca olvidaría. Con el tiempo me he encontrado en situaciones similares y siempre he recurrido a su ejemplo.

En ese momento me encontré un poco entre la espada y la pared. Por una parte, Pedro llevaba razón, pero como trabajaba estrechamente con Alberto estaba acostumbrado a compartir muchos de sus argumentos. Por otra, no era más que el penúltimo mico de la redacción. Es ahí cuando entendí cómo se sienten los directores de recursos humanos. Son directivos, pero también los primeros interlocutores de los trabajadores. Probablemente sean los que mejor conocen lo razonable de sus reivindicaciones.

Como dice José Antonio Marina, «educar es dotar a las personas de herramientas para solucionar problemas». Y en ese momento me di cuenta de que estaba empezando mi proceso de educación en el mundo de la empresa.

2. Manos que no dais, ¿qué esperáis?

«Tu destino es como el mío.
Si eres vela, yo soy viento;
si eres cauce, yo soy río;
si eres llaga, yo lamento».

Antonio Machín, *El compromiso*

Son las 11.00 horas y después la conversación con Pedro aún estoy digiriéndola. Alberto está entrando por la puerta. En dos palabras le puse al corriente de qué iba la guerra, mientras Pedro seguía colgado del teléfono.

–No te preocupes, chico –me dijo con tranquilidad–. El jefe se pone nervioso porque igual le quitan una campaña de publicidad, pero cuando quiebre la empresa ya no va a haber ni para nosotros ni para nadie.

En ese momento la secretaria de redacción nos cortó:

–¡Reunión! ¡Reunión! ¡Vamos chicos, a la reunión! –anunció con cierta premura.

Había llegado la hora de la reunión de redacción para preparar los temas de la semana. Es un momento que a mí, personalmente, me emociona. Igual suena un poco cursi, pero todavía llevo el (poco) tiempo suficiente para emocionarme con algo que para los veteranos es pura rutina. En esta reunión están el director, los redactores jefe y el resto de redactores. Bueno, como verás más adelante, casi todos.

Los más veteranos entran con la convicción de que hay temas que saben que van a ser aprobados y que llevan siguiendo ya durante semanas. O temas que son de actualidad y hay que tratar sí o sí. Como mucho, la pelea se centra en lograr más espacio o un tratamiento especial en la portada. Pero poco más. Los más jóvenes siempre entran con cierta tensión. Deben aportar temas e ideas y no siempre están seguros de tener un buen tema entre manos o de saber venderlo. De todas formas, el director es siempre quien reparte juego y al final algo te asignan.

Generalmente entrábamos todos, menos el maquetador (Alfredo), ya que se quedaba en su mesa hojeando alguna revista (casi siempre) o adelantando algo de trabajo (casi nunca).

El primero en entrar fue Agustín, el nuevo subdirector, que se había incorporado hacía un mes. El motivo es que Pedro cada vez se ausentaba cada vez más de la redacción, ya que había sido nombrado miembro del comité de dirección. No sé qué pensarás tú, pero creo que es bueno que la dirección de la empresa escuche la voz de los periodistas, de los que estamos al pie de la noticia. Me cuesta entender que esto es lo ideal, pero es lo que hay. Que yo recuerde, las pocas sesiones de la asignatura de Empresa Periodística que di en la carrera no me hacían pensar que detrás de una revista hay (o debe haber) también una empresa. Afortunadamente parece un buen profesional y con criterio. Te escucha y te dejaba argumentar cuando no estás de acuerdo.

Mientras estábamos sentándonos…

–Decidle a Alfredo que entre –dijo Agustín nada más entrar.

«¡La primera en la frente! ¡Vaya sorpresita para empezar!», me dije a mí mismo.

–¿A Alfredo? –preguntamos todos casi a coro.

–Sí, sí. He dicho a Alfredo –repitió Agustín–. ¿Qué pasa, es que no es de la redacción como todos? –preguntó.

Ante una pregunta tan evidente nadie podía decir nada más. Un juego de miradas mezcla de sorpresa y cierto pánico nos inundó. De inmediato el compañero más cercano a la puerta salió de la sala y le llamó:

–Alfredo, que pases.

Alfredo se quedó de piedra:

–¿Yo? –preguntó con incredulidad.

–Sí, tú. Dice Agustín que pases. ¿O acaso no eres de la redacción como todos? –le contestó el compañero con cierto retintín.

Tan sorprendido como los demás, Alfredo pasó a la sala y se sentó junto al resto. He de reconocerte que el ambiente estaba algo tenso inicialmente hasta que empezaron a salir los temas propuestos por los redactores, devolviendo así la dinámica habitual de la reunión. Agustín no dejaba de tomar notas.

El último tema a discutir siempre era el de portada. Normalmente la ilustración de portada y la maquetación del reportaje eran cosas que se discutían más adelante, el martes o miércoles, pero estaba claro que hoy se avecinaban cambios. En principio, el tema estaba claro: del reportaje se encargaría María Campos, la experta en finanzas. Se apoyaría en dos personas de su sección.

De repente y cogiéndonos a todos desprevenidos, Agustín soltó:

–Alfredo, ¿tú cómo lo ves?

–¿Quién, yo? –respondió sorprendido.

–Sí, claro. ¿A quién se lo voy a preguntar? ¿No eres tú el maquetador? Pues serás el más indicado para darnos tu opinión –le espetó.

Entre la pregunta y la respuesta debieron de transcurrir dos o tres segundos que a todos nos parecieron dos o tres horas. Alfredo se quedó perplejo, sin saber qué decir. El silencio era atronador. Nos mirábamos unos a otros, cuando escuchamos:

–¿Tenemos foto de los dos presidentes juntos? –preguntó Alfredo con la voz un poco temblorosa.

–¡Qué buena idea! ¡No lo había pensado! –exclamó Agustín y continuó–. Pepe [el fotógrafo], ¿tenemos esa foto?

Pepe, que no salía de su estupor, respondió balbuceante:

–Eh, pues, no sé. Tendré que mirar.

–¡Quiero esa foto! Si no la tenemos hay que buscarla. Tiene que haber alguna en algún sitio –ordenó Agustín.

Minutos después salíamos de la reunión. Cada uno retomaba su puesto y se ponía en marcha a la espera de la asignación de temas, que estaría preparada en breve. Aseguro que ese día había un murmullo que no solía ser habitual después de las reuniones.

Generalmente cuando acababa la reunión de redacción me reunía con Pedro, algo que hacía en las últimas semanas con Agustín. Repasábamos los temas, se asignaban las páginas y se pensaba en las ilustraciones para hacer la planilla. Vamos, el día a día.

–¡Nos has dejado de piedra, jefe! –le dije con una media sonrisa.

–¿Por qué? –preguntó arqueando las cejas.

–¡Hombre! Primero metes a Alfredo en la reunión y luego le preguntas. Como siempre pasa millas de todo… Y, para colmo, te dice una obviedad que parece que ha descubierto la pólvora. ¡Yo flipo! –le solté con la espontaneidad del novato.

–¿Alfredo no pertenece a esta redacción? –preguntó igual que había hecho antes.

–Sí, claro –respondí casi mecánicamente.

–¿Y no lleva cinco años de maquetador? –volvió a preguntarme.

–No lo sé, yo sólo llevo tres meses –respondí con cierta precaución.

–Pues los lleva. ¿Y en ese tiempo no ha aprendido lo suficiente para tener criterio y participar como uno más? –me preguntó de nuevo.

–Supongo que sí. Pero yo nunca le he visto entrar a una reunión de redacción. Normalmente le dices lo que tiene que hacer y lo hace sin rechistar. Además, no sé si sabes que no se habla mucho con Pedro –respondí casi defendiéndome de algo de lo que nadie me había pedido cuentas.

–Sí ya sé que no se habla con Pedro. Llevo poco tiempo en esta casa pero el suficiente para haberme dado cuenta. Como también sé que no os lleváis muy bien vosotros con él –contraatacó.

En ese momento me empecé a calentar.

–¡Es que es un poco borde! Además, cumple su horario a rajatabla y cuando no le da tiempo a hacer algo lo deja para el día siguiente. Nos deja tirados cada dos por tres –argumenté esta vez cargándome de razón.

–¿Y sabes que Pedro le prometió una subida de sueldo y no lo ha cumplido? –me soltó de golpe.

–Pues no –reconocí mi ignorancia del tema.

–Pues antes de hacer juicios de valor hay que informarse. Parece mentira que tenga que decir esto a un periodista.

Esta respuesta la percibí como un golpe en la mandíbula de estos que te deja tieso.

–Ya, pero nosotros somos sus compañeros. No tiene por qué pagar sus problemas con nosotros –me defendí ya casi como gato panza arriba.

–En eso te doy la razón. Pero, ¿te has parado a pensar que estáis replicando el comportamiento que Pedro tiene con él? Las personas necesitan saber que son importantes y que se les reconoce su trabajo. Si hay problemas que no dependen de nosotros tenemos que ser capaces de separarlos del día a día. No podemos dejarnos llevar por la soberbia. Sobre todo cuando queremos que las personas hagan lo que necesitamos que hagan. Una cosa son sus reivindicaciones laborales, que no discuto, y otra el trabajo, que hay que hacer y bien. El problema del salario no es nuestro, aunque yo trataré de echarle una mano si puedo, pero que se sienta uno más de nosotros sí es cosa nuestra. Es un compañero. Y además, por qué vamos a prescindir de una persona que igual puede tener una idea brillante. Si no le preguntamos, nunca lo sabremos. Es la única forma de salirnos con la nuestra y de hacerlo con buenas maneras.

«¡Otra lección de vida en menos de dos horas!», me dije. La verdad es que si queremos que las personas hagan lo que tienen que hacer y encima lo hagan bien y de buen grado, hay que ponerse en su lugar. Hay que meterse en sus zapatos. Sería sencillamente entender que detrás de cierto comportamiento seguramente hay una buena razón y que además se nos escapa. Dice Freddy Kofman que «lo malo no es que las personas hagan lo que se les dice, sino que hagan sólo lo que se les dice». Hoy se espera que las personas hagan su trabajo, lo hagan bien y aporten un poquito (o mucho) y que vayan más allá. Pero si no sale de ellas hay que saber crear el caldo de cultivo para que eso, cualquier día, surja por generación espontánea.

3. Si me compras, yo me meto

«Nadie habló de enamorarnos,
pero Dios así lo quiso
y tan sólo de tratarnos
hemos hecho un compromiso».

Antonio Machín, *El compromiso*

Eran casi las 13.00 horas de una mañana intensa. La primera llamada de teléfono había convertido este lunes en un día singular. Se podría decir que empezaba a probarme unas gafas nuevas para ver la realidad tras las situaciones vividas.

Me encontraba en el despacho de Agustín, donde estábamos planificando los contenidos. Bueno, más bien él planifica y yo anoto. Eso sí, el muy tuno te da la oportunidad de dar tu opinión y así se sale con la suya y encima estás contento porque te han escuchado.

Después de media hora, sólo quedaba decidir quién se haría cargo del reportaje de portada, qué temas entrarían y cuáles se quedarían fuera. Esta última tarea era una de las más delicadas porque implicaba la aplicación de criterios informativos y una hábil gestión de los egos profesionales.

–A ver Jacobo, el tema de portada está claro: el sector energético está en ebullición. ¿No te parece? –empezó Agustín. ¿Tú cómo lo ves? –me lanzó una pregunta trampa.

–Pues evidente. Es lo que hemos hablado –expuse ratificando lo evidente–. Creo que le va a tocar otra vez a Cristina, que es la que lleva ese sector –dije entrando al trapo con los ojos cerrados.

–¿Y si lo hace Luis? –me preguntó de golpe.

–¿Luis? ¿El de bolsa? –pregunté con extrañeza.

–Sí, Luis, el de bolsa –me ratificó.

–¡Pero si el tema es de energía! Lo lógico es que lo hiciera Cristina –aseguré convencido.

–¿No te has dado cuenta de que Cristina también lleva transporte y automoción? ¿Y que se ha escrito las tres últimas portadas? Eso es un esfuerzo grande y no podemos estrujarla más, sobre todo a ella, que es una gran profesional y se dedica en cuerpo y alma. Si conseguimos dar al tema de portada un enfoque desde el punto de vista de la bolsa, sobre cómo están evolucionando los valores de las empresas energéticas, no perdemos actualidad y daremos un enfoque original. Y de paso, dejamos descansar a Cristina una semana. El tema no se agotará y va a dar mucho que hablar en las próximas semanas –me argumentó.

¡Touché! Otra en la frente. Tengo que reconocer que me quedé con la boca abierta. La obsesión por la actualidad y la visión periodística del tema no me dejaban ver que detrás están las personas y que someterlas a un estrés continuo puede perjudicar su buen desempeño. Seguramente al verme grogui reforzó su argumento con otra razón.

–Creo que lo hará estupendamente y además le podemos poner a Óscar para que le ayude –añade.

–¡Pero si Óscar lleva menos que yo en la revista! –respondí con cara de no saber si me había equivocado de redacción.

–Sí, y tiene unas ganas enormes de comerse el mundo. ¿No has visto cómo intenta meter la cabeza por cualquier parte? –me dijo con toda tranquilidad.

–¿Y de qué va a hablar? Porque no se puede decir que esté especializado en nada –le respondí.

–Todavía no es experto en nada, pero démosle tiempo de demostrar lo que vale. De entrada, Luis le dirá en qué le puede ayudar. Luego, que escriba algo y que lo firme. Cuando vea su firma impresa va a dar saltos mortales de alegría y tú no sabes lo que eso puede motivar a alguien que empieza –me explicó con cierto aire profesoral–. Bueno, sí lo sabes porque a ti ya te ha pasado, ¿no? –me argumentó para dejarme sin salidas.

Me encontraba tan noqueado desde esta mañana que apenas lograba encontrar un cimiento de mi esquema mental que se sostuviera. Al final, me veo de fotógrafo. Total, por probar que no quede. Pero, como decía Bugs Bunny: «¡no se vayan todavía que aún hay más!». Así es que como el ambiente daba para hacer un tetris, me lancé.

–Oye Agustín, estaba pensando... que Elena podía hacer el tema del Congreso de Empresarios, ¿no crees? –me atreví a proponer.

–A ver, Elena suele hacer los temas de asociaciones y seguramente se alargará y acabará tarde. Prefiero a Carlos –me explicó.

–¿Qué pasa, no puede hacerlo Elena? ¿No es periodista? Si tiene que hacer ese tema y se alarga, pues mala suerte –expuse con cierta vehemencia.

–¿Sabes que Elena es soltera? –me preguntó.

–Sí –respondí rápidamente.

–¿Y que vive con su madre? –volvió a preguntarme.

–No, eso no lo sabía. Pero, ¿qué tiene que ver? –pregunté con más prudencia esta vez.

–¿Y sabes que la han operado de la cadera y que no se puede mover? –tercera pregunta (castigando el hígado).

–Ostras, ni idea –solté ya con absoluta espontaneidad y sin acabar de encajar las piezas del puzle.

–Mira, si mandamos a Elena al congreso va a ir y lo va a hacer bien, porque es una buena periodista. Pero en lo personal la hacemos polvo. Yo creo que lo mejor es que esta vez vaya Carlos, que también conoce el tema, y que Elena se dedique a las secciones fijas que le dan menos trabajo y le permiten salir pronto. ¿No crees? –me preguntó sabiendo que la respuesta estaba implícita.

–Bueno, jefe. Yo todo eso no lo sabía –respondí a la defensiva.

–Y no tenías por qué saberlo. Pero yo sí. No olvides que detrás de cada periodista, de cada profesional, hay una persona. Detrás de cada persona hay una historia y una vida privada y también distintas motivaciones para hacer lo que hacen. Si aprendes a respetar la vida privada de cada uno, a darles el protagonismo que te están pidiendo o a motivarles según sus intereses, vas a poder sacar mucho más de cada uno. Óscar está empezando su vida laboral y necesita firmar, sentirse importante. Elena tiene que dedicar tiempo a su madre y para ella eso es lo más importa en estos momentos. Para Cristina es fundamental descansar mentalmente para que luego vuelva a la carga con toda su energía. Etcétera, etcétera, etcétera. Si quieres que salga el trabajo, tienes que contar con los demás. Para salirte con la tuya lo mejor es buscar el compromiso de las personas, que hagan lo que tú quieres, pero de forma voluntaria y entusiasta.

Después de la charla ya no sabía qué decir. Mis esquemas mentales se habían movido tanto, que sentía hasta vértigo. Necesitaba un poco soledad para asimilar todo. Tras terminar la reunión me dirigí a mi mesa. Mientras pasaba a limpio mis notas y hacía la planilla para pasarla a mis compañeros, no podía dejar de pensar en todo lo que Agustín me había dicho. Me daba la impresión de que llevaba razón y, sobre todo, me había hecho ver las cosas de una forma diferente. Nunca me había planteado que detrás de cada profesional hay una persona. Dos caras de la misma moneda. Los árboles no me dejaban ver el bosque.

Dice Pilar Jericó que el compromiso, como un buen baile, es cosa de dos, de la persona y de la empresa. Pero, ¿qué es la empresa sino personas? Las empresas no existen. Existen las personas. Los jefes son personas, los subordinados son personas. Las relaciones entre departamentos o entre funciones son relaciones entre personas. Por tanto, el compromiso es algo que sucede entre personas. Las organizaciones, o sea, el conjunto de personas, deben crear la cultura o el caldo de cultivo necesario para que surja espontáneamente el compromiso. Un intangible que compras para meterte de lleno; con todo, con fe ciega y con total convicción. Y cuando surja ese compromiso será el contrato emocional más fuerte. Un contrato que se habrá logrado «sin firmar un documento y sin mediar un previo aviso».

11

El rey león

Julia Gómez Cora

Prólogo

Ser joven y ser mujer en un mundo de hombres. Porque el de los negocios es un mundo de hombres, de hombres machos. Es el mundo del macho alfa, del rey león. En ese mundo, ser mujer es un pecado, un estigma que precede a la persona y presupone debilidad.

Cuando Julia entró en aquella sala a reunirse con su nuevo jefe, antes que ella entró su imagen, la de una mujer; una mujer joven. Feminidad y juventud. Con ello le bastó al nuevo rey de la selva para saberse vencedor. Y por ello planteó la lucha en sus términos, los de la selva, donde sobrevive el más fuerte. Y donde el poder es absoluto, no se comparte. Pero las armas de la mujer son otras.

La selva es también un lugar donde para sobrevivir se hace necesario pertenecer a un grupo, sea este manada o jauría, de pastores o cazadores. No se trata de la fuerza bruta del macho dominante, sino de la combinación de dos cualidades propiamente femeninas: la resiliencia y la empatía. La resiliencia como capacidad de resistir los golpes, de sobreponerse a ellos, de no darse por vencida, de levantarse y seguir adelante. Y por otro lado, la empatía como la condición necesaria para poder pertenecer y operar en un grupo humano.

Y fue con la combinación de ambas cualidades como Julia plantó cara al macho alfa. Pero no lo hizo sola, pues fueron los lazos personales y los contratos emocionales los que salieron a su rescate. Y gracias a ello, pudo disfrutar del placer de salirse con la suya.

Ezequiel Szafir
Vicepresidente de Amazon

«El victorioso tiene muchos conocidos.
El vencido, buenos amigos».

Proverbio mongol

1. Jefe nuevo, ¿líder o cacique?

–Hola, ¿qué hay? ¿Eres Julia?

–Eh, sí, soy yo. ¿Quién es usted? –le contesto.

–Vayamos a esta sala, que parece que está libre.

Acaba de entrar un señor excedido de peso y que aparenta seguro más edad de la que tiene. Me sorprende que haya entrado con esos aires de grandeza como si esto fuera suyo y encima me diga que vayamos a esa sala hablar. Por el acento es mexicano. Espera, ¿mexicano? ¿Será el nuevo jefe? Hace unos días me comunicaron desde la central de la empresa que llegaría el nuevo responsable que tomaría las riendas del equipo que durante cuatro años he ido creando.

–A ver Julia, quiero presentarme y que me conozcas. Espero que tú y yo nos llevemos bien. Sólo decirte que no elegí estar sentado en esta silla porque alguien más importante eligió por nosotros. Así es que vamos a llevarnos bien porque yo no soy el responsable de que tú no estés aquí sentada.

En ese momento se me para la respiración. No me había dado ni tiempo a digerir la entrada triunfal que había tenido, sino que además ahora me espeta de golpe que por la cuenta que nos trae a los dos vamos a llevarnos bien.

–Pero, usted es…

–Sí, lo sabes. Soy Ricardo Ramírez, el nuevo responsable de esta delegación en España.

–Ah, encantada. Yo soy Julia, responsable de este equipo humano. Por mi parte, cuenta conmigo, Ricardo. Seguro que haremos un buen equipo –le contesto acercándome para darle dos besos.

–Sí, sí, bueno –me extiende la mano para marcar distancia–. Ahora indícame donde están los archivos para que me vaya poniendo al día de la gestión realizada hasta ahora.

Mis peores pronósticos se habían cumplido. Hace una semana me habían avisado que llegaría alguien nuevo, pero no me imaginé que fuese tan rápido. Pero lo peor de todo es que parece un clon del presidente de esta promotora de espectáculos que considera de segundo nivel a las mujeres. En los cuatro años que llevo trabajando apenas le he escuchado hablar. Cuando hay algún tema importante, siempre hay otro compañero en quien delega para comunicarse conmigo. Durante este tiempo me ha tocado aguantar miradas de todo tipo, desde la del desprecio hasta esas que te desnudan. Quizá sean las reglas del juego de esta compañía, pero créeme que me cuesta acostumbrarme. Y eso que antes de llegar a España estuve viviendo en México un año y me permitió conocer más de su cultura. Pero está claro que no he tenido suerte con los jefes.

En los últimos dos años la delegación en España había logrado beneficios pero no era suficiente. Esta situación sobrevenida no era justa por todo el trabajo anterior que había hecho. Pero soy joven y no me queda más remedio que aguantar lo que toca.

Cogí los últimos balances y me acerqué a llevárselos. Era una forma de mostrar mi agilidad y proyectar transparencia.

–¿Se puede pasar, Ricardo? –le pregunto.

–Sí, sí, pasa, Julia.

–Aquí tienes los balances de los dos últimos años. En el armario gris están el resto.

–Ah, vale, vale, ponlo ahí –me contesta sin ningún interés.

Lo siguiente que hizo fue abrir su carpeta de tarjetas de visita y enseñarme la gente a la que conocía. Era su manera de impresionarme y fue ahí cuando ya empecé a pensar que algo no andaba bien. Si necesitaba impresionarme con su coleccionable de tarjetas es que no tenía contenido real. Pensé que estaría nervioso y algo torpe en su primer día.

El resto del día lo pasé trabajando con más ahínco que nunca. Era mi forma de olvidar los mensajes que me llegaban y que no quería creer. Se trataba de mi nuevo jefe y esperaba que no mi peor enemigo.

2. Chocando con un muro

Con esa ansiedad que caracteriza a los jefes que quieren agradar a sus superiores, Ricardo ha empezado a cambiar varias cosas, sobre todo la forma en la que teníamos organizado el trabajo. Es la manera de imponer su huella rápidamente y de mostrar que su incorporación al puesto ha merecido la pena. Lo triste es que los cambios se están produciendo sin sentido y sin ninguna visión estratégica que permitiera buscar coherencia. Comienzo a darme cuenta de que todo el esfuerzo de años se va a venir abajo en cuestión de días.

Son las 08.07 horas de la mañana. Llego a mi despacho y cuelgo el bolso. Nada más colgarlo escucho una voz.

–Juliaaaaaaaa.

Salgo del despacho apresurada y me doy cuenta que la luz del despacho de Ricardo está encendida. En ese momento siento un cierto temor.

–¿Sí? Hola Ricardo, buenos días –le respondo.

–Sí, sí, hola Julia. Siéntate. Mira, estoy viendo que es fundamental que el personal de la compañía tenga una cierta uniformidad. Creo que mejoraremos en la imagen de empresa. Y de paso, quitamos de la vista la vestimenta que traen algunos.

–¿Uniforme? –le pregunté.

–Sí, sí, pero uno que dé un aire fresco. Soy amigo del dueño de Pepe Jeans y seguro que nos hace una oferta especial.

–Eh, pero, Ricardo. Esto no es una fábrica. Se trata de una productora de espectáculos que trabaja con artistas, con gente creativa que lo último que necesita es uniformidad. Creo que el equipo no recibiría con buenos ojos una medida así.

–Mira Julia, esto es una empresa y aquí las normas las marca la dirección, que es quien mejor sabe cómo dirigirla. Así es que ponte en contacto con este señor y gestiona los modelos que mejor puedan sentar –me responde lanzándome en la mesa la tarjeta de visita del contacto.

Tras este nuevo revés no me quedó más remedio que tragarme mis palabras y pensar cómo decírselo al equipo. Empezaba a sentir cómo se estaba encargando de torpedear todo lo que tanto tiempo me había costado y especialmente lo que más duele, la confianza del equipo.

Fue el momento en que debía cambiar de estrategia. Ganarse la confianza de alguien conlleva generar un entorno de complicidad y para ello no hay nada mejor que tragarte tu orgullo, buscar un lugar neutral y agradable para hacerle sentir importante e interesarte por sus ilusiones; algo que conectase con su corazón, si es que lo tenía.

Así es que esperé a última hora de la mañana para, con la mejor de mis sonrisas, decirle:

–Ricardo, ¿se puede?

–Sí, sí, adelante. Ah, eres tú, pasa.

–¿Te apetece un refresco? Te invito a uno. Es sólo un paréntesis, luego lo cogemos con más fuerza.

–Eh, pues venga, algo rápido. Hay que hacer equipo, ¿no?

Era consciente de que debía cuidar hasta el más mínimo detalle para acercar posturas. Así es que cogimos el abrigo y nos dirigimos a la cafetería que tenemos enfrente de la oficina. Ricardo se adelantó a abrir la puerta y ceder el paso. En ese momento, mientras pasaba por la puerta, noté en mi espalda su mano deslizándose hasta la parte baja. Fue un escalofrío inexplicable que me dejó bloqueada. Se dispararon todas las alarmas. Empecé a pensar que esta invitación podría haberla interpretado como algo más que un simple acercamiento profesional. Nos sentamos en la mesa y Ricardo se adelantó a pedir en la barra:

–¿Qué tomas, Julia?

–Un café, gracias.

–Muy bien, pues dos cafés, por favor –le pide al camarero.

–Bueno, Julia, entonces cuéntame, ¿qué tal anda el equipo? –me pregunta.

–Bien, bien, contamos con un personal muy versátil, algo necesario en el ámbito artístico donde nos encontramos. Por eso es importante cuidarlo y que tenga su espacio –le contesto.

–Bueno, ahí discrepo contigo. Al personal hay que tenerlo atado y bien atado –me responde haciendo gestos con las manos, como si llevara las riendas de un caballo.

En ese momento me empiezo a dar cuenta de que al final la conversación se volvía a ir a su terreno. Así es que decido cambiar de tema.

–Oye Ricardo, ¿tienes familia aquí?

–No, no, he llegado hace unos días y me estoy instalando. Mi familia o lo que queda de ella está en México. Mejor así. Y tú, ¿qué tal? ¿Tienes pareja?

En ese momento se me hizo un nudo en la garganta recordando el escalofrío que recibí en la entrada del bar cuando noté su mano en mi espalda.

–Eh, sí, algo hay. Todo bien, Ricardo. Oye una cosita, ¿qué te gustaría lograr? ¿Cuál sería tu sueño con la empresa?

–Quiero ganar y que seamos los mejores; cueste lo que cueste –me responde de forma contundente.

–Muy bien. ¿Tienes algún amigo aquí en España? –prosigo con mi interrogatorio para sacarle algo de su vida personal.

–Sí, sí, como habrás visto mi cartera está llena de contactos. Siempre hay que tener apoyos. Por cierto, aunque sea tu jefe, aquí me tienes también en lo que haga falta –me contesta mientras me toca la mano sutilmente.

En ese momento, sólo pensar en una relación más allá de la estrictamente laboral con un personaje así, me bloqueó. Instintivamente retiré la mano y algo nerviosa le contesté.

–Eh, sí gracias, ¿nos vamos? –le respondo apresurada.

–Ah, sí, sí, que hay mucho trabajo que hacer –me contesta con un tono algo desagradable y levantándose rápido.

El camino de regreso a la oficina fue algo tenso, ya que percibí en él un rechazo a mi reacción. Tomé consciencia de que la interpretación de este acercamiento informal no había surtido el efecto que esperaba.

3. Tocada y casi hundida

Tras ese día, la situación se ha empezado a volver más distante. Quizá como venganza o como forma de marcar su autoridad, ha contratado un jefe de gabinete y una asistente para que lleven los asuntos como él quiere, ya que es incapaz de gestionar y liderar al equipo de gente con la que se ha encontrado y que según él me reportaban a mí ciegamente. Esto no es que es porque yo lo haya buscado, simplemente su falta de conocimientos y liderazgo se ha hecho tan evidente que la gente no confía.

La autoridad no se gana por el cargo, sino por la manera de relacionarnos con la gente.

Hoy hace un mes de su llegada. Han sido las semanas más duras que he tenido ya que a la carga de trabajo se le añade la tensión psicológica que hay que soportar. Las últimas incorporaciones que ha hecho representan a todas luces una estructura paralela en la empresa, lo cual significa que se toman decisiones sobre las mismas cosas desde dos puntos de vista.

Disculpa un momento, que tengo una llamada:

–Julia, buenos días, soy Miguel, uno de los socios de la coproductora.

–Ah, sí, Miguel. ¿Qué tal, cómo te va todo? –le respondo.

–Bien, ¿puedo hablarte? –me pregunta con tono de intriga.

–Sí, sí, estoy sola en el despacho, cuéntame.

–Mira, le he dado vueltas pero creo que debía decírtelo. Esta mañana he llamado a tu jefe y me ha comentado que a partir de ahora las llamadas importantes se las haga a él o a su jefe de gabinete. Que ya no llevarás esos temas. Y no sé, me ha parecido raro porque tú siempre has controlado todos estos detalles y la relación ha sido fructífera.

–Eh, sí, bueno, la verdad es que la empresa está experimentando cambios y me imagino que prefiere llevar un control más directo sobre las relaciones con los socios. Te agradezco mucho que me llames, de verdad.

–Nada, nada, pensé que tenía que decírtelo. Hemos trabajado en estos últimos años y creo que nuestra relación es lo suficientemente cercana para ello.

–De verdad Miguel, muchas gracias, te lo agradezco.

–Bueno, pues nada, que pases un buen día. Ya nos veremos.

–Claro Miguel, muchas gracias, cuídate.

¡Qué fuerte! Ahora intenta romper todas las relaciones que yo tenía con los socios y el resto de instituciones. La estrategia está clara, quiere reducirme a la mínima expresión. Venga, Julia, respira hondo. Esto es una carrera de fondo, así que no entres en su juego. Ten cabeza.

Intentando que no se me note me dirijo a su despacho para entregarle el informe de la siguiente producción, *El fantasma de la Ópera,* la más ambiciosa y onerosa que hemos hecho y que tiene un riesgo enorme. Es la primera vez que estrenamos una obra bajo su cargo y por tanto es importante para él que salga bien. Llevo tres semanas preparando presupuestos con todo lujo de detalles. Llamo a la puerta:

–¿Se puede pasar?

–Sí, sí, pasa.

–Hola Ricardo, te entrego el informe de la siguiente obra. Ahí puedes encontrar el presupuesto y los detalles.

Nada más dejarlo en la mesa a la espera de su revisión, lo mira y, como si de un objeto desconocido se tratase, levanta la vista y me dice:

–¿Cómo será la fiesta de estreno? ¿Qué famosos vendrán?

Y ahí acabaron sus preguntas sobre el trabajo que le presenté. Por suerte, pensé para mí, estábamos solos y nadie más escuchó lo que acababa de decir porque hubiera sentido vergüenza ajena. Era otro momento más que evidenciaba su incompetencia y su falta de respeto a mi trabajo.

Salgo del despacho con la sensación de estar viviendo una pesadilla en una selva con una fiera salvaje deseosa de acabar conmigo. Llego a mi despacho, cierro las cortinas y tras asegurarme de que nadie me ve, no puedo evitar llorar. Esta situación me sobrepasa y aunque sé que no me queda más remedio que aguantar, mis fuerzas flaquean. Como si de un *flashback* se tratase, comienzo a recordar todo el esfuerzo que había puesto durante estos cuatro años y cómo es posible que se pueda destruir en cuestión de días. Intento buscar fuerzas ya no por mí, sino por mi equipo, porque aún lo siento como tal. Al menos de momento. Así es que decido cambiar de estrategia y seguirle el juego de preguntas y respuestas sin dar problemas.

Soy consciente de que era difícil explicar a los contactos de la central en México lo que estaba ocurriendo y quizá una posición de sumisión sería lo más inteligente.

Estamos a jueves y mañana me toca clase del máster de Dirección de Empresas que estoy cursando hace varios meses. A lo largo de la semana he intentado acumular horas de trabajo para irme tranquila. «¡Venga Julia, que tú puedes!», no dejo de repetirme una y otra vez. Y como los últimos días, llego a casa intentando buscar fuerzas donde no las hay.

Son las 10.00 horas de la mañana y estoy a las puertas de la clase. Estoy segura que este fin de semana me ayudará a desconectar. Pero antes de entrar quiero hacer una llamada a Iñaki, el director de Marketing de la empresa, pero también amigo.

–¿Iñaki? ¿Iñaki? –pregunto al no escuchar respuesta.

–Eh, sí, buenos días –me responden del otro lado de la línea.

–¿Iñaki? –contesto rápidamente, aunque soy consciente de que es una voz femenina.

–No, no, Julia. Soy Laura, la recepcionista.

–Ah, Laura, buenos días. Anda, pásame con Iñaki, por favor.

En ese momento se produce un silencio extraño.

–Julia, no va a poder ser. Iñaki ha sido despedido esta misma mañana.

Tras escuchar la noticia, me quedé sin palabras. Sentí cómo las pocas fuerzas que me quedaban para seguir y que se basaban en los apoyos de mi equipo se diluían.

Iñaki había sido mi mano derecha, con quien había construido todo. Aunque era un tipo difícil y a veces chocábamos, tenía mucho talento y aportaba grandes ideas. Le apasionaba su trabajo tanto como a mí y estaba convencido de lo que estábamos haciendo y a dónde queríamos llegar.

¡Lo ha despedido! Y encima hoy. No quiero volverme paranoica, ni pensar que el mundo está conspirando contra mí, pero creo que tengo motivos para deducir que esto se acaba de convertir en una guerra personal que trata de aniquilar cualquier apoyo que pueda tener. ¿Pero hasta dónde quiere llegar este hombre? ¿No se da cuenta de que se está cargando la empresa? ¿Tan importante soy que es capaz de montar una estructura paralela innecesaria? ¿Qué será lo siguiente, mi puesto? Mi mente me repite una y otra vez: «¡venga Julia, tranquila! ¡Recuerda lo que te ha costado llegar hasta aquí!». Sin embargo, mi corazón está tocado o casi hundido.

Entro en la clase del máster y las palabras del profesor son como una música que escuchas en la lejanía. No puedo concentrarme. Mi mente está invadida de fotogramas con todas y cada una de las escenas que he estado viviendo en estas últimas semanas. Pero mi mente fría me dice que no puedo mostrar mi debilidad porque, como con todo depredador, sería cavar mi propia tumba. Así es que decido llamar a Ricardo en el descanso del máster.

–¿Ricardo?

–Sí, sí, soy yo, ¿quién eres? –me responde con desconfianza, cuando conoce perfectamente mi número.

–Soy Julia.

–Ah, sí, ¿qué quieres? –me responde con frialdad.

–Nada, que me acabo de enterarme de lo de Iñaki…

–¿Y? –me responde, cortándome.

–No, simplemente comentarte que entiendo que la decisión estará fundada y sólo decirte, si es posible, que me encantaría haberme ocupado yo misma para quitarte este marrón.

Un silencio se hace en el otro lado del teléfono.

–Ah, eh, bueno, lo tendré en cuenta. ¿Algo más?

–No, sólo eso. ¡Que tengas un buen día! Sigo en la clase, que voy a entrar ahora.

–Bien, igualmente.

Creo que lo he descolocado. Dicen que la música amansa las fieras y quizá este personaje no está acostumbrado a que la gente se ofrezca a ayudarle; entre otras cosas, porque no se lo merece. Era consciente de que seguirle el juego de forma sumisa me haría mantenerme, pero a un precio alto. Nada más salir del máster, llamé a dos amigas y me descargué con ellas. Hablé con mi madre porque necesitaba escuchar su voz y saber que estaba bien. No quise preocuparla en exceso pero sus palabras, siempre sabias, me ayudaban a sobrellevar el duelo que estaba viviendo.

4. El espectáculo debe continuar

Llega el lunes. Hoy toca reunión con uno de los posibles patrocinadores de la obra que queremos promover. Se trata de una empresa que no me gusta como socio porque la naturaleza de su negocio de comida rápida que poco tiene que ver con nosotros. Pero claro, Ricardo ha insistido en que están muy interesados y que tienen mucho dinero. Además es un íntimo amigo suyo y estaba casi hecho.

Pues bien, me preparo varios informes con una presentación impecable y detallada del espectáculo. Nada más terminar nos dice:

–Bonita presentación, tenéis un proyecto interesante pero no podemos olvidar que vosotros trabajáis para hacer que la gente salga de sus hogares y vaya a ver vuestros espectáculos, pero nosotros trabajamos para que la gente se quede en sus hogares y pida nuestra comida a domicilio. Así es que veo una incompatibilidad y por ende debo comunicaros que este proyecto no encaja dentro de la estrategia.

Rápidamente Ricardo salió al paso, quizá consciente del fracaso evidente de la elección del patrocinador.

–Me parece muy razonable, José Luis. Bueno, si te parece, vamos a darnos un tiempo. Seguro que si no es posible ahora, habrá otras posibles iniciativas a hacer juntos –le comenta Ricardo a la comitiva de la empresa.

–Claro, claro, seguro que sí –le responde con un tono de voz que ya invita a pensar que no habrá posibles iniciativas futuras.

Salimos de la sala camino del garaje. En mi interior no debo negar que me alegro porque un socio de este tipo sería a la larga un error estratégico, pero sobre todo porque simbolizaba una derrota en toda la cara de Ricardo. Pues nada más entrar al aparcamiento me dice lo siguiente:

–Bueno, ¿bien, no?

–¿Cómo? –le respondo.

–Sí, que realmente es un contacto al que hay que tener contento pero que no nos interesa para nada –me dice con seguridad.

–Ah, sí, muy bien –le respondo, sin saber qué aportar.

Nada más subir al coche, llama a México y les cuenta que habíamos hecho una gran exposición y que la empresa había quedado contenta. Qué más adelante veríamos posibles vías de acuerdo.

¡Estoy alucinando! Ahora resulta que de un amigo íntimo, este tal José Luis ha pasado a ser un contacto más de su larga agenda y que realmente no nos interesaba la empresa. ¡Pero bueno! Además de arrogante, mentiroso.

Casi llegando a la oficina, me dice:

–Ah, Julia, prepárate que el jueves de la semana que viene llegan los jefes. Quiero que prepares la documentación –me insinúa como si de una cosa banal se tratase.

–Muy bien, prepararé la documentación para la reunión –le contesto continuando con mi estrategia de cero conflicto.

–Vale, pero antes me la envías a mi correo para que la revise –me responde.

Llega el jueves. Ricardo sale a recibir a los jefes con su aire de fanfarrón y de dominador del mundo. Les hace un recorrido por la sala y presenta a los empleados, deteniéndose especialmente en los nuevos fichajes, los suyos. Tras la ronda de cortesía nos metemos en la sala de reuniones. Allí nos encontramos el presidente de la compañía, el subdirector general, Ricardo y yo, además de tres de sus aliados.

Comienza la exposición Ricardo y observo en el presupuesto el patrocinio de la empresa de alimentación que una semana antes nos había dado su negativa a participar. El presidente revisa las cuentas y me pregunta:

–Julia, ¿cuadran bien las cuentas con la aportación del patrocinador, no? Sabes que en estos proyectos hay que ir seguros y quiero conocer los detalles técnicos concretos.

En ese momento se me paralizó la respiración. Por un lado, seguir la corriente sería agradar a Ricardo. Pero por otro lado, no seguirla llevaría a hacer una bola tan grande que nos explotaría a todos meses después. En ese momento de confusión mental, me dejé llevar por mi corazón, que ya no podía soportar más tensión.

–Pues debo decir que la reunión con el patrocinador la tuvimos la semana pasada y su decisión de no participar en el proyecto fue contundente –le digo con voz suave.

–¿Cómo? Pero ¿y estas cifras de dónde salen, Ricardo? –contesta el presidente.

–Eh, bueno sí, el patrocinador ha pedido tiempo –le responde.

–Bueno, aclaren estos números porque son claves para lanzarse o no –termina el presidente.

Tras esas palabras, Ricardo rápidamente introduce un chiste para liberar tensión y pospone todo a seguir en contacto hasta que el patrocinador se pronuncie. Nada más salir por la puerta su mirada se cruzó con la mía, como si se tratase de una fiera que fuese a devorar a su víctima.

Esa reunión fue el detonante de una guerra sin cuartel. Era evidente que la única forma de entender la realidad para él era o estás conmigo o contra mí. Y estaba claro que entendía que yo era una amenaza absoluta.

Los siguientes días fueron los más duros de mi vida. Me envió trabajo para hacer hasta en los fines de semana. Mi autoestima quedó dañada hasta lugares insospechados. Mis amigos me recomendaron alejarme de esa situación que estaba hundiéndome, hasta el punto de que acabo de regresar del hospital, fruto de un ataque de ansiedad. Fue ahí donde el consejo de una amiga resultó clave: «Julia, ¡tienes que hablar! La presión que estás soportando es inhumana y va a acabar contigo. En la vida tienes que saber dar y recibir, es una balanza que debe estar lo más equilibrada posible».

Por ello, con la poca claridad que me quedaba en mi mente, entendí que era momento de recibir el apoyo de los míos para cobrar la fuerza necesaria para hacer frente a esta situación. Comencé hablando con cada uno de los pocos miembros de mi equipo que quedaban en la empresa y la sorpresa fue que estaban viviendo una situación similar a pequeña escala. Compartir mis miedos y ver que son parecidos a los de otros me ayudó a entender que en esta guerra no estaba sola. Es por ello que el siguiente viernes, antes de salir del trabajo, les dije que nos tomáramos algo, que yo invitaba. Fue ahí cuando analizamos con claridad la estrategia silenciosa que había desarrollado este tipo desde su llegada y que no era otra que ir destruyendo todo aquello que habíamos creado entre otros bajo la tiranía del miedo a ser despedido sin saber por qué. Y como en toda batalla, la unión hizo la fuerza. Pero con un león no puedes luchar con la fuerza, tienes que atacar sus puntos débiles, que no son otros que su propia incompetencia. Así pues, diseñamos una estrategia de búsqueda de aliados para ir comunicando poco a poco lo que estaba ocurriendo.

Llamé a quien había sido mi enlace en México, Fernando Gómez, y tras una conversación por teléfono y desde casa le conté todo lo que había ocurrido y las condiciones en las que estábamos.

Fernando, alguien allegado al presidente, me comentó que debía tener cuidado porque es una persona que goza de mucha confianza en la empresa y que mi voz o la de mi equipo no serían suficientes para revocar su puesto.

Así es que decidimos reunir las pruebas suficientes para evidenciar su incompetencia. Hablé con los socios y empresarios que me habían manifestado su desencanto con la nueva gestión que se estaba haciendo. Les propuse que pusieran por escrito sus comunicaciones, que hice llegar a Fernando. Mi equipo empezó a reunir facturas de restaurantes y desplazamientos que evidentemente no se habían realizado. Y todo ello con la mayor fuerza para atacar a un león, el silencio.

A partir de ahí ya no era que buscara la tercera pata al gato; desde entonces empezó un acoso que buscaba sacarme de encima como fuera. Él tenía a su jefe mexicano machista que no hablaba con mujeres de su lado y supo disfrazar nuestros evidentes problemas de relación de ambición rubia: «claro, esta chica quiere mi puesto y por eso me hace la vida imposible». Y yo, lejos de defenderme, seguí haciendo lo que mejor sabía hacer: trabajar. Pero llegaba a casa llorando casi cada día y terminé en el hospital con un ataque de ansiedad, así que empecé a ver a una psicóloga para que me ayudara a manejar la situación.

Pasados quince días recibí llamada al móvil de Fernando.

–¿Julia?

–Sí, soy yo. Hola, Fernando.

–Mira, hoy he estado comiendo con el presidente. El tema era delicado y especialmente porque Ricardo es quien es. Pero hemos tocado la fibra sensible de la traición. Como sabes, los responsables de esta empresa tienen el dogma de «conmigo o contra mí». Y cuando descubren que alguien les está mintiendo no tienen miramientos para despedirle. Acabo de salir y reservar billete para España. Mañana por la tarde estaremos allí. Quiero que reúnas a toda tu gente y la máxima documentación. Tu credibilidad y la mía están en juego.

–Dios mío, Fernando, estoy temblando ahora mismo –le respondí.

–Bueno, pues tranquilízate y nos vemos mañana. Voy a llamar a Ricardo y a contarle que tenemos una reunión con una empresa para otros asuntos y que aprovechamos para comer con él.

–De acuerdo, Fernando. Muchas gracias, de verdad. Me has devuelto el ánimo que había perdido.

–Venga, mañana nos vemos.

Hoy es martes, no he podido dormir. Tengo copias en mi casa de los documentos e incluso los he grabado en dos ordenadores por si acaso. Me siento nerviosa. Entro en la oficina y jamás había encontrado tanto silencio y tantas miradas de complicidad. Evidentemente, Ricardo no me ha dicho nada de la visita del presidente.

Las 13.46 horas. Se escucha un murmullo en el pasillo. Por la persiana veo que son ellos. Solamente vienen el presidente y Fernando. Se dirigen a la sala de reuniones. Mientras están entrando, Fernando dirige la mirada hacia atrás al tiempo que salgo de mi despacho. Me guiña un ojo. Sonrío. El espectáculo, ahora sí, acaba de comenzar.

12

Seguro de mi inseguridad

Julián M. Garvín Serrano

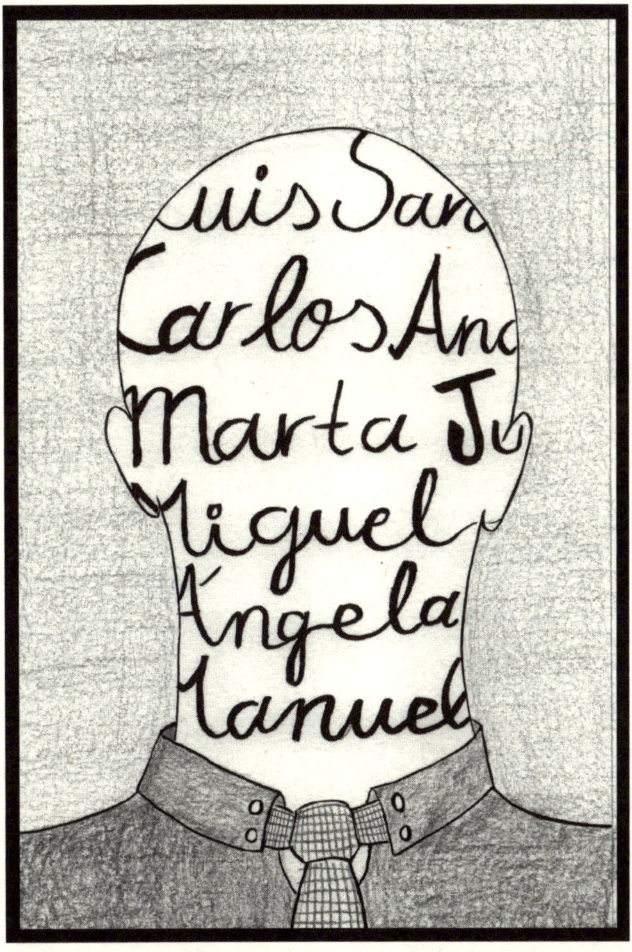

Prólogo

La certidumbre es como el horizonte. Jesús, el perdido protagonista del este capítulo, quiere vivir en ella. Es un logrado y excelente inseguro.

Julián Garvín consigue a lo largo de este relato que nos miremos dentro para medir el porcentaje de Jesús que portamos. Probablemente más del que sospechemos. Si vivir es callejear sin otra brújula que el olfato, Jesús no existe, ya que su necesidad de infalibilidad no le permite decidir. Idealismo que lleva a sus últimas consecuencias con un sistema, a la sazón falible, para poder combatir su propia indecisión: renunciar al juguete roto de su persona para ser sólo pieza de una estructura.

Pero hay un problema: Jesús no es un mero ladrillo. Es una columna de carga en su empresa. Todo un *superman* que tiene vértigo y que necesita terminar la película sin que nadie se dé cuenta.

Prefiero que descubras cómo lo consigue. «Seguro de mi inseguridad» es un magistral examen social donde surgen dudas como: ¿el libre albedrío es obstáculo o apoyo dentro del grupo? ¿El líder lo es realmente o sólo es un actor al que su público le ha escrito el guión? Hay muchas otras preguntas que te irán surgiendo al leer lo que sigue.

Si yo fuese Jesús, terminaría ya este prólogo, no sea que haya metido la pata… o no. No sé. ¿Y si a Julián Garvín no le gusta? ¿Y si no me gusta a mí después de publicado? Eso es lo peor. Siempre. El crítico indeciso que llevamos dentro. Sin más, te presento a Jesús…

Enrique Marrón
Director y presentador de *La noche encendida* en KISS FM

«A este señorito Hyde –se dijo–, si se le estudia de cerca,
se le deberían sacar sus secretos; secretos negros,
a juzgar por su apariencia, al lado de los cuales
también los más oscuros de Jekyll resplandecerían
como la luz del sol».

Robert Louis Stevenson, *El extraño caso del Dr. Jekyll y Mr. Hyde*

1. La certeza de lo incierto

Me llamo Jesús García, tengo 30 años y soy consultor (o eso creo). Esa es, quizá, la mayor certeza de la historia de mi vida. Mi trayectoria vital, más allá de la división entre lo personal y profesional, se resume en una serie de encrucijadas varias. Mi naturaleza es la duda. La imposibilidad de acertar sin dar algún rodeo previo. La causa central de esta zozobra crónica es la inseguridad, un sentimiento que me acompaña desde que tengo uso de razón.

Es justo decir que no tengo ningún trauma infantil ni hay una causa científica que consiga explicar el porqué de esta situación mía. Supongo que hay gente confiada, gente ingenua; personas que dudan y luego, como máxima expresión de la falta de certeza, estoy yo. Vamos, seguro de mi inseguridad.

No creas que esta situación me ha convertido en un hombre falto de éxito. Tengo una pareja que me adora (quizá mi amor por ella sea otra de esas certezas anecdóticas en mi vida) y un trabajo en el que respondo por un equipo de varias decenas de personas. Dirijo proyectos de consultoría en los que, agárrate, debo tomar decisiones (de menos a más complicadas) todos los días. Me imagino lo que estás pensando. El mío es como el caso del diabético pastelero, el alérgico florista o el sordo músico; todo un ejercicio de superación o, si me lo permites, una acrobacia de circo. Eso sí, de esas sin red: «peligra la vida del artista».

Cada día me enfrento a disyuntivas de todo tipo. Esas situaciones que una persona normal, con sus aptitudes plenas y su confianza rebosante, afrontaría con cierto grado de dificultad. Imagínate cómo me las veo yo en esos escenarios añadiendo mi ingrediente secreto: la patológica inseguridad.

Hago bien al hablar de esta característica de mi ser como ingrediente secreto, pues, sobre todo en el plano profesional, intento disimular mi titubeo del mismo modo en que tapa el actor las cicatrices poco fotogénicas. Como oculta la *vedette* la incipiente piel de naranja. En esa certeza de lo incierto (si me permites el juego de contradicción) me muevo yo y sólo yo.

Al ejercicio de acrobacia le añadimos, por tanto, una pizca de cínico maquillaje. Además de inseguro soy intérprete de mis carencias. Actor de doblaje de mi propio personaje vital.

Durante los primeros años de mi vida, aquellos de los que sólo conservo recuerdos, mi naturaleza insegura me hacía dudar en las bases más infantiles del pensamiento. Este amigo sí. Este otro no. Este juego sí, aquel no. Todo eran dudas. Ante mis compañeros siempre fui líder también. Por tanto esa práctica de la duda básica y el disimulo la tengo ensayada desde el principio.

Según fui creciendo, me interesé por disciplinas como la poesía o la interpretación. Todos fueron reductos para combatir mi carácter incierto y esa falta de confianza ciega en mi éxito (o fracaso). En mis años universitarios también conseguí sobreponerme, con esos trucos de artificio y avivar la tímida llama de seguridad intentando conservarla como si fuera una madre primeriza.

A mis 30 años, me considero una persona tímida al extremo. Mis habilidades sociales se fundamentan en un buen sentido del humor y en un correcto sentido del respeto. Con esta combinación he conseguido también hacer de mi timidez otro rasgo arraigado en mi carácter pero no determinante en mi éxito o fracaso personal.

Recapitulemos: soy tímido e inseguro. Fui líder en mis grupos de amistad y jefe de mi departamento. ¿Jekyll y Hyde? Creo que no. Método grupal y esfuerzo. Mi camino es el fruto de la construcción diaria de una identidad positiva y férrea. Del pozo de mi inseguridad brota el agua dulce que calma mi sed de respuestas. El secreto está en hacer de los resultados un bastón en el que apoyarse. Centrarme en el carácter social del ser humano para sobreponerme a mis carencias individuales.

2. La decisión del inseguro

Con el historial que detallo en el anterior epígrafe, podrás suponer que el ejercicio de mi cargo laboral no es ningún camino de rosas. Para muestra, un botón. Trabajo en una de las empresas de consultoría más importantes del país. Esto último lo dicen las estadísticas, no quiero parecer pretencioso. Tenemos en cartera clientes de todo tipo: editoriales, empresas de tecnología, bancos, partidos políticos… vamos, lo que se dice un buen portafolio. Nos ocupamos de todo: asesoría financiera, búsqueda de talento, ayuda para salir del pozo (esto último está indicado para aquellas empresas que han perdido el norte y caminan por el filo del cuchillo)… En mi día a día, debo decidir sobre aquellos elementos de nuestro trabajo que podemos publicar y aquellos que no. Todo lo que hacemos y que, contando con nuestros clientes, podemos contar.

Esta última semana estamos cuadrando el anuario. Sí, ese volumen que pretende recoger el trabajo de los últimos doce meses. Los logros, los proyectos exitosos pero también las dificultades y aquellos procesos que no han terminado del todo bien. Esto lo hacemos una vez al año, por suerte, ya que es una labor tediosa que nos saca del día a día. Lo único bueno es que nos hace convertimos en la redacción de una revista durante varias semanas. ¿Que quién es el elegido para capitanear la tarea? Pues sí, me toca a mí. El caso es que me encuentro con un grupo de redacción y maquetación más que nutrido. Eso es una suerte pero, una vez más ante los retos, me enfrento a mi mar de dudas. ¿A quién asignar cada tarea? ¿A quién encomendar cada trabajo particular? Y lo más importante, ¿cómo una persona insegura puede acertar en decisiones tan críticas? Desde mi propia experiencia (vital y profesional), este es el método que yo he bautizado como la decisión del inseguro.

En primer lugar intento verme a mí mismo como un elemento externo. Verme como parte de un colectivo, más allá de mi propia persona. Este es el primer paso para ganar esa confianza que por naturaleza no tengo. Soy una ficha más con sus características y limitaciones. Igual que el resto. Si el sujeto B puede, yo, sujeto A, también puedo. Una vez que soy parte de la masa, me veo como centro de la distribución de tareas. Es en ese momento cuando puedo ver las aptitudes de cada miembro del equipo como mías propias.

Su confianza en mí es también confianza que yo gano. A partir de ese punto puedo distribuir las tareas como lo haría conmigo mismo.

Ya está en marcha la maquinaria. Nadie ha notado que para llegar a este punto he tenido que hacer un auténtico ejercicio de autoconvicción. Como ya hice el año pasado, decido llamar a Luis (un tipo con las buenas mimbres del periodista y la base certera del consultor) para que haga las veces de jefe de redacción y me ayude en esta encrucijada.

> –Hola Luis, soy Jesús. Ya tengo organizado el programa de desarrollo del anuario. Marta y Carlos se van a encargar de los reportajes sobre banca. Que le den ese enfoque un tanto ambiguo que tan bien nos ha funcionado durante todo el semestre. Que den la caña que tengan que dar pero que piensen en nuestros socios y clientes. Vamos, una de cal y otra de arena. Habrá que reforzar esas áreas en las que hemos sido útiles a nuestras empresas y minimizar aquellas en las que o no nos han hecho caso o definitivamente, hemos perdido la cuenta. Miguel y Sara, que preparen todo el grafismo del número y las infografías que necesiten los redactores. Ya sabes, gráficas anuales de resultados de las distintas corporaciones (siempre comparativas al momento en que no trabajaban con nosotros). El resto de redactores, que se encarguen de analizar el mercado de empresas de este año. Algo así general, localizando aquellos grupos susceptibles de necesitar nuestros servicios. Ángela y Manuel, que se pongan con la parte de política. Que tengan mucho tiento en la elección de lo que cuentan. Esto lo tene-

mos que revisar una y mil veces si es necesario. Últimamente con los partidos, lo hagamos como lo hagamos, siempre nos toca aguantar el chorreo del típico subsecretario de vaya usted a saber qué porque hemos ido demasiado lejos en la explicación de por qué han necesitado nuestros servicios. Acuérdate de la que se montó cuando pusimos en el anuario de 2010 los detalles del proceso de elección interna de candidatos electorales en el que nos pidieron ayuda. ¡Y eso que era para las municipales! En fin, cuando lo tengamos [ese plural que me incluye en la masa] todo más o menos hilvanado nos reunimos para ver la primera distribución final.

Tras colgar el teléfono, después de hablar con Luis, ya tengo claros los caminos que debo seguir para cerrar este importante volumen anual. Que esté seguro de lo que viene no significa que lo esté de cómo afrontar eso que viene. Debo prepararme ahora para las siguientes reuniones. Aquellas en las que los miembros del equipo van a presentarme los temas que han cerrado para elaborar los contenidos finales. La decisión última es mía. Todos esperan que acepte o rechace resúmenes y artículos con una serie de bases periodísticas y empresariales. No somos una revista comercial pero tenemos que ser veraces y consecuentes. Todos confían en mí. En ese momento tendré que afrontar nuevos ejercicios de autoconvicción y fortaleza de decisión. No pueden ver que dudo. Mi duda sería también la suya. El secreto, como digo, es ver que su confianza es también la mía.

El primer paso ya está dado. He serenado mi cabeza. He pensado en el colectivo como si fuera un ente dentro de mí mismo y he conseguido hacer la primera distribución de tareas. En este primer paso he conseguido sonar convincente y convencerme a mí mismo de lo correcto de mis decisiones. Esa fortaleza interior debo mantenerla a base de alimentar mi posición con el trabajo de un equipo que confía en los criterios de su líder. Es un círculo cerrado: el líder da confianza al grupo. El grupo es la confianza del líder.

3. El miedo a la (auto)crítica

Vaya por delante que yo, siempre, intento pensar en positivo. Si no confías en tus posibilidades, deberás hacerlo en las de tu equipo. Con este prisma, el foco sobre la acción siempre irá a favor de obra. Ellos, tu equipo, son tú. Tú eres ellos. Esta es tu confianza artificial. Tu botella de oxígeno para la inmersión diaria que supone la toma de decisiones que te afectan y afectan a los demás. El poder del grupo es la tabla de salvación del inseguro. Con este precepto he conseguido salvar el pánico primero a la hora de cerrar una decisión.

Aquí me encuentro en mi despacho, mis pensamientos y yo, uno de mis puntos más críticos. Lo reconozco, tengo miedo a las críticas. Vivo aterrado y pendiente de lo que los demás puedan pensar de mí, de mis acciones y mis posibilidades.

Soy consciente de que el ambiente debe estar abierto a la crítica y que debe ser un elemento constructivo. Pero para mí supone un elemento desestabilizador porque implica aceptar que hay otras formas de pensar y que la mía, quizá, no es la mejor.

Lo siento, reconozco que no sé manejar la opinión de los otros. Lo peor, además, es que la crítica más inquietante es la mía. Mi propia duda. Mi propia autoexigencia. La mayor parte de personas inseguras somos, además, los mayores y más feroces críticos. «¿Cómo voy a hacer eso por mí mismo? Mi trabajo no sirve para nada». «¿Cómo no he leído de nuevo este informe que redacté ayer. Es un cúmulo de imprecisiones terribles». «¿Decidir yo? No estoy preparado. No me veo capacitado». Estas tres preguntas son mi pan de cada día. Si de algo estoy seguro es de mi inseguridad.

4. Mi decisión es la del grupo

Han pasado tres días desde mi llamada a Luis. Siguiendo mis órdenes, ya tiene preparada la reunión de contenidos en la que tengo que decidir los temas que van a incluirse en la versión final del anuario que publicamos en apenas unas semanas. Todos están listos para presentarme los temas en los que han estado trabajando durante los últimos días. Han hablado con los jefes de proyecto que tenemos repartidos por todas las empresas en las que ejercemos labores de consultoría. Algunos están más avanzados. Otros son ideas desarrolladas por sus potenciales autores.

Lo cierto es que este ritual de tormenta de ideas (el *brainstorming* de marras) es algo habitual aquí. Quizá esto nos haga la labor periodística un tanto más familiar.

Esta reunión es una de las pruebas más duras a las que mi carácter inseguro debe enfrentarse para este proyecto. Los inseguros, además de una serie de complejos generados por la timidez, tenemos un sentido de amor al prójimo más desarrollado de lo habitual. Tenemos la capacidad de ponernos en lugar del otro con mayor facilidad. Esto, que debía ser una fuente de virtud, es una desventaja si de lo que se trata es de tomar decisiones que impliquen dar gusto a unos pero contrariar a otros. Y yo, personalmente, no soporto la idea de contrariar a nadie. Esta idea es mezcla de «¿cómo voy yo a decirle a alguien que haga esto o aquello?» y «¿estoy seguro de que esta opción (que no le gusta a Fulanito) es la mejor? ¿No tendrá razón Fulanito?».

Por ello, la decisión que espera el grupo de mí es, en realidad, la que yo espero del grupo. Su confianza en el trabajo duro hace que yo mismo confíe en mis aptitudes. Todo lo que puede confiar alguien que no tiene una base sólida de autoconvicción.

Comienza la reunión y Luis expone los temas que son susceptibles de incorporarse al anuario:

> –Bueno, Jesús, siguiendo la distribución de tareas que hiciste [me autoconvenzo de que si han aceptado mi distribución es porque era la correcta], Marta y Carlos tienen un par de temas muy interesantes sobre banca. En este sector ha habido muchos progresos. Vamos, que se nota que les hemos ayudado a ser más competitivos y, a la vez, mantener una imagen aceptable con sus clientes.

Nada más terminar, como si de un resorte se tratara, toma la palabra Marta.

> –Efectivamente. Hemos buceado en los informes que han presentado nuestros responsables de proyectos bancarios y hemos montado unos gráficos para caerse de espaldas. En el caso del Banco Atlantis, hemos conseguido, en apenas cinco años de consultoría, mejorar su rendimiento y captación de clientes un 57%. Se nos ha ocurrido vincular estos éxitos con la crisis bancaria y, claro, el efecto positivo de nuestra ayuda se ha multiplicado por diez.

¡Toma ya! Pretenden que publiquemos en el anuario lo guapos, lo altos y lo rubios que somos. Vamos, autobombo puro y duro. Encima edulcorado con datos dramáticos para que parezca que nuestra labor ha sido efectiva a la par que difícil. Si ya me asusta la opinión del consejo de administración, no te quiero contar cómo se me ponen los pelos al pensar en la opinión de nuestros clientes.

Aun así, intento serenarme y poner al servicio de los míos el poco juicio que me queda disponible en esta lucha por convencerme de mi idoneidad para estar en el puesto que desarrollo. Me rehago en mi silla y contesto:

> –A ver, si os parece bien, vamos a publicar esos dos reportajes que propones, Marta. Confío en vuestro criterio tanto como en el mío [en realidad quiero decir que confío en el suyo] y sé que podemos hacerlo de una forma sana. Esto es, que no afecte a las expectativas comerciales del grupo ni nos meta en líos legales de difícil solución. No nos pasemos de listos contando más de la cuenta. Sé que sabéis tratar estos temas de forma que no se conviertan en una bomba de relojería. Dad una de cal y otra de arena, como os decía hace unos días. No os dejéis incendiar por lo suculento de un titular sensacionalista. No somos una revista comercial. Vivimos de las necesidades y carencias de nuestros clientes. No se las rebocemos, encima, por la cara.

Veo en el ambiente, tras mi intervención, que la decisión sobre los temas polémicos es la que esperaban. Nadie me lleva la contraria y eso, por lo que decíamos antes de la crítica, reafirma mi decisión y me tranquiliza del todo. He dado un paso al frente y es el que esperaban. Más bien es el que querían que fuera. Quizá hubiesen esperado un poco más de resistencia a tratar temas polémicos en este anuario.

El resto de compañeros me presenta exactamente lo que les pedí sin ningún sobresalto más. Gráficos bien diseñados, poca saña en las carencias de los clientes. Mi decisión más complicada, la de los temas sensibles, se ha ganado el respeto de la redacción. Parece mentira que no intuyan que su confianza en el trabajo bien hecho es la que me da a mí esa aparente seguridad. Una oveja negra se siente, al fin y al cabo, oveja en el rebaño.

Pasamos al tema del arte final y el compendio de autores de los informes que debemos incluir en el anuario. Toma la palabra, de nuevo, el bueno de Luis. No te lo he dicho todavía, pero él es la persona en quien más confío.

–A ver, chicos, quiero que pensemos en la fórmula de presentación del anuario al consejo de administración. Jesús, sé que cada año tienes que sufrir los comentarios de los miembros de este ente que tan poco pegado está al día a día de la consultora. ¿Crees que es necesario que vayamos contigo los distintos autores para hacer presión sobre la conveniencia de publicar el volumen tal y como está?

Nuevo desafío para mi carácter inseguro. ¿Será que Luis no confía en mis posibilidades ante el consejo? ¿Querrá decirme con esa intervención que no me ve como líder férreo y, por tanto, el trabajo colectivo puede venirse abajo por mi solitaria intervención ante los jefes?

–Querido Luis –le contesto– agradezco enormemente tu ofrecimiento y sé que lo haces con toda la buena voluntad del mundo y el mayor espíritu contractivo. Al margen de esto y del aprecio que te tengo, creo que todos confiáis en mí como responsable del proyecto y, por ende, en mi labor de defensa del anuario frente al consejo de administración.

–Por favor, Jesús, la duda ofende. Sólo planteaba esta opción como forma de facilitarte el trabajo –responde Luis.

–Ya, Luis –respondo de nuevo– pero entiende que si aparezco en el despacho de Ferran [nuestro presidente] acompañado de un séquito de colaboradores, seguro que nos echa a patadas y me pondría la cara colorada. Creo que lo verían como un gesto de poco mando. Una muestra de debilidad ante ellos y ante vosotros.

De repente, entra Marta en escena:

–Estoy de acuerdo con Jesús. Todos somos un equipo y, además, su labor es la de representar nuestras inquietudes y opiniones. Si vamos todos con él va a parecer que no creemos en su criterio ni en sus posibilidades de defensa de los distintos temas.

Intervengo de nuevo para intentar cerrar el asunto:

–De todas formas, como sabéis, soy un tipo dialogante y quiero que nuestro proceder sea la decisión de la mayoría. ¿Quiénes estáis de acuerdo en hacer la presentación como hasta ahora? –todos levantan la mano, incluido Luis–. Perfecto. Vuestro líder será vuestro representante ante el consejo, como siempre.

Para calmar la cierta tensión de la sala, toma la palabra Luis:

–Que conste, Jesús, que yo no pretendía dudar de tus posibilidades. Sólo quería echarte una mano.

Con el ofrecimiento de Luis, se me puso en bandeja la última prueba del éxito de un líder inseguro. Para ser un primer espada de verdad el equipo debe confiar en ti. El sentir general de los míos ha sido ese. Confían, luego yo confío.

5. Seguro de los míos

Mis compañeros han desarrollado su trabajo de cine. Por fin tengo, en tiempo y lugar, el anuario encima de la mesa. Basta mi firma (otro ejercicio de confianza) para publicar. Este anuario es especial. Todavía se me hiela la sangre con los posibles comentarios que puedan hacer Ferran y el resto de miembros del consejo de administración. Soy perfectamente consciente de que este volumen no puede estar exento de polémica en los tiempos que corren. Por eso mismo, el consejo se empeña en echarle un vistazo antes de mandarlo a imprimir y distribuirlo entre socios y clientes.

Aquí radica otro de mis pilares para afianzar la confianza en mí y mis decisiones. Ya no es la confianza de un grupo que yo hago mía. Ahora hablo de la confianza de los que me pagan y me mantienen en el cargo año tras año. Esta confianza del superior es, quizá, más determinante en la confianza del inseguro. Sentirse avalado por la instancia superior es, cuando menos, gratificante y concluyente.

Llego a la reunión del consejo. Todos los miembros tienen un ejemplar de la maqueta que ayer les pasé por correo electrónico. La han leído y, por las caras que veo, tienen muchas pegas que poner y muchas explicaciones que pedir para dar luz verde al trabajo del equipo y, por extensión, a mi trabajo como líder de ese colectivo.

Como me esperaba, tienen especial problema en el artículo que Marta y Carlos han preparado con los datos de las operaciones de nuestra consultoría en un par de bancos cotizados. Antes de dejarles hablar y anticipando su crítica comienzo:

–La información se ha tratado con la máxima elegancia –digo en voz alta, que suena convincente.

Pero mi cara parece no convencerles. Tengo que hacer doble esfuerzo para que entiendan que ese capítulo, si no lo sacamos nosotros para explicarlo, lo van a sacar otros, con datos erróneos y para intentar quitarnos la cuenta. Antes de que pueda explicar los argumentos, llega la crítica más feroz de Ferran:

–No podemos convertir el anuario en un folletín para encandilar a banqueros. No es nuestra función. Uno de los bancos referenciados es, además, cliente principal.

Tras esta dentellada de realidad me rehago y, pensando en el trabajo de mi equipo, consigo argumentar:

–Estamos ante una información sensible que ha sido destapada ya por varios periodistas. Lo que hemos hecho ha sido adornarlo con los buenísimos datos que les hemos aportado en su proceso de fusión. Mis chicos han tratado el tema con la mayor elegancia. Han puesto sólo las cifras más destacadas para evitar el escándalo. Seamos sinceros. Les hemos ayudado, pero las van a pasar canutas para no acabar en el plan de reordenación bancaria del Gobierno.

El presidente del Consejo se queda pensando e intuyo, por su expresión, que el argumento que acabo de dejar sobre la mesa, al menos, merece una reflexión por su parte. A los pocos segundos me responde con la típica evasiva:

–No sé, no sé… tenemos que valorarlo. Te llamamos cuando hayamos decidido.

¡Dios! ¿Cuando hayamos decidido? Eso ya suena a negativa. En ese momento me doy cuenta de que la incertidumbre en mí es un auténtico terremoto en mis emociones. Mina, sencillamente, mi estabilidad. La duda es capaz de anular mi escasa autoestima. Este panorama pone en marcha la maquinaria destructiva de autorreproches: comenzará a funcionar. «¿Lo ves? –me digo– ¡Ya la has vuelto a liar! La confianza que tenían en ti se ha ido por la ventana. Si es que no tenía que haberme arriesgado. Hubiese sido mejor algo más plano, vamos para salir del paso. ¡No sirves para liderar, Jesús!».

Mientras martilleo mi mente con esta y otras lindezas, abandono el despacho de Fermín. Sólo queda esperar una decisión. La decisión.

¡Me ahogo, necesito respirar! Casi sin mediar palabra con nadie salgo a la calle y me pongo a caminar como un loco. Sólo quiero huir, que nadie me hable. De repente, justo antes de doblar la esquina suena el móvil. Lo miro y es el teléfono del despacho de Ferran. Lo cojo de inmediato. Intento disimular el pánico que tengo atacándome sin piedad, al borde de estallar, casi tembloroso, respondo:

–Eh… ¿sí? ¿Hola? –respondo engolando la voz en un ejercicio inútil de disimulo.

Ferran suena un tanto inquieto, al otro lado:

–Jesús, ¿dónde estás? Te he llamado a tu extensión pero no he dado contigo. Sube a mi despacho, por favor.

Madre mía… ¡madre mía! Verás cómo me dice que no hay luz verde para el anuario. Es más, estoy seguro de que el año que viene se lo va a encargar a otro. ¿Cómo le explico a mi equipo este drama? Ya no volverán a confiar en mí y evidenciaré lo que soy. ¡Un líder sin el respeto de su equipo! Ojalá no me despidan, ¿cómo se lo explico a mi mujer?

Conteniendo la respiración y sudando como un condenado subo las escaleras hasta el despacho de Ferran. Habría sido más cómodo tomar el ascensor pero la idea de encerrarme en un cubo de dos por cuatro no me ha parecido lo más ideal en mi estado de ansiedad. Llamo a la puerta:

–Muy buenas –me rehago–. ¿Puedo pasar? –pregunto casi sin aliento.

–Pasa, pasa, Jesús… –me responde Ferran, con cierto aire compasivo.

Entro despacio y me acomodo en la silla que yo mismo había dejado vacía minutos antes. *Alea iacta est.* El destino está escrito. Lo veo en los ojos de Ferran y el resto de consejeros…

–A ver, Jesús –prosigue Ferran–; el consejo de administración ha valorado el anuario y sus posibles repercusiones sobre nuestros clientes. También el esfuerzo tuyo y de tu equipo para sacarlo adelante. Por todo ello, consideramos adecuado que seas tú quien lo decidas. ¡Jesús, tú eliges!

¡Toma ya! Un escalofrío paraliza mi cuerpo. No sé si, incluso, he dado un brinco en la silla... Me dan la decisión final a mí. Eso significa que confían en mi criterio y, si lo hacen, que entienden los argumentos que les expuse en la reunión previa. Se me ha debido quedar cara de póquer, porque Ferran me mira sin saber si voy a gritar, llorar… Me vuelvo a recomponer y digo, lo más pausado que puedo:

–Ferran, quiero daros las gracias por la confianza previa al encargarme liderar el desarrollo de este anuario y, además, por renovarla ahora dejando para mí la decisión final. Si me lo permitís, voy a darle otra vuelta de tuerca más a este cierre de anuario. Como dejáis en mi mano la última palabra, es mi voluntad que se haga lo que decida alguien de mi equipo. Daré por bueno el planteamiento que apruebe Luis. Sólo él dispone de toda la información necesaria para decidir. Es la persona que ha supervisado todos los flecos de los capítulos más sensibles. Mi decisión será la suya.

¡Ahí queda eso! ¡Vaya peso me he quitado de encima! Tenías que ver la cara de Ferran y los consejeros. La inseguridad es ese pez que nada en aguas frías. Frágil, sí, pero también escurridizo. Haciendo gala de esa seguridad del inseguro he despejado la pelota de mi tejado para lanzarla al de otro. Proverbio chino: «la puerta mejor cerrada es aquella que puede dejarse abierta».

13

007, licencia para destacar

Alberto Blázquez Manzano

Prólogo

En la vida hay situaciones difíciles que requieren poner en marcha todos los recursos y habilidades que tenemos.

Sabemos que el trabajo es necesario, además de otras cosas, para desarrollarnos como personas. Por ello, el que tengas unas condiciones que te permitan trabajar en equipo, de forma cómoda con tus compañeros/as y que además te reconozcan tu esfuerzo y calidad, deberían resultar aspectos claves para tu crecimiento. Sin embargo, los profesionales más válidos, desgraciadamente, a veces lo tienen más difícil que los demás por motivos tan injustos como la envidia de los compañeros/as. Es fácil que interpreten tu trabajo de calidad como una amenaza que les obliga a trabajar más. El miedo a que puedas destacar más se traslada también a los niveles jerárquicos superiores.

Ante esto es prioritario, a pesar de todo, mantener una actitud de respeto y de colaboración, aunque no tolerando el desprecio a tu trabajo o a tu persona. Y se requiere una gran energía interna positiva, como la de nuestro protagonista.

Alberto plasma este escenario en su relato. Desde el primer momento consigue que te metas en la piel de Luis, el protagonista. Alberto es un poco como Luis, pura energía positiva, una persona dinámica y activa, que se ilusiona con lo que hace, efectivo y eficiente en su máximo grado.

Alguien con ganas de superación constantes, empático, incansable y en el que no habita el egoísmo, que transmite su energía positiva a los que le rodeamos. Todo ello le permite tener una gran licencia para destacar.

Con la lectura de este capítulo seguro que nos surge alguna idea con la que mejorar en nuestro propio entorno. ¡Gracias, Alberto!

Eulalio Ruiz Muñoz
Médico especialista en salud pública

«La innovación es lo que distingue
al líder de sus seguidores».

Steve Jobs

1. Si destacas, molestas

–A ver, por favor, silencio. Venga que, cada grupo exponga su trabajo ahora. ¿Quién va a ser el portavoz de cada uno? –pregunta el profesor del curso de Dirección Comercial al que estoy asistiendo.

De repente, como por arte de magia, ocho ojos de los compañeros de grupo se proyectan sobre mí.

–¿Yo? –respondo sorprendido.

–Sííí –dicen los cuatro al unísono.

–Vale, vale, ya veré cómo salgo de esta, je, je –les contesto.

Una vez más me encuentro en esa situación en la que, no sé por qué, me toca hablar. Parece como si tuviera una nota en la frente anunciando: «portavoz oficial de lo que haga falta».

Vaya, ¡qué despiste!, se me olvidaba presentarme. Hola, ¡qué tal! Me llamo Luis Medina y tengo 32 años. Soy comercial en una compañía de seguros de Alcorcón, en la que llevo dos años.

Los que me conocen dicen que soy ese tipo de personas *happy flower* que no se callan ni debajo del agua y a los que les gusta la fiesta más que a un tonto un lápiz. De esos que necesitan hacer 18 cosas al mismo tiempo y que odia la rutina. Mi filosofía es *Carpe diem,* hay que probar de todo. Bueno, de todo no; hay que cosas que mejor que las prueben otros y ya, si eso, me las cuentas.

Reconozco que tengo un encanto especial. Mi piquito de oro me ha dado muchas alegrías pero también me ha jugado malas pasadas. Decía Hemingway que «se necesitan dos años para aprender a hablar y 60 para aprender a callar». Afortunadamente a mí me quedan muchos aún para aprender a callarme.

Hoy es de 25 mayo y me encuentro en este curso porque deseo seguir creciendo en la compañía. Unos lo llaman ambición, pero yo prefiero llamarlo inquietud. No es más que el deseo de experimentar emociones nuevas, de llevarte todo por delante. Pero claro, no hay que olvidar que convives con compañeros que no tienen los mismos intereses que tú, ni las mismas ganas, pero eso sí, les molesta que cualquier persona de su entorno prospere.

Este curso es la punta del iceberg de meses de silencio. No sé qué me deparará el futuro pero sí lo que he vivido hasta ahora.

La semana pasada Fernando, el jefe de mi oficina, me preguntó si estaría dispuesto a asumir un nuevo reto como delegado de zona, para el que se precisaba formación específica. Mi respuesta, entendiendo que se trataba de un nuevo reto, fue: «¡claro que sí, muchas gracias!». Sin embargo, nada más salir del despacho, los ojos de mis cinco compañeros se me clavaron en la nuca.

En ese instante recordé mi primer día de trabajo. Fernando acababa de presentarme a los compañeros. Tras una rápida visita turística por las salas, me levanté a por un vaso de agua. En ese momento, como si de un rayo se tratara, se me acerca el compañero Enrique, el más veterano de la empresa, de unos 55 años:

–Enhorabuena, chaval. Estarás contento, ¿verdad? –me preguntaba mientras me asistía dos fuertes palmadas en la espalda.

–Sí, sí, estoy superilusionado y con muchas ganas –le contesté con inocencia.

–Pues déjame que te dé un consejo de amigo. Aquí, si quieres crecer, pasa lo más desapercibido posible. Cabeza que destaca, cabeza que vuela –me contestó con una sonrisa sarcástica.

–Ah, eh, vale, muchas gracias por el consejo –le respondí.

«¡Madre mía, dónde me he metido! –me dije–. ¡Menudo nido de víboras!». Rápidamente entendí que se trataba del mensaje de bienvenida extraoficial a cargo del verdadero jefe de la tribu. Típica estrategia de aquellos que tienen miedo a los cambios y, mucho peor, a que venga otra persona que simplemente con tener un mínimo de actitud positiva evidencie sus carencias.

Mientras regresaba a mi recién estrenado asiento iba bebiendo agua para pasar el mal trago. Una vez me dijo una amiga que cuando estás nervioso beber agua es muy útil, ya que informa a tu subconsciente de que todo está en calma y que puedes tranquilizarse. Me puso el ejemplo de que cuando los animales salvajes beben en un río es porque no perciben amenaza a su alrededor.

Así es que mientras iba sorbiendo el vaso pude percibir las miradas de los otros compañeros y sus sonrisas. Todo me indicaba que se trataba del consejo más importante para sobrevivir en la empresa.

Recuerdo que a partir de ese momento mi entusiasmo descendió a pasos agigantados. Me puse la careta de pardillo oficial y acompañé las risas de compañeros mientras hacían trajes a medida con críticas destructivas de aquellos otros que destacaban por algo. Se convirtió en un ritual durante las primeras semanas explicarme cómo se hacían las cosas; más por evidenciar todo lo que sabían y que eran los veteranos, que por el interés de que aprendiera algo.

Y así transcurrió el primer mes. Por primera vez entendí que los silencios y una sonrisa eran la mejor forma de sobrevivir en un ambiente de cuchillos constantes.

Debo reconocer que mi mundo emocional empezó a cambiar y también mi vida virtual. Empecé a entender que cuanto más feliz te mostrabas en tus fotos de red social, más podrías fastidiar a personajes con los que te había tocado trabajar y mayor probabilidad de críticas tendrías. Así es que, de parecer más feliz que una perdiz, pasé a publicar únicamente comunicados oficiales, como los famosos.

Quizá la mejor enseñanza de todos esos días en la oficina fue que antes de entrar en el baño se mira si hay papel higiénico, ya que el almacén está en la otra punta de la oficina. Es curioso que en una empresa donde todos trataban de eludir los marrones hubiera sido esta anécdota la que más recordase.

Después de muchos años me empecé a levantar cansado, como si de estuviera derrotado antes de salir de casa. No era el mismo. Mantener una conducta de sumisión por el miedo a la crítica me estaba dañando mi propia personalidad. Decía Covarrubias, capellán del rey Felipe II, que «lo peor en la vida es que el veneno de la envidia se engendra en los pechos de los que nos son más amigos».

2. No des la espalda a tu naturaleza

Cuenta mi madre que, cuando tenía 5 años, escuchó una conversación entre maestras de Infantil veteranas que ese año les había tocado una clase fantástica porque los niños no eran tan inquietos, como si uno de los indicadores para evaluar el rendimiento de la clase fuese que los niños no molestasen. Quizá por desgracia, en mi clase contábamos con un fichaje estelar, Óscar *el Revoltoso,* un atributo que le convertía en la cabeza de turco de todo lo malo que ocurriese dentro y fuera del aula. Poco a poco, esta rutina provocó que Óscar terminara por autoculparse de muchas cosas en las que ni siquiera había participado. Se trataba de la indefensión aprendida.

Con los años he ido entendiendo que no puedo evitar destacar. Pasar por esta vida como una maleta no es mi cometido. Me ocurre como en la fábula de la tortuga y el escorpión. En ella, la tortuga se ofrece a ayudar al escorpión a cruzar el río y en mitad del mismo le pica con su aguijón. Cuando la tortuga le pregunta el porqué, el escorpión le contesta: lo siento, es mi naturaleza. Y es que, por mucho que queramos, no podemos renunciar a nuestra esencia.

Dicen que cuando estas melancólico prestas más atención a la letra de una canción. Es como sí detuvieras el tiempo y echaras la vista atrás porque tu desánimo te impide hacerlo hacia el futuro. Quizá por eso comencé a poner significado a muchas de las cosas de mi pasado, tratando de entender en parte mi momento presente. Por ejemplo, siempre he sido un buen estudiante y claro, si me daba por estudiar, no me conformaba con el 8: quería el 10. Ello me llevó a tener detractores en clase, a pesar de mi voluntad de ayuda con todo aquel que la necesitaba. Decía Séneca que «si estás libre de enemigos porque a nadie hiciste injuria, no faltarán otros que lo sean por envidia».

Debo reconocer que me costó mucho acostumbrarme a la soledad del empollón. Sentirte desplazado por el grupo denominado la élite o los guays era algo difícil de asimilar. A veces una mirada, un giro dándote la espalda o terminar el juego cuando querías participar eran señales suficientes para entender que allí no tenías cabida.

Reconozco también que me costó trabajar en grupo. Cuando las expectativas de tus compañeros se centran en aprobar y la tuya en sacar nota, no te queda más remedio que coger las riendas y hacer la gran parte del proyecto solo. Soy consciente de que la presión y el escaso tiempo de entrega focalizaban mi atención en el camino más corto: el resultado. Sin embargo, tras este resultado exitoso quedaba tras de sí una estela de rechazo por parte de los compañeros.

Se podría decir que en mi naturaleza está la exageración. Me acuerdo de una vez con 8 años que mis amigos se habían comprado el álbum de cromos de la liga de fútbol. Así es que ni corto ni perezoso, ahí me tenías convenciendo a mis padres para que en dos días me presentara en el recreo con un taco de cromos que no me cabían en las manos. Eso sí, a ver quién masticaba la cantidad de chicles donde venían las dichosas estampitas.

Con el tiempo te das cuenta de que todas estas hazañas de la infancia no eran más que los fogonazos de tus cualidades y que aún no sabías dominar. Aun así y sin tomar consciencia de ello, observas también que toda esa energía desmedida también sirve para luchar contra ciertas injusticias. Alguna de ellas era el velo del miedo que algunos profesores te inyectaban diariamente con sus palabras.

Recuerdo las advertencias de exámenes sin avisar y, si era posible, realizados de forma oral y delante de la clase, para que la presión del ridículo destrozase un poco más tu autoestima. Se trataba de una forma fácil en la que el profesorado alardeaba de su autoridad. Así es que en muchas ocasiones, cuando en la clase preguntaba algo que no venía en el temario, allí me tenías con la mano levantada para dar respuesta. Era una forma de demostrar lo que sabía pero también de ganarle la batalla al virus intimidatorio que quería lanzar. Dice Paulo Coelho que «las personas cambian cuando se dan cuenta del potencial que tienen para cambiar las cosas».

3. Siempre hay un as en la manga

Así es que desde que entré a trabajar en la empresa me negué a destacar para no levantar sospechas entre los compañeros. Sin embargo, cada día que pasaba me iba costando más. Intentaba por todos los medios encontrar lo positivo; pero sin brillar, se me hacía más difícil.

Es miércoles, dos meses y un día después de mi llegada se acerca el día de la reunión trimestral de delegados de zona. Fernando, el jefe de la oficina, me llama a su despacho.

–A ver Luis, ¿qué tal estás? –me pregunta.

Esa es la típica pregunta trampa a la que no sabes qué responder y, peor aún, con qué grado de intensidad, para que no se note que lo que le vas a decir es para esquivarla. Así que lo mejor es, si te pregunta por ti, llevar el asunto a tu trabajo.

–Bien, Fernando, muy ocupado ahora con los balances del trimestre –le contesto.

–Entiendo. Pues de eso quería hablarte, Luis, de los balances –me responde mientras me gira la pantalla del ordenador y me señala algo con el dedo.

En ese instante esperaba que me dijera que la oficina va mal y que hay que reducir costes. Ya está, es el fin, me dije. Así es que con ojos como platos agudizo todos mis sentidos en sus palabras.

–Mira este calendario. Pasado mañana es la reunión trimestral de delegados de zona y me gustaría que fueses tú quien expusiese los resultados de la oficina. Así te sueltas un poco. ¿Qué te parece? –me pregunta mientras vuelve a girar la pantalla del ordenador.

Era consciente de que se trataba de una prueba más, con la diferencia de que para mí era la oportunidad de desplegar mis alas. Así que no me lo pensé y le respondí inmediatamente:

–Claro, Fernando, muchas gracias por tu confianza. Espero estar a la altura –le respondí con un brillo especial en mis ojos que hacía tiempo no tenía.

–Pues nada, manos a la obra y en cuanto lo termines me lo enseñas para hacer los últimos retoques –me contesta mientras se levanta de su asiento y me da una palmadita en la espalda.

En ese momento me cambió la cara. «¡Una oportunidad de demostrar mis dotes de comunicación!», me dije. Y así, como si de un móvil recién recargado se tratara, me dirijo a mi asiento. Eso sí, acompañado de los diez ojos de mis compañeros que se me clavan en la espalda, deseosos de saber qué había pasado.

Antes de dar pie a rumorología, fui yo mismo quien les comuniqué que el motivo de la reunión era hacer un PowerPoint del balance de la oficina. ¡Vamos, algo sin más trascendencia! Nada más comunicarlo, le faltó tiempo al líder de la manada para decir:

–Pufff, ¡qué marronazo! Je, je, ¿tendrás que pagar la novatada, no? –me pregunta, mientras el resto de los compañeros se ríen sarcásticamente.

–Sí, es lo que tiene ser el nuevo, ¿verdad? –le respondo.

Así es que durante dos días me puse a conciencia a realizar un PowerPoint vistoso y donde se recogieran claramente los resultados trimestrales de la oficina. Durante ese martes y miércoles, no faltaron frasecitas de mis queridos compañeros, quedando bien claro quién era el novato.

Sin embargo, en mi interior empezaban a sonar tambores de guerra que repetían una y otra vez: «¡os vais a enterar cuando sepáis que soy yo quien lo hará!».

4. Miradas que desnudan

Y así llega el gran día. Estoy eufórico. Son las 08.00 horas. Me pongo música a todo volumen en el coche para llegar con plena energía. Llego a la oficina y allí veo a otros compañeros/as que no conocía personalmente pero con los que había hablado alguna vez por teléfono. Conecté desde el primer momento con Elvira, compañera de San Sebastián de los Reyes y que había sido muy agradable conmigo cuando la había llamado a su oficina para preguntarle dudas.

Estas reuniones trimestrales se hacen rotatorias por cada oficina y es el jefe de las mismas el que hace de anfitrión e inicia las exposiciones. Así es que, tras los saludos iniciales, Fernando invita a todos a entrar en la sala. Allí nos encontrábamos 35 personas.

Una vez en la sala y tras las presentaciones protocolarias, mi jefe me presenta como el recién llegado y que algunos conocerían por teléfono, al tiempo que da la noticia de que sería yo quien hiciera la presentación por él para que me fuese soltando. En ese momento, la cara de mis compañeros era un poema. Entre ojos de sorpresa, enfado por no controlar esta información y envidia, me dirijo a la pantalla para hacer la presentación.

Proyectando tranquilidad, abro la presentación desde el lápiz USB, mientras me recreo en las sensaciones que me transmite esta experiencia y que hacía tiempo que no vivía. ¡Te sientes dueño del mundo, tu personalidad se encuentra en el paraíso!

Comienzo mi exposición y soy consciente de los ojos de admiración de los compañeros de otras oficinas y la cara de grata satisfacción de mi jefe de oficina. Pero también de los ojos inquisidores de mis queridos compañeros. Mi pensamiento me indica que no puedes caer bien a todo el mundo. Sin embargo, esos ojos reducían la energía que estaba proyectando en ese momento. Intento alejar mi mirada de allí y encontrar otra que muestre complicidad. Pero como si de un imán se tratara, vuelvo a caer y los miro de nuevo. Es como si quisieras convencerles y agradarles pero, por más que lo intentaba, sus ojos seguían mostrando incredulidad y envidia. Es la típica mirada que te desnuda, que quiere entrar en ti sin pedir permiso. Por alguna extraña razón, me empiezo a sentir mal, necesito acabar lo antes posible. ¿Cómo es posible que unas miradas me dejen tan noqueado?

Finalizo mi intervención y me siento. Fernando me felicita por la exposición y destaca la grata sorpresa que se ha llevado. Sin embargo, no he disfrutado como quería y siento que es un pseudofracaso para mi callada autoestima hasta entonces. Siento que mi energía se ha agotado y, aunque intento poner una sonrisa de plástico que haga de motor en mi estado de ánimo, me cuesta horrores recomponerme.

Tras la exposición del resto de compañeros llegan las 11.00 horas y es momento de desayunar. Fernando, como anfitrión, indica que tomamos 30 minutos de descanso y que después reanudamos. En otro momento, hubiera soltado una gracia que nos acompañara a la cafetería pero no me apetecía. Ahora me tocaba enfrentarme a mis queridos compañeros.

Ordeno mis folios para dar tiempo a que la gente salga y diluir la tensión que me genera volver a mirar a los compañeros. En ese momento una caricia en la espalda seguida de una enhorabuena me estremece. Se trata de Elvira, la compañera de San Sebastián de los Reyes, que me felicita por la brillante exposición. Quizá en otro momento esas palabras hubieran inflado mi autoestima y hubiera permanecido callado para escuchar ese canto celestial. Ahora, me siento tan bajo de energía, que se trata de una pomada a mis heridas. Así es que, sin pensarlo dos veces, me levanto y la abrazo mientras le digo: «¡gracias, muchas gracias de verdad!».

Para hacer más digerible el camino a la cafetería, voy con Elvira. Necesito hablar con alguien que aporte buen rollo. Mientras y a modo de *flashback* intento darle una explicación a todo lo que me ha pasado. ¡No lo entiendo! ¿Qué le pasa a esta gente para que me miren así? De un plumazo me han quitado mi energía.

Entramos en la cafetería y el local está lleno. Como si de una manada de leones se tratara, mis compañeros se sientan juntos en una mesa. Soy consciente de que no soy bien recibido. Creen que les he traicionado por no contarles que iba a exponer los resultados. Pero es que lo necesitaba. Era mi pequeña venganza a tantas semanas de silencio, aguantando la injusticia de sus críticas hacia todos.

Con el café en la mano, me dirijo con Elvira a una mesa pequeña. Una vez que coloco el café, le digo que voy a saludar un momento a mis compañeros. Necesito apaciguar este estado de zozobra que me inunda. Como un perrito que es castigado por su dueño, me dispongo a realizar un acercamiento a mis compañeros buscando unas migajas de benevolencia que permitan reconstruirme.

–¿Qué tal, chicos? ¿Os ha gustado? –les pregunto.

–¿Qué callado te lo tenías, no? –me responde Enrique, el rey león.

–¿El qué, lo de la presentación? Ah, me comentó Fernando que lo hiciera para que me fuese soltando. Y bueno, he hecho lo que podido. Espero que no os hayáis dormido mucho –le respondo, quitándome toda la importancia.

–Ya, ya, bueno. Ve, que se te enfría el café –me contesta mientras abre el sobre del azúcar.

¡Zas, en toda la boca! ¡No me lo puedo creer! ¿Pero qué se ha creído este hombre? ¿Qué le he hecho? ¿Pero no se da cuenta de que estoy intentando agradarles? Con este bombardeo de preguntas en mi cabeza y un calor en el cuerpo de ira, me tomo el café con Elvira, buscando una conversación sencilla y de algo agradable, como las vacaciones.

«¡Que me disculpe Elvira!», me repito una y otra vez. Estoy ausente, mi pensamiento está a años luz de la cafetería. Hago como que conecto de vez en cuando con una sonrisa y un asentimiento de cabeza para que parezca que atiendo. Me siento humillado, me han dado dos veces donde más me duele y lo peor de todo es que no acabo de entender el porqué. Intento pensar en argumentos lógicos que me ayuden a encontrar algo de luz y no consigo encontrar la razón.

Terminado el café, nos dirigimos de nuevo a la reunión. Mientras se continúa con otras exposiciones, intento recomponer mi puzle interior. Hago por recordar aquellos momentos en los que me he sentido así y he salido adelante. ¡Luis, es tu don, eres pura energía positiva y no te vas a hundir! Decía Napoleón que «el hecho de triunfar no consiste en vencer siempre, sino en no caer en el desánimo».

5. El mañana nunca muere

Son las 14.00 horas, hora de comer. Llego a casa y necesito buscar referencias que me den tranquilidad. No deseo ver a nadie. Recorro con la mirada cada pequeño rincón del salón mientras me sirvo la comida. Algo fácil, macarrones con tomate y queso. Apenas soy consciente de los bocados que doy y, a pesar de que estoy mirando el televisor, mi mirada está perdida.

Una vez acabada la comida, me dirijo a la cocina para prepararme un café. Mientras echo dos cucharadas y remuevo el café me pregunto: «¿qué has aprendido de aquí? ¿Qué hay de positivo en todo esto?». Es curioso, necesito evitar el dolor que me produce esta situación. Mi imaginación comienza a volar y trata de situarme en otros escenarios. Pasean por mi cabeza miles de argumentos que me dicen que ese trabajo no es para mí. Sin embargo, las oportunidades laborales son escasas. «¡Piensa, Luis, busca una solución!», me digo.

Sé que soy un tipo de acción y que detenerme en el dolor sólo me llevará a bloquearme. Cuanto más me alejo del dolor, más cómodo me siento. Mi pensamiento aumenta su velocidad, mi corazón late fuerte. «Si quiero estar positivo tengo que aprovecharlo todo», me repito una y otra vez. La ira es una emoción de una energía brutal y bien conducida te puede llevar al objetivo. Así es que intento visualizar un coche que me lleve a sobrevivir en esta pequeña selva y cuyo combustible se resume en una frase: «¡ya está bien, qué se habrán creído!».

Antes de que la ira nuble mi mente, me paro a pensar en todo lo que me ha ocurrido e intento tomar distancia del problema para otorgarle la importancia justa. Después de estos meses, está claro que el jefe de la oficina realiza un papel secundario por el miedo a que su propio equipo se le eche encima y le puedan destituir. Por otro lado está el jefe de la manada que ni come, ni deja comer. Y, por último, cuatro súbditos que por miedo a su crítica destructiva intentan alimentar su hambre de información con rumores de otros. El mensaje de supervivencia parece claro: mientras se hable de otro, no se hablará de mí. Creo que a partir de ahora tendré que estar preparado para las críticas.

Son las 16.00 horas. A las 17.00 horas tengo clase de inglés en la Escuela de Idiomas y después partidito de pádel con los colegas. Menos mal que existe vida más allá de una oficina.

Mientras me dirijo a la escuela no dejo de darle vueltas a la situación. ¡Cómo me indigna que utilicen el miedo como arma de autoridad! ¿Miedo? ¿Arma de autoridad? Ahora entiendo. Curiosamente se repite la misma historia de mi infancia con aquellos profesores autoritarios. Ahora comprendo todo el malestar que he estado viviendo. Soy de los que piensa que quien destaca por naturaleza no necesita a alguien sobre quien subirse y mucho peor aniquilar al de abajo por la incapacidad de crecer. Como si fuera el mismísimo James Bond, preparo mi siguiente asalto: poner entre las cuerdas a la autoridad. Objetivo: sembrar la duda.

Después del partido de pádel y tras unas cervezas con los amigos regreso a casa. Es inevitable no seguir pensando en ello. Pero las grandes ideas llegan cuando vacías tu mente. Así es que me voy a dormir, que mañana será otro día.

El sonido del despertador me indica que son las 07.30 horas. Tengo el tiempo justo para prepararme y llegar al trabajo. Me siento fuerte, la ira que me han generado la impotencia y la indignación por no someterme al credo del silencio me mantiene alerta.

Dicen que nadie es profeta en su tierra. Esta frase, aplicada a las habilidades, también podría interpretarse como que para descubrir tu verdadera valía es preciso mostrar tus encantos en otros entornos. Ummhh, interesante. Me puede servir.

Acabo de llegar a la oficina. Allí están ya en sus puestos los cinco compañeros.

–Hola, ¿qué tal? Buenos días a todos.

Silencio por respuesta. Sólo recibo gestos con la mirada de saludos envenenados. Es como si dijeran «¡aquí está el traidor!». David, el compañero que tengo más cerca, es el único al que se le escucha un «buenos días» en voz baja.

Soy consciente de lo que me toca pasar. Así es que, para evitar comentarios, intento no levantarme a lo largo de la mañana y contemplar los movimientos que se suceden en la oficina. Acercarme a por agua daría la oportunidad de comunicación visual no controlada. Así es que hoy soy yo quien va a observar.

Como si me hubiera puesto unas gafas extrasensoriales, empiezo a observar detalles ajenos al trabajo. Por ejemplo, una llamada a Felipe (otro de los compañeros) por parte de su mujer, preguntándole si ha localizado un pintor para la habitación de su hija. La pulsera de David con un anagrama de pádel. O la conversación entre Miguel y Valentín (los otros dos), sobre las notas de inglés del hijo de Miguel.

¿Son señales? Creo que sí. Cojo mi móvil y busco el contacto de Nico, buen amigo y pareja de pádel hace dos años. Lo llamo.

–¿Nico? –le pregunto.

–Sí, Luis. ¿Qué pasa, tío? –me contesta.

–Nada, que si quedamos mañana para echar un partidito de pádel –le respondo.

–Ah, vale, ¿a las 20.00 horas? –me pregunta.

–¡Perfecto! Ah, no, primero tengo que ir a la academia de inglés y luego he quedado con el pintor para que me pinte la cocina. ¿Mejor a las 21.00 horas? –continúo.

–Ok, por mí, sin problemas. ¡Nos vemos mañana entonces! –se despide.

Impresionante, tenías que haber visto la cara que han puesto cuando he dicho inglés, pádel y pintor. Sé que tengo algo que ellos quieren y ahora tienen que venir a buscarlo. Eso sí, el precio de acercarse a mí en presencia del líder de la manada puede ser alto.

Son las 10.00 horas y es momento de tomar el desayuno. Como es habitual, siempre se queda alguien en la oficina. Así es que, adelantándome a todos, les indico que soy yo quien me quedo y que luego más tarde salgo.

Mi plan está en marcha. Nada más salir por la puerta, preparo tres notas. A David, si le apetece jugar a pádel mañana. A Miguel, el contacto de la academia de inglés para su hijo. Y a Felipe, el contacto de un pintor que conozco. Como te habrás dado cuenta, mi cocina está muy bien como está y no necesita pintura ahora, pero era la forma de conectar.

Entran por la puerta. Son las 10.22 horas. Mientras se van sentando, me levanto y me recreo el tiempo justo para conectar visualmente con cada uno de ellos. Están sorprendidos, no saben qué decir y lo peor de todo es que no deben decirlo. Cojo mi chaqueta de la percha y guiño el ojo a David mientras le digo en tono bajo: «al salir hablamos». A los otros dos, con una leve sonrisa basta.

Salgo por la puerta para ir a desayunar. ¡Qué sensación más agradable! Tengo la satisfacción doble de haberles ayudado y de generar las dudas sobre la imagen negativa que puede estar proyectando de mí el león de la manada, Enrique.

He terminado el desayuno. Regreso a la oficina. Son las 10.45 horas. Entro por la puerta y los tres compañeros me miran al tiempo. El gesto de sus caras ha cambiado. Sé que quieren darme las gracias pero no pueden. Así es que alivio el momento de tensión con un guiño de ojos. ¡Otro gol por toda la escuadra, Enrique!

Nada más sentarme, me llama Fernando, jefe de oficina. De inmediato me levanto. Mientras camino, los ojos de Enrique y Valentín se me clavan. Sin embargo, percibo que los otros tres continúan trabajando. ¡Ya no soy una amenaza para ellos! Llamo a la puerta y entro.

–Fernando, dime. ¿En qué puedo ayudarte? –le pregunto con una amplia sonrisa.

–Siéntate, Luis. Mira, después de la exposición de ayer me llamó el director provincial. Me ha comentado que le gustaría verte y que aprovechando la visita de mañana te prepares una breve memoria del último mes –me responde.

–Ah, uff, ¿para mañana? –le pregunto.

–Sí, sé que es precipitado, pero él llega a las 09.00 horas y a las 10.00 horas nos reunimos todos en la sala de juntas –me contesta.

–Está bien, haré lo que pueda –le respondo.

Mientras salgo por la puerta, comienzo a pensar en cómo buscarme la vida para hacer la breve memoria por mi cuenta. Sin embargo, al ser el informe del último mes necesitaré la ayuda de todos. Así es que mientras me siento les comunico a los compañeros que mañana viene el director provincial y que quiere una memoria de las acciones del último mes. Les pido que por favor me hagan un breve resumen para incorporarlo.

Nada más terminar, Enrique dirige una mirada al resto de compañeros. Es como la señal de que se trata de la oportunidad para dejarme en evidencia, sin contenido. Es su venganza por la traición de ayer. Sé que me lo van a poner difícil, así es que anticipando acontecimientos aprovecho para crear una plantilla de presentación vistosa que no necesite mucho contenido de texto por si lo que me mandan se queda corto.

Son las 13.00 horas. David, mi compañero más cercano, hace ruido con el bolígrafo para llamarme la atención. Levanto mi mirada y me guiña el ojo. Ya está, un correo electrónico acaba de llegar a la bandeja de entrada. Leo el contenido: «Aquí te mando lo que pedías, Luis. Gracias por la invitación de pádel, pero mañana tengo boda. No obstante, la semana que viene la tengo libre. Hablamos».

A los cinco minutos me entran los correos de Miguel y Felipe, incluyendo el agradecimiento por la nota que les he dejado. Tal y como esperaba, Valentín y especialmente Enrique me lo enviarán a última hora y su contenido no me será útil. Así es que voy preparando lo que tengo hasta el momento.

Son las 13.55 horas y al correo no llega nada más. Mientras estamos recogiendo se levanta Enrique y me dice:

> –Vaya, se me ha olvidado lo del informe ese, chaval. Mañana te lo envío –me responde.
>
> –Ah, ¡es verdad! A mí también se me ha olvidado –añade Valentín mientras apaga el ordenador.
>
> –De acuerdo, mañana me lo enviáis. Gracias –les respondo.

¡Lo sabía! ¡Serán...! Mientras recojo mis cosas no dejo de pensar en cómo se puede ser tan mala persona. Lo saben y lo hacen a posta. Quizá lo que no saben es que tres de los cinco mosqueteros comienzan a tener dudas sobre estas malas artes.

Todos han salido y sólo quedamos Miguel y yo. Antes de salir por la puerta…

–Espera, Luis –me dice.

–Ah, sí, dime Miguel –le contesto.

–Nada, que muchas gracias por el contacto de la academia de inglés. ¿Es buena? –me responde.

–Sí, está genial. Si vas por allí, pregunta por la directora. Es amiga mía. Dile que vas de mi parte –le contesto.

–Muchas gracias Luis –me contesta.

–Nada, hombre, para eso estamos –le respondo mientras me despido.

Bueno, otra señal de que la estrategia está resultando. Sin embargo, aún queda poner en jaque al rey.

Durante esa tarde mi sentimiento de ira se focaliza ya en dos personas: Valentín y Enrique. Sé que a Valentín es más difícil ponerlo de mi lado y que incluso un detalle puede entenderlo como un motivo más para ponerme en el candelero. Así es que en terreno infértil no merece la pena sembrar.

Hoy toca peli en casa. Es la última de James Bond, momento de relajarse y disfrutar. Mañana será otro día.

6. Desde la oficina con amor

Beep, beep, beep. Es hora de levantarse. El sonido del despertador me indica que hoy será un día especial. Es viernes y lo mejor de todo es que, pase lo que pase, habrá un fin de semana por delante que ayudará a recordar u olvidar.

Me ducho, me cepillo los dientes y me visto. Cojo el coche y me dirijo al trabajo. Hoy toca nuevo CD: Guns and Roses. Necesito estar motivado y bien despierto. Mientras voy a la oficina pongo la música a todo volumen. ¡Uaauuuu, qué subidón!

Mientras ordeno mi cartera espero a terminar de escuchar la última canción. Ya está, ha terminado. Llego a la oficina y me pongo a continuar con la presentación.

Son las 09.15 horas y entra Francisco Jiménez, el delegado provincial de la compañía. Mientras saluda a todos, se detiene en mí y me dice:

–Hombre, ¿tú eres el nuevo? He escuchado hablar de ti.

–Sí, llevo poco tiempo y estoy intentando aprender lo que puedo. Los compañeros me están ayudando mucho –le contesto.

–Ah, eso está bien. Bueno, dentro de un rato nos vemos. Seguid trabajando.

Con esta última frase se despide y se dirige al despacho de Fernando, el jefe. Pero lo mejor de todo es el silencio que se ha hecho en la oficina. Reconozco que mi emoción me indicaba que mis compañeros han intentado ponerme todas las trabas posibles, pero mi cabeza me dice que tenía que soltarlo. Sé que para Enrique es otro ¡zas! en toda la boca.

Así es que, diez minutos más tarde, estaban llegando a mi correo sendos correos electrónicos con la información para la presentación. Como te puedes imaginar, el contenido no llega a medio folio e incluso con faltas de ortografía, de modo que intento seleccionar lo más relevante.

Son las 09.50 horas y los jefes salen del despacho.

–Venga chicos, a la sala de reuniones. ¿Tienes preparada la presentación, Luis? –me pregunta Fernando.

–Sí, la grabo en un USB ahora mismo –le contesto.

Mientras van entrando en la sala y grabo la información en el lápiz, David golpea suavemente la mesa y provoca que le mire al tiempo que me dice:

–¡Suerte! –mientras me guiña el ojo.

–Gracias, David –le contesto.

Uff, ¡qué subidón! Saber que el velo del miedo comienza a disiparse me produce tranquilidad, al tiempo que ayuda a calmar la ira que durante estos días me ha invadido. En ese instante, y antes de sacar el USB, abro el archivo PowerPoint y redacto una última diapositiva.

Es la hora. Todos esperan la presentación. Ahora sí, me siento seguro y tranquilo. Sé que algunas de las miradas de envidia se han tornado en duda. Sólo necesito eso. Me siento bien, estoy tranquilo. Cada palabra que digo y cada gesto que hago siento que inundan la sala. Todos están muy atentos. Unos por el interés en el contenido y otros por saber qué he hecho con la información que me han dado.

Tengo que reconocer que he sentido el deseo de dividir la presentación y dejar en evidencia la información que me ha proporcionado Enrique y Valentín. De hecho, así estaba montada. Pero en la última media hora ha cambiado mi actitud tras el silencio que ha producido la frase que le dije al director provincial: «los compañeros me están ayudando mucho». Tenía claro que jugar con ira provocaría más ira. Así es que la presentación es una unidad, donde no hay suma de partes, sólo el trabajo integrado de todos.

Si recuerdas, antes de entrar en la sala incluí una última diapositiva. Decía esto: «ninguno de nosotros es más importante que el resto de nosotros» (Ray Kros).

Acabo de terminar la presentación y rápidamente los jefes me esperan. Mis compañeros salen por la puerta. Enrique y Valentín, los primeros. En ese instante, David se acerca y me dice: «¡enhorabuena, Luis, y gracias!». La mirada de Miguel y Felipe se torna en un gesto de aprobación con el pulgar hacia arriba. «¡Ya no se esconden!», me digo para mí.

Mostrar la imagen de un equipo que no ha existido ha logrado afirmar que mi destino no está ligado a la tiranía del miedo de otros compañeros. En palabras de Hugo Downs es como decir: «tu lado del bote se está hundiendo».

Mientras apago el ordenador, el director provincial me comunica que necesita un delegado de zona a unos 50 kilómetros de la localidad. ¡Me siento abrumado! Casi sin pensarlo, le digo que sí.

Hoy es 25 de mayo y me encuentro en el curso de Dirección Comercial. Como te comentaba al principio, el futuro está por escribir.

Hay frases que parecen inmutables. La que dice que nadie es profeta en su tierra es una de ellas. Esta expresión la dijo Jesucristo cuando fue rechazado por sus convecinos en la sinagoga de Nazaret, lugar donde pasó su infancia y adolescencia.

Probablemente uno de mis grandes aprendizajes de esta etapa de mi vida ha sido entender que a las cosas no hay que darle más vueltas de las necesarias; sólo entender las reglas del juego y actuar en consecuencia. Decía Mark Twain que «un hombre con una idea nueva es un loco, hasta que la idea triunfa».

Si en tu ADN está destacar, no puedes negar tu naturaleza. Si una puerta se te cierra abrirás otras y además de par en par. No te resistas, es tu esencia. Pero la forma de hacerlo debe ser de fuera adentro. Aceptamos mejor lo nuevo cuando viene de fuera y si es de muy lejos, mejor.

Otra regla fundamental para los 007: «dos soles no pueden brillar en el mismo cielo» (Simón Bolívar). Así es que, como te encuentres con otro líder, o te pones el traje de Míster Bean o uno de los dos sobra. Dividir para vencer la batalla puede estar bien, pero intentar encontrar lo que tenemos en común, no tiene precio.

14

Yo no pierdo ni al parchís

Ana Cristina Domínguez

Prólogo

El relato de Cristina Domínguez «Porque yo lo valgo» expone muy vívidamente la tragedia de la soberbia. Lo peor de la arrogancia es la invidencia. El arrogante es incapaz de ver el desprecio y la aversión que los que le rodean sienten hacia él/ella. Al contrario, interpreta los signos de sumisión forzada y hastío de los demás como la señal inequívoca de la admiración y el respeto que los otros tienen hacia su persona.

Cuando un soberbio tiene además poder y autoridad formal se produce un cóctel explosivo que sufren muy a menudo las organizaciones. La consecución de resultados pasa siempre por la exaltación de su persona, sus ideas, su coraje, la imposición de su opinión y su voluntad y su convicción de que posee siempre la verdad. Un soberbio, para colmo, se siente con la responsabilidad de cambiar la vida de los demás, de hacerles ver lo equivocados que están y de guiarles en la vida como un buen padre. Un soberbio empequeñece a los que tiene a su lado.

Como bien cuenta Cristina en su relato, las organizaciones tardan en darse cuenta de esto y cuando actúan es demasiado tarde. El daño ya se ha hecho, el equipo está quemado.

La única esperanza para la curación de la arrogancia es la soledad. Llega un momento en que el soberbio se da cuenta, cuando ya no tiene poder, de que está irremediablemente solo y de que nadie le llama o le aprecia realmente. Pero hasta este momento es difícil que vea la luz. Un soberbio nace con una innata capacidad para no aprender.

Javier Sánchez Ferrer
Head of Talent EMEA MetLife

«Lo malo de los que se creen en posesión de la verdad es que cuando tienen que demostrarlo no aciertan ni una».

Camilo José Cela

1. No me gusta perder ni al parchís

08.30. ¿Arrogante yo? ¿Pero esta tía qué dice? ¿Por qué me grita como una energúmena desde el coche? Porque a ver, si no es capaz de conducir ligerita, yo no tengo la culpa. Por tías como ésta tenemos atascos en Madrid. Estoy harto de verdad. Encima que llego tarde, me voy estresado. Espero que el cliente no me lo note.

10.45. ¡Pues no me ha ido tan mal! El cliente me miraba fijamente a ver si le bajaba el precio pero reconozco una vez más que he estado brillante. Menos mal que no ha intervenido Paco, el jefe de zona, o la pifia. No sé cómo explicarles que ante un acuerdo lo ideal es apalancarse en los beneficios del mismo. Y más en el sector de sistemas de seguridad. ¡Si es que parecen nuevos!

¿Sabes? A veces siento que estoy solo. Me toca ocuparme de todo. Vaya, discúlpame, me está llamando el presidente de la empresa.

–Luis, ¿qué tal ha ido todo? –me dice, con acento americano.

–Bien, señor presidente, otra venta realizada y conservamos nuestro margen del 15% de beneficio en el contrato.

–*Great!* Fantástico, Luis, buen trabajo. Me despido, que tengo reunión ahora mismo. Un saludo.

–Muy bien, gracias.

11.00. ¡Ya está! Por cierto, me llamo Luis Jiménez y soy el director comercial de Inter Systems S. A. Y, como también te habrás dado cuenta, mi presidente es extranjero y no se entera de mucho. Por la conversación creo que ha quedado encantado, como siempre. Sé que me adora, aunque a veces reconozco que se pone un pelín pesado.

Cuando llegue a la oficina tengo que recordarle a Pilar (mi secretaria) que le envíe la última versión del plan de cuentas para que vea cómo hemos subido en las ventas. ¡Oh, vaya! Acabo de acordarme de que tengo que llamar al de finanzas para convencerle de que tengo que cambiar el presupuesto, porque creo que todo este esfuerzo que estamos –bueno, estoy– haciendo lo merece. Como es un tío tan hueso, verás como me pone problemas y me toca las narices. Aunque lo tengo claro, a la mínima lo escalo y que se decida. De verdad, si quieren que cumplamos con los objetivos, que me den los medios. No estoy por la labor de administrar la miseria.

Verás, cuando me vine aquí lo dejé clarito al consejo de administración. Sé perfectamente lo que hay que hacer pero necesito herramientas. O si no, que me despidan, que no tengo ningún problema.

12.30. Estoy llegando al departamento de marketing, que está en la segunda planta. Voy a entrar a ver a Marta, la responsable del área, a ver si han corregido los detalles que les comenté ayer.

–Hola Marta, ¿lo tenemos ya? –le pregunto al tiempo que abro la puerta sin llamar.

–Eh, sí, estamos viendo si el logo encaja bien en la nueva propuesta –me responde.

–¿Es esta? –le pregunto con sorpresa.

–Sí, bueno, ese es un primer boceto –me responde con voz algo titubeante.

–¿No te comenté ayer que el logo debe verse bien clarito? Bueno, como es un boceto, después de comer me pasaré y seguro que tendréis el definitivo –le contesto.

Yo alucino, de verdad. Mira que les dije ayer que no lo hicieran así, y ni caso. Sé que se están dando una currada pero es que a veces pienso que si lo hago yo tardo menos. Menos mal que soy un artista dando bofetadas suaves, para que luego me digan que los expertos son los de recursos humanos, ¡ja! A esto lo llamo yo inteligencia emocional y no esas tonterías que nos envían cada dos por tres. Espero que cumpla y no se me ponga a llorar, porque me pone de los nervios.

Uff, otra llamada. Es del director general. ¿Qué querrá este ahora?

–Luis, ¿cómo estás?

–Bien, bien, Óscar, cerrando unos temas con los de marketing –le contesto rápido para que me espete lo que quiere y se deje de rodeos.

–¿Estás en el despacho ahora? –me pregunta.

–Sí, estoy soltando la chaqueta en estos momentos –le respondo.

–De acuerdo. Mira, los de la central quieren que les expliquemos tus cambios en el presupuesto de ventas y quién mejor que tú para hacerlo. Bueno, te estoy pasando la llamada para hacer una videoconferencia. Luego hablamos. Gracias.

13.00. ¡Es que no me lo puedo creer! ¡Me acaba de calzar una videoconferencia con la central! Claro, como no tiene lo que tiene que tener para ponerles en su sitio, pues me manda a mí. Él sabrá lo que hace, pero el presidente cualquier día se va a dar cuenta de que quien controla aquí soy yo en vez de este. Cuando llegue ese día, verás cómo cambian las cosas y a este lo empaquetan de vuelta a casa. Y eso que reconozco que no es mal tío.

Anda que si yo controlara todas las áreas, ya verías cómo iban a cambiar. Pero para eso falta tiempo y se tendrían que ir unos cuantos como la de recursos humanos, que me odia. Bueno, me pongo con la videoconferencia, a ver si la termino cuanto antes.

13.45. ¡Por fin, acabé! Al final no tengo claro si han aceptado o no nuestros cambios. Creo que estos de la central no se fían mucho y no me huele nada bien. Si es que siempre pasa lo mismo. ¡Qué sabrán ellos del día a día si no ven más allá de su torre maravillosa! Madre mía, ¡qué hambre tengo! A ver si Pilarita me ha reservado la mesa, que hoy como mi mujer.

2. Pesadillas inesperadas

16.00. Estoy saliendo del restaurante. Una comida excelente. Lo único es que he tenido que oír los problemas de Laura con los niños. Encima que quedo con ella en nuestro aniversario, se lía a hablarme de lamentos. Que si Gonzalo (mi hijo) tiene problemas con las mates, que si lo ve algo más despistado, que si... Mira, le ponemos un profesor y que estudie. Problema solucionado.

Lo que Laura no entiende es que mi trabajo es muy gordo y que ella se encarga de los críos. Vive estupendamente, así que ese es su trabajo. Este fin de semana me siento con el chaval y le animo. Eso seguro que la calma y me deja en paz unos días.

La verdad es que el camarero no dejaba de mirarnos. El muy golfo creo que la miraba a ella. La verdad es que está guapa mi chica. Se conserva muy bien para haber tenido tres chavales.

Aunque hombre, para macizas, la tía esa nueva del departamento de finanzas. ¡Cómo está! Pero claro, tiene quince años menos que Laura. ¡Bah!, meterse en líos de cuernos es una tontería. Además, Laura es mi mujer. Pero las cosas como son, ¡esa tía está muy buena!

18.00. Comité ejecutivo, ¡qué rollo! Ya está el de finanzas dándome la paliza con los costes comerciales. Oye, ¡qué raro! Me duele el brazo. ¿Será del golf? Cada vez duele más. Yo creo que me estoy mareando. Me estoy mareando en serio. Esto no es broma, no puede ser ¿Y ahora qué hago? ¿Paro la reunión? Necesito abrir los ojos pero no puedo. Me pesan como si tuviera dos losas. Tengo que abrirlos, tengo que abrirlos, tengo que abrirlos.

¡Eh! ¿Qué está pasando? ¿Por qué todo el mundo me mira con cara de susto? ¿Qué ha pasado? Me están hablando pero tengo un pitido en los oídos que no consigo entender nada. A ver, esta es Pilar, intenta decirme algo, está pálida. Y este tipo, ¿quién es? En su chaleco pone «Urgencias». Pero, ¿qué dice?

23.00. ¡Por fin estoy en mi casa y en mi cama! ¡Vaya día! Esto de las urgencias está fatal. Un montón de rato esperando y me han dejado como un alfiletero. Venga a pincharme, pruebas por aquí y por allá. Me ha faltado correr por la cinta como un futbolista. Además los médicos se han pasado siete pueblos. Hombre, un poco de consideración, que estaba con mi mujer. Que si mi tensión iba a estallar, que si mis triglicéridos y qué sé yo cuantas cosas más. Lo bueno es que me han dado una pastillita y estoy por fin empezando a relajarme.

02.00. ¡Vaya pesadilla! Madre mía, estoy sudando a chorros. Pero digo yo, ¿no me habían puesto una pastilla estos idiotas? Se supone que no sueñas con ellas, ¿no? ¡Vaya asco de día! ¿Es que no se va a acabar nunca? Bueno, voy a intentar relajarme, a ver si me vuelvo a dormir.

02.05. Pues no, va a ser que no. Pero, ¿qué era lo que soñaba? Ha debido de ser algo muy chungo, porque mira que duermo como un niño y me ha despertado.

02.10. Nada, incapaz de pegar ojo. Estoy dando vueltas como una peonza. Me voy al sofá.

02.13. ¡Vaya porquería de tele! ¿Pero la gente se compra estas chorradas de teletienda? A ver, voy a cambiar de canal. Tarot, otra teletienda, peli de los setenta, una de chinos, chat de citas… ¡Anda, mira, sartenes que no se pegan! ¡Vaya tela, qué asco!

02.15. Un momento. Parece que poco a poco me voy acordando del sueño. Sí, era horrible. De repente todos desaparecían, pero lo que no entiendo era por qué. Nadie me hacía caso. Era como un cero a la izquierda. Pilar, mi equipo de trabajo, etc. Hasta Laura y los niños se habían esfumado. Recuerdo que casi me vuelvo loco. La sensación era rarísima, dando vueltas cerca de ellos y ellos me ignoraban. Imagino que es lo que deben de sentir los que no tienen mi energía. A mí estas cosas no me pasan. ¡Pues menudo soy yo!

Ahora que lo pienso, ¿qué significaría este sueño? Creo que voy a tener que bajar el pistón porque hoy me han dado un buen susto, la verdad. Casi me da algo más gordo. Pero, ¿cómo lo hago? Porque no es nada fácil. Sin mí, el director general y el presidente se ahogan. Y por otro lado, no soporto que nadie me diga que me estoy relajando.

02.30. Bueno, mañana será otro día. Parece que me voy durmiendo, a ver si esta vez...

3. Estos no saben quién soy yo

10.00. Bueno pues ya estamos aquí de vuelta. Un par de días de descanso y como una rosa. Tenía ya ganas de volver, la verdad. Mira mi equipo, ¡qué caritas! Si es que sin mí esto no se mueve. Oye, parece que me están mirando raro.

Pilar viene hacia mí. Esta chica sigue teniendo mala cara, la verdad. Se le ve preocupada por mí. Si es que es una chica súper servicial. Más de una debería ir aprendiendo.

–Buenos días, Luis. ¿Cómo te encuentras? –me pregunta con ojos de preocupación.

–Bien, Pilar, ahora como una rosa. Tranquila, mujer, que hace falta más viento para tumbar a este roble que estoy hecho –le respondo.

–Me alegro, Luis. Por favor, sube inmediatamente a ver a Óscar. Ha venido hoy muy temprano y quiere verte enseguida –me responde.

–¡Perfecto, ahora mismo subo! Muchas gracias Pilar. Ve mirando la agenda de hoy para cuando baje de la reunión.

–Eh, sí, sí, claro –me responde Pilar.

Vaya tela, ahora reunioncita con Óscar. Seguro que se me ha ahogado en un vaso de agua en dos días que no he estado. Pues espero que sea breve, porque tengo muchos temas pendientes. Venga, dejo aquí la chaqueta y voy a ver a este.

–Hombre, Luis, ¿cómo estás? –me pregunta Óscar.

–Bien, muchas gracias. Ya estoy recuperado. ¡Vengo con las pilas puestas! A ver, cuéntame, que me ha dicho Pilar que querías verme –le respondo mientras cierro la puerta.

–Eh, sí, sí, siéntate, por favor –me responde con cara de preocupación.

–Venga, dispara, Luis –le respondo con mi típico tono jocoso.

–Pues que el consejo de administración de la central se reunió ayer y estuvieron valorando varios temas. Y entre ellos ha estado tu trayectoria. Consideran que ha acabado tu ciclo aquí y que ya no encajas en la estrategia.

–¿Cómo? ¿Qué me estás diciendo? ¿Que la central pide mi cabeza? Pero, ¿están todos majaras o han bebido? ¡No tienen vergüenza! Me he dejado la vida y casi la salud sacando esta compañía adelante y… ¿ahora me pagan así?

–Eh, eh, lo siento Luis. Yo tan sólo comunico lo que me han trasladado esta misma mañana –me responde con voz titubeante.

–Muy bien, me marcho ahora mismo –le contesto, tras lo cual me levanto de un salto y doy un portazo.

Estoy alucinando. ¿Que no encajo en la estrategia? ¡¡Pero si la hago yo!! Si no fuera por mí, los resultados se hubiesen ido al carajo. Ahora entiendo esa cara de mi equipo esta mañana. No se preocupaban por mi salud, sabían lo de mi despido. ¡Traidores!

De verdad, no me puedo creer que me esté pasando esto, es increíble. Con lo que he hecho por la compañía y por estos tipos del consejo en particular. Yo me voy de aquí ahora mismo. Yo les mando a mis abogados y que se preparen.

No quiero ni cruzarme con nadie. Sólo me faltaría ver como estarán disfrutando algunos. En la hora en que vine a esta compañía. Está claro que no me merecen.

11.00. Pero, ¿qué estoy haciendo en el aparcamiento? ¿Me voy a casa? ¿Cómo se lo digo a Laura? Ay Dios, con lo aprensiva que es, se me va a hundir. ¿Y los niños? Como se enteren en su colegio ya verás. Y a mi madre, ¿cómo se lo digo? La buena mujer está mayor y no está para malas noticias.

Estoy alucinando. ¡Cómo son las empresas! Primero te usan y luego te tiran como si fueras un pañuelo de papel. Cuando yo he tenido que echar a gente, lo he hecho con mucho más estilo. Reconozco que era algo duro, pero al menos sólo he echado a inútiles, jamás a tíos con perfiles como el mío.

¿Y mi trayectoria? ¿Cómo lo voy a explicar? ¡Oh no, por favor! Ahora tengo que volver a actualizar los contactos. ¡Qué rollo! Y encima es invierno. Ni siquiera me voy a poder relajar haciendo unos hoyos jugando al golf mientras me busco otra cosa. ¿Relajarme? Pero, ¿cómo me voy a relajar? Tengo que encontrar trabajo ya mismo.

4. Orgullo vestido de rosa

18.00. Llevo seis horas dando vueltas por Madrid. Ya es hora de volver a casa. No me queda otra que volver y contárselo a Laura.

No paro de pensarlo y sigo sin entenderlo. Que yo sepa, tampoco era tan duro con el equipo. No tenía ni idea de que se habían quejado de mis formas. Hombre, algo bruto sí soy, pero es que hay gente con muy poca sangre; yo curro mucho y quiero equipos currantes. Bueno, estos lo eran y cuando les hacía trabajar a tope, también se lo agradecía mucho, en las reuniones principalmente. Lo que también tengo claro es que no voy a ir agradeciendo cada cosita que se hace, entre otras cosas porque conmigo funciona así.

¿Y qué me dices del presidente? Con lo que hecho por ese hombre y me lo paga de esta manera. Sin mí no hubiese salido del agujero. ¿Que se lo puse difícil? Pues claro, es que yo no soy de cualquier manera; soy de los muy buenos. Recuerdo que lo mosqueé algunas veces, pero lo que no me imaginaba es que pudiese tener esta reacción. Está claro que lo minusvaloré y tiene más huevos de lo que pensaba. A mí me pega que era educado, pero un tiburoncito, como todos estos expatriados. Pues ahora que se prepare, porque lo va a llevar crudo sin mí; salvo que ya tuviese pensado a mi sustituto. Si es que no te puedes fiar ni de tu hermano.

Joder, qué cuesta arriba se me hace subir a casa. No sé si quedarme un rato más en el coche. ¿Y si espero a que Laura se duerma? Hoy dan *CSI* en la tele y fijo que se duerme como siempre en el sofá. Le encanta, pero se duerme. Nunca lo he entendido.

Eso me deja tres horitas. Estoy harto de conducir y voy a pasear un rato. ¿No me dijo el médico que anduviera? Pues eso. Bueno, aunque una cosa es andar y otra esto. A lo tonto a lo tonto, estoy casi en el centro y me encuentro agotado. Seguro que el médico me diría que estoy pasándome de la raya.

¡Qué diferentes se ven las calles un lunes! No hay casi nadie y la verdad es que parece una película americana de esas en las que al protagonista le meten un susto en un callejón. Me está dando mal rollo. Total, ¿qué más da? Me han hundido la vida estos miserables y al final, ¿qué? Cuando crees que has hecho tu carrera, que te has dejado los cuernos, que no te puedes exigir más, viene un *junior* extranjero y te pone en la calle.

Estoy acordándome de ese tío, el entrenador personal ese que me pusieron el año pasado. La verdad es que era algo moña en sus planteamientos; mucha filosofía de esa que se lleva ahora, pero a veces soltaba cosas con razón. Me decía que el cambio viene con dolor y va a ser que es cierto. La verdad es que nunca entendí mucho el programa de entrenamiento, pero se pusieron taaaan pesaditos que acepté. Ahora que me acuerdo, también comentaba que la arrogancia es el recurso de los inútiles. La verdad es que cuando lo dijo me le quede mirando con la cara esa de: «¿te estás pasando o qué? ¿No lo estarás diciendo por mí?». El tipo sonrió y me miró fijamente. Aguantó el silencio. ¿Lo diría por mí?

Además ¿qué es la arrogancia? Porque es que creo que ahora llaman arrogante al que tiene un mínimo de narices y que mira a la cara a la gente. Ah, y que por si fuera poco siempre tiene razón. ¿Siempre? Seguro que es lo que me diría el moñas ese. Hombre, siempre no, pero casi siempre. Y eso te lo da el valor y querer ganar.

Yo llevo ganando desde que me acuerdo: delegado de clase en el instituto, buenas notas, universidad de las buenas y mi padre detrás de mí por si me despistaba. Además toda la vida me inculcó que arriba llegan los fuertes, los que se dejan de tontadas, y que el éxito está reservado a unos poquitos. Me he dejado los cuernos haciendo lo que me decía y no me ha ido nada mal hasta hoy.

¿Y ahora qué hago? ¿Cómo le dices al mundo que te la han jugado? Cuando llegas arriba te relacionas con los mismos que tú y no hay sitio para perdedores.

Voy a tener que hacer una versión de esta situación y Laura se la va a tener que aprender como yo. Tendremos que decir la misma a la familia, a los amigos y a la gente que me rodea: a los tíos del club, a los de la urbanización y en el cole de los niños. Lo primero que tengo que decir es que esto es un fin de ciclo y que ya estaba cansado. Y por supuesto, que no sé qué hacer con las ofertas que tengo encima de la mesa.

Además a estos de la empresa no hay que criticarles directamente. Pero dejar caer que bueno, que limpios, lo que se dice limpios, no son y que yo no me he prestado a según qué cosas. Y que en cuanto pongan al siguiente, ya verás cómo nos reímos. Será infinitamente más novato, ¿qué te apuestas? No, si ya verás: al final me van a echar de menos y yo me estaré riendo cuando lleguen los primeros problemas. Sólo me preocupa una cosa, decírselo a Laura.

Sé que no va a decir nada, pero me va a mirar con esos ojazos que tiene y ni versión ni nada, me va a sacar la verdad a pelo. Llevamos así desde que estamos juntos. Se sienta, espera y yo canto. Tengo suerte de que no le he puesto los cuernos nunca, porque si no, creo que no hubiese aguantado ni cinco segundos con ella. Hubiese cantado de plano, ¡a la primera!

¿Y cuál es la verdad? ¿Realmente por qué me han echado? Porque no se va a creer que ha sido por nada. Ya sabe lo bruto que puedo ser.

Ya sé que el presidente constantemente me decía que tenía que hacer más equipo con el resto, que no siempre tenía razón. Creo que me lo decía porque efectivamente yo era el más peleón del comité… ¡Joder, pero si lo hacía por la empresa! ¡Y es que tenía razón! ¿Cuántas veces se la tuvieron que envainar? ¿Cuántas? Bueno, y unas cuantas me las tuve que comer yo también. Sobre todo aquella de la operación con los alemanes. Esa vez, la verdad, me caí con todo el equipo. Los de la central, además, no entendían los cambios que había hecho y el presidente me apoyó como un campeón. Quizá ahí empecé a ver en la cara que se estaba agotando mi crédito. Igual ahí empezaron mis problemas y no lo pillé.

00.30. Es tardísimo ya va siendo hora que me vaya a casa. Bueno vamos allá. Uff, la luz está encendida.

¿Laura, estás despierta?

15

Fluyendo con la mayoría

Mar Cárdenas Muñoz

Prólogo

«Fluyendo con la mayoría» es un recordatorio transparente con algunas pinceladas de realismo mágico que remueve algo en nuestro interior. Es una llamada de atención, un espejo, una memoria en off de lo que nos perdemos cuando ponemos el piloto automático en nuestras vidas y de lo que nos ocurre a veces si dejamos de soñar.

Empieza, como todas las mañanas, al despertar y tras las palabras de su autora se oye como un grito que dice: «¡despierta, pero despierta de verdad! ¡Reacciona! ¡Encuentra tu fuente de energía!». Y ahí nos deja, perplejos, luchando con nuestros pensamientos. Nuestra voz interior nos dice: «yo siempre seré más fuerte que la voz de la mayoría», ¿o no?

Maitena Servajean
Directora general de Kleidi Consulting

«Dentro de 20 años lamentarás más las cosas que no hiciste que las que hiciste. Así que suelta amarras y abandona el puerto seguro. Atrapa los vientos en tus velas».

Mark Twain

1. Autopista hacia el cielo

Son las 07.30 horas y amanece en pleno otoño en Madrid. Bajo por la carretera de La Coruña como tantas veces y contemplo la misma escena. Miro alrededor y ahí están. Son vidas que se dejan llevar camino abajo; con sus historias, con sueños o sin ellos, pero todos allí, atrapados en el atasco de cada mañana.

Durante unos instantes consigo sorprenderme con el maravilloso e irrepetible juego de colores entre el amarillo, el naranja y el rojo del amanecer. A medida que avanzo en el viaje, el sol también se abre camino para coronar un nuevo día. Tomo aire y no puedo evitar preguntarme por qué a mis 49 años me había condenado a no soñar. Quizá siempre lo he sabido: por miedo.

Llevo mucho tiempo viviendo el mismo día demasiadas veces, con la sensación de haber llegado a mi máximo nivel de incompetencia. Así lo percibo. Durante unos instantes, cada poro de mi piel exhala una mezcla entre pena y tristeza, y no puedo evitar pensar en la conversación de una compañera que llevaba doce años en la empresa. Por aquel entonces la tomamos por loca porque, en un momento difícil de crisis económica, decidió pelear por su proyecto y nos dijo:

> –Me cuesta venir a trabajar, me da pereza ver las caras de apatía y escuchar las mismas historias que acaban igual. Siento que la espiral de derrotismo nos tiene atrapados y anula cualquier iniciativa que pueda iluminarnos.

Recuerdo que la miré por encima de la taza de café y con una sonrisa displicente le contesté:

> –Ya, pero aquí se está calentito y fuera es la selva y hace frío.

Ella me miró durante unos segundos y recuerdo aquel silencio. Sentí que me sentenciaba.

Al salir por el último túnel de El Pardo empieza a llover. Como parte del mismo ritual, los coches comienzan a disminuir la velocidad. Suspiro y me coloco mejor en el asiento. Aún me esperan 25 minutos más de lo previsto. A mi derecha y a lo lejos, aguardan las Cuatro Torres que despuntan de la línea del cielo de Madrid. Un latiguillo de emoción me estremece. No lo puedo evitar, es increíble cómo el control de las mismas escapa a los filtros de mi cerebro.

La melancolía me transportó a uno de esos días, cuando rondaba los 40 y tuve la inquietud de darle una vuelta a lo que hacía. Quería poner en práctica eso que dicen de reinventarse. Así es que haciendo un ejercicio de reflexión, me puse a pensar qué me gustaría hacer en los próximos tres años. Cogí un papel y lo pegué en el espejo del baño. Esta sería la mejor forma de anotar cualquier idea que tuviese. Recuerdo que, semanas después, aquella nota que me había acompañado durante varios días se despegó del espejo mientras me cepillaba los dientes. Quizá era la señal de pasar página y volver a mi cruda realidad. Sin embargo, mientras lo arrugaba para tirarlo, tuve un último impulso de leer lo que había puesto días antes: «mi ilusión es montar un café que sea un espacio de intercambio para todos aquellos profesionales que quieren sacar adelante sus ideas». Recordé en ese instante las primeras noches de inquietud barra ilusión preparando el Business Case. Sí, así bauticé a aquella locura. Me despertaba en mitad del sueño para escribir ideas y detalles. Incluso tenía hasta el formato de la publicidad y el diseño de la página web.

Durante ese período de tiempo, las personas de mi entorno decían que parecía más joven, que tenía un destello especial en la mirada. Fuera lo que fuese, aquella idea me daba vida. Había encontrado un motivo especial para amanecer cada día. Y ahora me encuentro en esa misma carretera pero con un profundo sentimiento de resignación y desidia.

2. En la oscuridad de la noche

El sonido de un claxon me devuelve a la fila de coches en la que estaba. Parece ser que me había cambiado de carril sin importarme ni el cómo ni el cuándo y obligando a frenar a alguien. Ese sonido de la bocina venía acompañado de gestos por parte del conductor. Me debía de estar poniendo a caldo y no sólo a mí, sino a todos los miembros de mi familia.

No quise contagiarme por la situación, así es que levanté la mano a modo de disculpa y decidí seguir con mis pensamientos en esos nueve años atrás.

Recuerdo que, cuando estaba trabajando en mi Business Case, la gente me animaba, me daba datos, sentía que me facilitaban la vida. Y por fin llegó el momento de sacar a la luz la criatura que había estado creando durante ese tiempo. Sólo quedaba el punto clave, el de invertir o no; el de apostar realmente por mi sueño.

Mi cumpleaños es en diciembre. Pensé que sería una bonita ocasión, con la excusa de celebrar mi aniversario, compartir el proyecto y arrancar. Fue entonces cuando aparecieron los peros. Que si no era el momento, que si la personas no tenían cultura de emprender, que si era tirar el dinero, que cómo iba a dejar un trabajo estable con la que estaba cayendo...

En los primeros envites rebatía todas las objeciones que me encontraba, argumentando con números la viabilidad del proyecto. Sin embargo, a medida que me encontraba una y otra vez con estas objeciones, sentía que cada vez me encogía más y más. Dudaba de todo, hasta de mí. Fue entonces cuando una de esas noches, en la cama dando vueltas, empecé a tener la conversación más difícil: aquella que tenemos cada uno con nosotros mismos. Y fui implacable: mi yo interno tomó cada una de las objeciones y las elevó al cuadrado, validándolas con ejemplos de fracasos de otros. Mi mente se llenaba de personas que se arruinaron por un sueño, que destrozaron sus familias, que quebraron lo poco que les quedaba y que incluso se vieron obligadas a pedir por la calle.

Es fascinante cómo, en la soledad de la noche, la machacona perseverancia de los pensamientos y en especial de aquellos que restan es capaz de romper el silencio. Debían de ser las cinco de la mañana y allí me encontraba, recordándome que, si realmente fuera brillante, no estaría trabajando donde estoy, sino en cualquier otro sitio. La gente tiene razón. Sólo los genios tienen ideas brillantes y seguro que se relacionan con gente como ellos. El resto no puede ser diferente, porque incomoda, porque les hace pensar que hay algo mejor y no han sido ellos quienes lo han encontrado.

En ese momento volví a mi realidad. Un nudo estranguló mi garganta y me hizo sentir un enorme deseo de llorar. No me contuve.

3. Una luz al final del túnel

En ese estado de emoción y disección intelectual vino a mi mente, como si fuese la telonera de mi vida, la alegoría de la caverna de Platón.

El mito de la caverna describe a unos hombres que desde niños fueron encadenados para vivir en el fondo de una cueva, dando sus espaldas a la entrada de la gruta. Atados de cara a la pared, su visión se encontraba limitada y por lo tanto lo único que podían ver era la pared de la caverna sobre la que se reflejan modelos o estatuas de animales y objetos que pasaban delante de una gran hoguera. Con la ayuda de un hombre superior uno de ellos huye. El camino a la salida es difícil pero finalmente sale a la luz del día. La primera sensación es de una ceguera momentánea y dolor por la luz. Por tanto, decide esperar a que sea de noche para irse acostumbrando a la tenue luz que reflejaba la luna y así, progresivamente, irse acostumbrando al amanecer. Entonces se da cuenta de que había vivido engañado toda su vida, con las imágenes reflejadas en el fondo de la cueva. De este modo, regresa a la caverna diciéndole a los que habían sido sus compañeros que las únicas cosas que habían visto hasta ese momento no eran más que sombras y apariencias del mundo real. Es entonces cuando le toman por loco y se rechazan creer en otra realidad. Había pasado mucho tiempo y ellos solamente creían en la realidad de las sombras que se reflejaban en el fondo de la caverna.

Supongo que en mi propia aventura elegí vivir entre sombras; era más seguro. Así pues, me repetí una y otra vez que lo que puedas hacer hoy, no lo dejes para mañana. Comprendí que lo único que existe es el hoy... De repente, una luz muy brillante me ciega el camino, al tiempo que siento cómo mi cuerpo se paraliza con un terrible dolor en el pecho. Y de pronto, todo se apaga.

Mi vehículo se queda parado en el kilómetro 51, en el carril del medio. Los coches pasan por la derecha y por la izquierda. Algunos incluso pitan. Otros simplemente miran lo que ha ocurrido.

Tuvieron que transcurrir diez minutos hasta que un señor, que se disponía a adelantar en su moto, para frente al coche. Se acerca a la ventanilla y entonces descubre un cuerpo sin vida. Un escalofrío recorre su espalda. Este buen señor, llamado Frutos, decide que es inhumano continuar como si no hubiera visto nada, hasta siente vergüenza por el tiempo que lleva esa persona allí, sin que nadie haya hecho nada. Conmovido, no sólo llama a la Policía, sino que espera hasta asegurarse de que todo está controlado.

Dos horas después, Frutos llega a la oficina. Está agotado y siente como si algo también se hubiera ido con aquel cuerpo inerte que encontró en ese vehículo parado en la M40. No deja de pensar que quien fuera no alcanzó el final de su viaje.

Se sienta en su despacho y cierra la puerta. Se afloja el nudo de la corbata mientras se pregunta: «¿habría cumplido esa persona todos sus sueños? ¿Cuál sería su último pensamiento? ¿Tuvo la serenidad de que su paseo por la vida mereció la pena? ¿Logró amar y abrazar sin pudor? ¿Sintió miedo?».

Queriendo contestar con sus propias respuestas, un deseo casi desgarrado de hablar le hace contactar con los suyos. Son varias llamadas a aquellas personas que quiere para garantizar que siguen estando ahí. Acaba de comprobar una vez más lo frágiles que somos y qué fugaz es este viaje que es la vida.

Cierra el portátil y baja a tomar algo a la cafetería de siempre. Está solo enfrente de un pincho de tortilla y se pregunta, si hoy fuese también su último día, cómo le gustaría que le recordasen o qué le gustaría que le dijeran en su funeral.

En ese momento vuelve a recordar la expresión de aquel cuerpo que había hallado en la carretera. Está tan sorprendido, que decide que aquella tremenda experiencia que había vivido no podía caer en saco roto, que podría ser como una especie de señal. Y se pregunta: «¿para qué?». Mira alrededor, y ve el elenco de clientes que allí consumían un rato más de sus vidas, ajenos a lo que él acababa de presenciar. Cada persona con su historia, pero en esencia muy parecidas.

Mientras dobla la servilleta con la que acaba de limpiarse le viene a su mente un proyecto que quisieron montar junto a dos compañeros de trabajo hace tiempo. Coincidía en un momento delicado, ya que la empresa inmobiliaria para la que trabajaban solicitaba un expediente de regulación de empleo. Se estremece reviviendo aquellas mismas emociones que sintió en aquel momento. Balance Life fue como bautizaron aquella idea. Una psicóloga, un entrenador personal y un abogado, proporcionarían, por una cuota mensual, soluciones legales, financieras y de entrenamiento personal a las familias. En aquel momento les faltó decisión y valentía. Sólo recuerda que aquella idea se diluyó al tiempo que cada uno iba encontrando un trabajo similar al que realizaban. Quizá por miedo a salir de la zona de confort y perder los anclajes económicos que habían decidido tener en sus vidas.

Con esa idea vuelve a la oficina. Llama primero a Marian y después a Andrés para retomar aquella idea. Por alguna extraña razón sabe que, con ellos o sin ellos, lo va a hacer. Cada día tiene sentido si lo que haces te apasiona. «Hoy toca fluir, pero no con la mayoría, sino conmigo mismo», pensó.

Sus pensamientos se interrumpen al abrirse la puerta del despacho. Sin llamar, Pedro, con energía y con cara de enfado, ni siquiera saluda, se queda en el resquicio y se limita a decir:

–Frutos, ya me han contado que has tenido un incidente esta mañana. Como excusa de escaqueo para mediodía está muy bien, pero o terminas la presentación que tenemos para mañana con los socios, o los que acabaran el día de manera trágica seremos nosotros. ¡Anda, dale caña al tema, por favor!

Con las mismas y sin esperar réplica, Pedro cierra la puerta. En ese momento, Frutos mira por la ventana. Está empezando a llover y la gente trata de cubrirse debajo de las marquesinas. Desde ahí podía ver cómo todos caminaban alineados en una dirección o en la opuesta y casi al mismo ritmo. Una punzada de resignación le devuelve a su realidad. Se dirige de nuevo a su mesa y su mirada tropieza con la hoja donde había anotado sus ideas. La coge y se queda mirándola durante un instante. Finalmente la mete en el cajón, mientras se dice: «¡tal vez mañana!».

16

El arte de escaquearse

Ricard Lloria Llauradó

Prólogo

Ricard Lloria nos narra en este interesante, intrigante y ágil relato –con guiños a su historia personal y familiar–, la historia de esos personajes que uno se puede encontrar en cualquier tipo de organización, sea grande o pequeña, de cualquier sector y en cualquier nivel jerárquico. La historia de los caraduras habilidosos en el arte de escaquearse. Algunos de ellos han desarrollado esa capacidad tan bien que hasta que son descubiertos por sus jefes pasa mucho tiempo. Lo habitual es que los detecten antes sus colegas que sus jefes y hasta pueden salir bien parados en las evaluaciones de desempeño de sus compañías.

Son malos compañeros de viaje, poco colaboradores, no saben (o no quieren) trabajar en equipo y no se preocupan por la calidad y la excelencia, pero lo único que hacen es engañarse a sí mismos.

Se convierten en un cáncer para la organización cuando no son descubiertos a tiempo y/o se les permite su actuación, pues son un agravio comparativo, una fuente de desmotivación general entre las personas que sí trabajan y se preguntan: «¿y por qué tengo que esforzarme si el de la mesa de al lado no hace nada y sigue cobrando lo mismo que yo?». ¿Te suena?

Puedes tener a uno de esos caraduras como compañero, o como jefe, o ser su jefe; pero en cualquiera de los casos no permitas que falte al respeto hacia las demás personas de la empresa, pues puede contribuir muy directamente a crear una cultura del escaqueo en tu organización.

Alicia Pomares Casado
Socia directora en Humannova

«Siembra un pensamiento y cultivarás una acción;
siembra una acción y cultivarás un hábito;
siembra un hábito y cultivarás un carácter;
siembra un carácter y cultivarás un destino».

Stephen R. Covey

1. Déjalo, que ya lo hago yo

«La constancia no está en empezar,
sino en perseverar».

Leonardo da Vinci

Son las 04.20 de la madrugada. A esta hora es a la que me levanto cada día desde hace muchos años. Creo que el negocio lo pide. Y en el fondo, trabajamos para ganar dinero, hacer ganar dinero a los demás y, sobre todo en mi caso, por tradición familiar.

Mis abuelos, José y Conchita, ya regentaban un bar cerca de un mercado: el Bar Tarragona, famoso por sus tapas y comida casera. Casi todo el barrio lo conocía porque era el bar que abría antes que todos los de alrededor en el barrio. Los trabajadores del mercado lo agradecían.

Me llamo Carlos Álvarez, tengo 40 años. Ahora que ya conoces el porqué me levanto cada día a esta hora, debo confesarte que, aunque no soy el propietario de este mítico bar, trabajo en este sector que llevo en la sangre.

Pongo la radio y hago una búsqueda de emisoras. De momento sólo encuentro cadenas que hablan de personas que tienen problemas. La verdad es que es dura la realidad de mucha gente. Tengo la sensación de que para seguir adelante hay que luchar bastante; trabajar, trabajar, trabajar. ¡Stop!, necesito cambiar mi pensamiento. Sintonizo otra cadena de radio. Ahhhh, por fin música, y además de los años ochenta. Ummhh, suena precisamente una canción de las que me sube la adrenalina para empezar la mañana. Nada más y nada menos que el tema *I Was Made for Lovin You,* del grupo Kiss. Madre mía, ¡qué tiempos! Melenas largas y rock en estado puro. Venga, vamos a por la ducha y a por ese café tradicional. ¡Ummhh, cómo huele! Es de una cafetera tan buena que parece que esté en el trabajo. No diré la marca, pero no va en cápsulas. Cojo mi tableta (último regalo de Navidad) y, tostada en mano, leo las noticias por internet. Dios, ¿cómo está el mundo? ¿Pero qué está sucediendo? ¿Dónde vamos a ir a parar?

Salgo de casa y entro en el bar donde trabajo. Se llama Tapas & Pickup Bar.

–Buenos días a todos. ¿Cómo estáis? –saludo a los compañeros.

–Aquí me tienes preparando ya los desayunos y poniendo las cucharillas en el plato de los cafés para adelantar tarea –me responde María.

María es una de las compañeras del bar. La verdad es que es buena mujer, trabajadora y cumplidora, de esas personas que no para en todo el día. Tiene unos 45 años, o eso confesó en su último cumpleaños. Divorciada y con dos hijos y al pie del cañón. Siempre está haciendo cosas: lavar platos, servir y recoger mesas, tomar notas a los clientes y un sinfín más. Sabe perfectamente qué toma un cliente nada más venir dos días, pero lo que más me sorprende es que después de todo, sonríe. Nunca la he visto quejarse de nada. Es más, juraría que hay veces que hace trabajo que no le corresponde o trabajo de más. Una forma de compensar el paso atrás de los topos. Sí, denomino topos a aquellas personas que presumen de que hacen algo y luego no hacen nada. Es decir, esos profesionales del arte del escaqueo. Imagino que ahora mismo te habrá venido a la mente alguno, ¿verdad?

Bien, la razón por la que estoy aquí fue una llamada. Sí, hace un par de meses contactó conmigo Manuel (el propietario) y me pidió el favor de que le ayudara porque tenía en el bar ciertos problemas de disciplina y liderazgo. Pero sobre todo porque veía que el negocio se le hundía. Nadie sabe los motivos reales por los que estoy aquí. Bueno, tú y yo sí.

La verdad es que se trata de un bar de aspecto agradable, con un diseño propio, con unos toques de modernidad y a la vez de los que inspiran a relajarse mientras se consume. La sensación, una vez que entras, es de que las prisas desaparecen. Pero al mismo tiempo intentamos darle al cliente el servicio que pide: rápido, servicial y alegre. Tenemos una pizarra donde ponemos las ofertas del día. Y siempre hay algo nuevo con una frase original. Hoy me toca a mí escribir en la pizarra. Ayer lo hacía María, que escribió:

> «Si entras y pides un café con leche con cruasán, precio 2,70 euros.
>
> Si entras y pides un café con leche con cruasán acompañado de un "gracias", 2,60.
>
> Si entras y pides un café con leche con cruasán acompañado de un "buenos días" y un "gracias", 2,40 euros».

Imagínate. Ayer logramos que todos los clientes dijeran: «buenos días, ¿me sirve un café con leche con un cruasán? Gracias».

Hoy se me ha ocurrido algo. A ver qué te parece, sin borrar lo de María.

> «Oferta del día: sonríe mientras pides con un "Buenos días" y te descontamos 30 céntimos de euro por tu pedido».

Cabe indicar que esto es sólo para los desayunos. Después vienen las recomendaciones de comida y cena. Pero vamos adaptando la pizarra a cada menú que vamos sirviendo.

En teoría pensarás: «qué bueno, qué bar más chulo para entrar». Pues no. No es oro todo lo que reluce.

Discúlpame un segundo, luego te sigo contando, que está el bar lleno. Mientras me pongo el delantal empiezo a servir las mesas. La sonrisa no la pierdo. Voy a la barra.

–Paco o Javier. Por favor, dos cafés largos de máquina, más un café con leche con cruasán acompañado de los buenos días más sonrisa. ¿Anotado? Mesa 4.

No oigo nada. Supongo que me habrán escuchado. Me giro. Sólo veo a Paco. ¿Dónde se ha metido Javier? Cada día uno de los dos desaparece. No sé cómo se lo hacen. Estos dos son como Zipi y Zape. Desde que llegué aquí, me ha tocado tomar nota y entrar en la barra a preparar los desayunos, bocadillos, etc. Ya no quiero contarte cuando entro en la cocina con Alfredo el cocinero y sus dos pinches, Juan y Borja. Se hacen llamar los JB. Otros dos más en la lista.

Veo que Javier no está. Paco no sé si me ha escuchado o simplemente hace ver que está concentrado en la máquina de los cafés.

–Paco, ¿me has oído lo que te he pedido? La mesa 4 espera.

–Carlos, voy muy liado. Si no te importa entra tú y hazlo tú mismo.

¡Otra vez la misma historia! ¡Qué fuerte! ¡Qué está muy liado! Pero, ¿en qué? Venga, acción. Respiro hondo, cuento hasta tres y entro detrás de la barra. Observo. Veo a María sirviendo las mesas de una punta a otra y por el camino va aprovechando para recoger los platos, tenedores, cuchillos, tazas, servilletas y entrando en la cocina para que se laven.

Paco es un chico de unos 28 años. Hace cuatro que está trabajando en el bar. Vino un verano para hacer prácticas. Parecía bueno y se quedó. Como venía de una escuela de hostelería de renombrado nombre en el sector parecía una buena apuesta.

Javier es otro chico de 29 años. Hace ya cinco años que entró a trabajar. También de la misma escuela. Sinceramente, viendo lo que hacen, no sé yo qué les enseñan allí, pero lo que es trabajar… me callo. Mejor no digo nada.

Las 12.30 horas del mediodía. Toca preparar las mesas para poder servir la comida. Entro en la cocina. Veo a Alfredo mirando el menú del día. Normalmente cada día se sirven los mismos platos, con pequeños cambios para que los clientes habituales no tomen lo mismo. Alfredo es una persona aplicada, limpia, ordenada y meticulosa con su trabajo. Peca de exceso de querer tener todo controlado detrás de los fogones. Ahora que me doy cuenta, ¡sorpresa! Los JB no están. ¿Dónde se habrán metido Juan y Borja?

–Hola Alfredo, te traigo el cubo de la basura para que los chicos lo saquen a fuera al contenedor.

–Ah, sí, gracias Carlos. No sé dónde están ahora mismo. Oye, ¿no te importa sacarlo a ti hoy?

¡Otra vez me toca a mí hacer el trabajo de otros! Voy fuera, por la puerta de atrás. Sí, la puerta de atrás, esa que da a un callejón estrecho y en la que hay siempre uno o varios contenedores de reciclaje para sacar la basura. Mientras voy arrastrando el cubo me los encuentro. Míralos, allí están los dos, Juan y Borja, fumando un cigarro y marcándose unas risas. Me miran. Los miro.

–Carlos, ¿qué miras? Acabamos de salir a fumar los dos.

–Ya, ya, me lo imagino. Os dejo, que tengo trabajo –les contesto.

Tiro la basura y entro de nuevo. Veo a Alfredo calentando hornos, empezando con las salsas. Me dispongo a irme de nuevo al comedor a ayudar a María. La hora de la comida se acerca. Momento de ebullición.

Miro hacia la barra. Ahora es Paco el que no está. De repente aparece por la puerta Manuel. Al parecer se había ausentado un par de horas para hacer asuntos de banco.

Son las 20.00 horas. Yo me voy. Miro a Manuel. Le dirijo una mirada de tranquilidad. Todo llegará.

Llego a casa, donde mi esposa Laura me está esperando.

–¿Qué tal tu día, Carlos? –me pregunta.

–Uff, menudo problema tiene Manuel. No sé si conseguiré que vuelva todo a ser como antes.

–Pero cuéntame, ¿qué ocurre? –me insiste.

–Nada, nada, Laura. Cosas que pasan en los establecimientos como el de Manuel.

Aún me acuerdo de cuando Manuel y yo nos conocimos. Éramos dos jóvenes recién llegados al servicio militar. Nos convertimos en inseparables. De esas amistades que están ahí para lo bueno y para lo malo. Currantes natos que acatábamos las órdenes e intentábamos cumplirlas. Pero con el transcurso de nuestro servicio militar adaptamos diferentes técnicas, muchas veces desconocidas, para hacer ver delante de los mandos que realizábamos bien nuestro trabajo militar. Tras unos meses, nuestro traje militar destiñó de verde lagarto a color caqui, una señal que mostraba nuestro grado de experiencia frente a las personas novatas que empezaban a entrar en el cuerpo.

Nos gustaba ver esas caras asustadas del primer día y, como buenos veteranos, siempre comentábamos que no recordábamos que fuésemos tan inocentes. Pronto nos dimos cuenta de que existía un código innombrable, pero que hacía efecto entre las personas. Era el llamado código del arte de escaquearse. Según dicen los historiadores, se trata de un arte milenario que ha ido pasando de generación en generación, pernoctando entre las historias no escritas. Y aunque nadie lo explique, existe de verdad.

2. Café para cuatro

«Cuando llegues al fin de tu camino,
te darás cuenta de que eras tú la meta».
Alejandro Jodorowsky

Hoy es miércoles y entro de nuevo al trabajo. Llevo un mes y medio. Como cada día entro quince minutos antes. Me gusta llegar con tiempo, sin prisas, empezar el día bien. Mientras tanto, me siento en una de las sillas del local. Me tomo un café largo y hojeo la prensa que justo ahora acaban de traer. Observo. Llega María. Como cada día, entra cinco minutos antes, casi al mismo tiempo que Alfredo, el cocinero. Los dos me dicen:

–Buenos días, Carlos.

–Buenos días, María y Alfredo. ¿Cómo estáis hoy? –les respondo con una sonrisa.

–Bien, bien, como siempre Carlos –responde María.

–Bien, Carlos. Hoy es día de pasar pedido para la compra de la semana –responde Alfredo.

Eso quiere decir que hoy Alfredo estará ocupado durante un par de horas o tres y mejor no molestarle. Estará inmerso en los números, haciendo los recuentos. Mientras doy el último sorbo al café, no me dejo de preguntar: «¿por qué no le ayudan Juan y Borja? ¿Qué pasa, que siempre lo ha de hacer él solo?».

Son las 07.15 horas. Entra Paco por la puerta. Llega quince minutos tarde. Seguro que hoy se le ha escapado el metro, se ha dormido o ha pasado una mala noche. Esto es un arte. Después se termina marchando quince minutos antes. Voy a observarle bien, detalladamente.

Son las 09.15 y entra Javier, el otro fenómeno que también llega tarde. ¿Qué excusa tendrá hoy? Antes de ayer dijo que había tenido que ayudar a la mujer de la escalera de al lado a bajar la bombona de butano. Son historias interminables, historias extraordinarias. Al principio de oírlas pensé: «este chico, siempre tan dispuesto a ayudar y colaborar». Pero en el trabajo quizá sufra algún tipo de transformación mágica que le hace ser todo lo contrario. Curioso, ¿verdad?

En plena faena del bar, sale Alfredo de la cocina y pregunta a María si ha visto a Juan.

–¡Por Dios, Alfredo, como si no lo conocieras! Vendrá de aquí a un rato. Entra a las 11.00, aunque tú sabes que se retrasa algo –le responde María.

–Es verdad, María –le responde con resignación Alfredo.

Tras echar una mirada general al bar para ver cómo va, regresa nuevamente Alfredo a la cocina. Sólo se escucha el rechinar de las bisagras de las puertas.

Son las 11.09 y Juan hace acto de presencia cual estrella de cine, con sus gafas de sol. A las 12.18 llega Borja. Este 18 minutos tarde y con ojeras de haberse levantado hace cinco minutos. Nada más entrar, Borja se pone a hablar con Juan.

–Escucha Juan, ponme un café, a ver si me espabilo.

–Marchando el café, Borja. Espera, que te acompaño y me cuentas qué tal anoche –le responde Juan.

–Oye Javier, ¿nos haces un par de cafés con hielo para Borja y para mí? ¿Te apuntas?

–Claro que sí Juan. Marchando tres cafés con hielo para la gente de la empresa.

¿Qué te parece? Ahí los tenemos, los tres mosqueteros. Sólo falta D'Artagnan. ¿Te imaginas quién se puede unir a dicha reunión clandestina, no? En efecto, Paco. Ya tenemos a Zipi y Zape y a los JB, menuda fiesta.

Manuel me mira. Ve la situación. Los cuatro se han ido a la terraza. Miro a Manuel. Le clavo la mirada. Se la fijo como si le quisiera decir algo, pero no se lo digo. Quiero que él se dé cuenta que estoy aquí. Manuel me mira. Lo noto por sus ojos, que en cualquier momento van a estallar. Le hago una señal de relax con la mano. Él asiente con la cabeza. Le guiño el ojo.

Ahora empieza la acción, el momento de empezar a entrar en detalles. Te cuento. Hace años, cuando las guerrillas se reunían en poblados en las afueras de los pueblos, creaban pequeños entornos de complicidad antes de la batalla. Así es como se encuentran los cuatro artistas, sentados con su café en la terraza.

Salgo a tirar de nuevo la basura por la puerta de detrás. Una vez más me toca a cargar con el trabajo. ¡Esto no puede seguir así! Me estoy acordando de Manuel y yo en nuestros tiempos durante el servicio militar. Y me viene una anécdota que nos ocurrió, hace más de 20 años. Estábamos

Manuel y yo con la última guardia (la imaginaria en el argot militar) de un viernes a las 05.00 de la mañana. A él le tocaba vigilar la garita y a mí a los soldados. Ya me contarás qué pintábamos dos soldados vigilando a otros 200 que estaban durmiendo a esas horas de la mañana ¿Acaso sería porque alguno se iba a escapar? Si para irse de allí habían de pasar más puertas que el Súper Agente 86. Lo cierto es que allí me tenías, cumpliendo órdenes.

En esta interesante actividad nos dieron 07.00 de la mañana, y entonces venía un momento apoteósico. Me tocó gritar: «¡compañía en pie!». Era el pistoletazo de salida para el sonido de corneta que nos taquigrafiaba en nuestra mente la famosa canción: «Quinto levanta, tira de la manta, quinto levanta, tira del colchón, que viene el sargento con el cinturón...».

De golpe, 200 soldados como locos, vistiéndose, afeitándose, etc. Todos rápido, para formar en batería. Ese día me tocaba dar informe al sargento, quien a su vez se la daba al sargento primero, este al brigada, éste al alférez y al final al capitán. Toda esta cadena para decir: «sin novedad al frente». Ese día, siendo viernes, todos nos queríamos ir de fin de semana para no estar allí encerrados. Pues bien, generalmente a todos los soldados que durante esa noche habían tenido la guardia nos tocaba la interesante actividad de limpiar las duchas, cuarto de baño y retretes (agujero en el suelo). Y todo ello sin apoyarse y realizando un ejercicio de malabarismo entre las rodillas, piernas y brazos, agarrándonos a las paredes para no resbalar.

A Manuel y a mí, por suerte o por desgracia, nos tocaron los retretes y baño. El quid de la cuestión era: ¿cómo limpiar en dos horas un baño por donde pasan 200 soldados varias veces al día? ¿Cómo limpiar los retretes? Sí, sí, esos agujeros en el suelo donde nadie era capaz tener puntería. Manuel y yo nos miramos. Queríamos salir de allí el fin de semana y sabíamos que si perdíamos el último autobús por culpa de no haber terminado la limpieza allí nos quedábamos.

En ese momento fue cuando de nuestras cabezas surgió a la vez una idea que no hizo falta describir. Una mirada y una sonrisa socarrona lo dijeron todo. Se trataba de poner en práctica ese arte del que nadie quiere hablar pero que muchas veces se hace, bien sea por despecho, por caradura o porque realmente no lo quieren hacer.

Era la hora de hacer valer y sacar a la luz el código innombrable, el famoso código del arte de escaquearse. Manos a la obra.

–Manuel, tú coge el trapo y ve sacando brillo a los espejos y a los grifos y seca todo con papel de WC. Yo me encargo de las letrinas, que tengo una idea.

–Carlos, ¿estás seguro?

–Pues claro, Manuel. Ahora o nunca. Este fin de semana te espera tu novia Lidia, ¿no?

–Sí y además es su cumpleaños, imagínate –me responde con voz de enamorado.

–Pues yo me encargo de que todo salga bien, Manuel.

Mientras Manuel limpiaba, abrí el armario de la limpieza y cogí una manguera. También tomé prestadas cinco garrafas de cinco litros de salfumán, más un cepillo con brazo. Conecté la manguera, abrí el grifo y realicé a chorro limpio una primera limpieza. No había tiempo para estar puliendo detalles. Desincrusté a presión toda la porquería habida y por haber. Ahora tocaban los agujeros negros. Sin pensarlo dos veces, cogí las garrafas de salfumán (aguafuerte) y las eché del tirón en los cinco agujeros. La bomba química empezaba a funcionar. El producto en contacto produce un gas tóxico en contacto con el agua. Así es que al puro estilo McGyver le pregunto al compañero:

–Manuel, ¿has terminado?

–Sí, Carlos.

–Pues vete de aquí rápidamente. En breve no respirarán ni las ratas.

–¿Pero qué estás haciendo, Carlos?

–Tú déjame, que luego te explico. Rápido, sal de aquí.

Vierto todo el contenido de cada garrafa, abro la manguera a chorro. En pocos segundos sale de cada agujero una especie de nube tóxica. Salgo fuera y les digo a los compañeros que el suelo está fregado y que a nadie se le ocurra entrar. Miro el reloj y cuento el tiempo.

A la media hora aparece el sargento gritando.

–¿Quiénes son los soldados que hoy se encargan de la limpieza?

–Eh, nosotros, señor. El soldado Manuel y el soldado Carlos a sus órdenes.

–¿Qué han realizado ustedes para que huela así parte de la compañía?

En ese momento todo podía salir bien o mal, arrestados o para casa. Respondo yo:

–A la orden, mi sargento. Siguiendo instrucciones nos encargaron la misión de que los servicios estuvieran lo más limpios y desinfectados posible, por lo que procedimos a las órdenes correspondientes. Vamos, que se viera y oliera a limpio.

–Claro que huelo. Anden, soldados, abran todas las ventanas y que se termine de airear. Ustedes dos, tienen el permiso concedido para irse a casa.

Manuel y yo nos miramos. Sobraban las palabras. En tiempo récord habíamos logrado que la sensación de limpieza hubiera llegado a la compañía gracias al código innombrable. Una vez más nos escaqueamos del trabajo duro, pero eso sí, sin perjudicar a nadie. Bueno, sí, teníais que ver la cara de los primeros novatos deseando ir al baño cuando aún olía fuerte a salfumán.

Son las 20.00 horas. Miro de nuevo a Manuel. Le guiño un ojo, le sonrío y le doy a entender que todo está preparado y finalizado.

Manuel se queda boquiabierto. Desconcertado del todo. Creo que aún no sabe cómo vamos a resolver el problema.

El día transcurre como de costumbre, mañana comienza el espectáculo.

3. Antes que capitán, soldado

«La creatividad se aprende igual que se aprende a leer».
Sir Ken Robinson

Son las 08.00 horas de la mañana. Todo transcurre como cada día, el mismo ritual. Me aproximo a la barra como aquel que no quiere la cosa, es el momento de llevar a cabo el plan. Dejo un sobre escrito a máquina y abierto para que las dos hojas sobresalgan. Ahora toca esperar, seguro que alguno mirará a escondidas lo que hay dentro de él.

Aprovecho el momento en que los cuatro se han ido a realizar esas tareas que tanto les gusta hacer cada día juntos, es decir, nada. Manuel está serio. Tiene cara de pocos amigos. Al volver los cuatro le notan raro. Entre ellos se miran.

–Oye Borja, ¿qué le pasa a Manuel?

–Pues no lo sé Javier, pero miraré a ver qué saco. Seguro que María lo sabe o a lo mejor Carlos, el nuevo.

–Quita, quita, que el nuevo no se entera de nada. Además está trabajando últimamente como nadie. ¡Ni que el negocio fuera suyo! Es como la María.

Pasan un par de horas.

–Paco, ¿sabes algo de lo de Manuel? –pregunta Borja.

–Vaya que si lo sé –le responde Paco.

Se añade a la conversación Javier.

–Cuenta, cuenta, ¿qué le pasa? ¿No me digas que vuelve a estar peleado con su mujer o alguna historia de esas que nos cuenta? –pregunta Borja.

–Pues motivos no le faltan, y no es por culpa de su mujer. Esta mañana, mientras hacía ver que limpiaba la barra, ha visto una carta. Y la ha abierto. ¿A que no sabes lo que ponía en ella? –contesta Paco.

–Pues no lo sé –dice Borja, con cara de estar desconcertado y mirando a Juan.

Este, desde una de las puertas de la cocina, está escuchando la charla de los tres, con el oído fino y mirando de reojo a Alfredo, el cocinero.

–Vamos fuera rápidamente chicos, esto es una emergencia. Ahora os lo cuento todo.

Salen los cuatro como un torbellino por la puerta de detrás del bar. Yo los estoy observando. Una vez más aprovecho para sacar la basura a los contenedores. En ese momento escucho a Paco decirles al resto:

–Chicos, ¡no os lo vais a creer! Manuel ha recibido una carta que si no paga al banco en breve, va a tener que cerrar el bar. Eso quiere decir que nos vamos todos a la calle.

–Es verdad –dice Javier.

–Es más, si declara insolvencia, nos pagarán sólo 20 días por año trabajado, una ruina.

–¿Qué vamos a hacer ahora? –pregunta Borja.

–Lo que vamos a hacer es currar como nunca antes lo hemos hecho. A servir y cocinar como borregos a ver si aclaramos la situación. Mientras tanto todos callados. Nada de escaquearse y va para todos, que nos conocemos. Ya sabéis que con la crisis que hay nos tocará tener que buscar trabajo. Como nosotros hay centenares, por no decir miles de personas, que quieren nuestro puesto de trabajo.

–Sí, eso es verdad –responde Borja.

En ese momento yo estaba entrando de nuevo por la puerta negra de la parte de atrás de la cocina. Sonriendo. Me topo con Alfredo.

–Ya vuelven a estar los niños fuera sin dar golpe. Así no vamos bien.

–Tranquilo, Alfredo, tú sigue con tus comidas, que lo haces muy bien. Y yo a servir.

Son las 20.00 horas y me voy para casa, a ver a Laura. ¡Qué ganas tengo de estar con ella hoy!

–¿Qué tal tu día hoy, Laura?

–Muy bien, no me puedo quejar. ¿Y tú con lo tuyo y lo de Manuel?

–Ahora sí, viento en popa, como en los viejos tiempos.

Ya ha pasado una semana. Todos trabajando duro, atendiendo a los clientes. Llegando incluso antes y quedándose más horas, sin dejar nada para el día siguiente.

Se termina el segundo turno, el de la comida. Estoy recogiendo las mesas con María.

Manuel llama a Juan, a Paco, a Borja y a Javier. Después llama a Alfredo, a María y finalmente a mí.

–Hola a todos, os quiero decir una cosa: no quería llegar a este extremo –dice Manuel.

Los cuatro se miran, ponen caras largas, saben que el fin se aproxima, ¡todos a la calle!

–Os quiero presentar a vuestro compañero Carlos.

Se miran los cuatro sin saber qué ocurre. Están extrañados, desconcertados. No hay mejor manera para generar el caos en la gente que crear situaciones de incertidumbre.

–Carlos lleva aquí un mes y dos semanas concretamente.

–Pues claro, jefe, a Carlos ya lo conocemos ¡Si lo vemos todos los días! –dice Borja.

–Sí, eso, eso; claro que lo conocemos –dicen los otros tres a la vez.

Me aguanto, respiro. Los miro a cada y uno a los ojos. Alfredo, pobre, no sabe ni qué le están contando: sólo dice.

–Venga Manuel, que no tengo tiempo o se enfriarán los hornos.

–Por favor, Manuel, di lo que tengas que decir, que hay que terminar con la faena, que mis niños me esperan y no estoy para perder el tiempo. Que aún me queda mucho trabajo en casa –responde María.

Manuel los mira a los cuatro. Está serio. Ellos ya saben lo que va a suceder.

–Creo que vosotros cuatro ya conocéis lo que está pasando, ¿o me equivoco?

–Pues no lo sabemos con certeza –responden Paco y Borja–. ¿Qué va a cerrar?

–Pues la verdad es que no, de momento. Si hubiéramos seguido por este camino, ahora mismo os diría que sí. Hace unas semanas llamé a Carlos y le pedí que viniera al bar a echarnos una mano. Por alguna extraña razón, ahora todos estáis trabajando al máximo, sin refunfuñar.

Los cuatro no pueden ni mediar palabra. Manuel prosigue.

–Sabéis cómo está todo y sobra hablar de la crisis. A partir de ahora quiero que trabajéis como estas dos últimas semanas; como una buena máquina de relojería suiza. ¿Lo entendéis? ¿Ha quedado claro? Y con la sonrisa por delante, porque de momento, seguimos.

Todos se miran extraños. Vuelven a sus trabajos.

El sobre secreto, como el salfumán, ha hecho su efecto. Dentro de unos meses, María y Alfredo se enteran de quién soy yo. Los otro cuatro necesitarán sentir la incertidumbre para no bajar la guardia.

Hola, soy Carlos Álvarez, tengo 40 años y soy el propietario de la franquicia cadena de bares y restaurantes Tapas & Pickup Bar, situados por las principales poblaciones del país.

«Es más fácil obtener lo que se desea con una sonrisa
que con la punta de la espada».
William Shakespeare

Galería de autores

ALBERTO BLÁZQUEZ MANZANO es doctor en Ciencias del Deporte acreditado, contratado doctor por la ANECA (Agencia Nacional de Evaluación de la Calidad y Acreditación), máster en Prevención de Riesgos Laborales, máster en Drogodependencias y premio extraordinario por su tesis doctoral en 2012.

Autor de diferentes artículos científicos y divulgativos en revistas nacionales e internacionales, ha sido coordinador o autor de libros como: *Emociones laborales* (LID Editorial), *Marketing deportivo en 13 historias* (INDE), *Aprendizaje cooperativo a través de las tics: una experiencia en dinamización deportiva* (Junta Extremadura), *Plan Integral del Deporte y Actividad Física en Extremadura.*

Docente y ponente en másteres en diferentes universidades (Universidad Camilo José Cela, UEM, UNIR, UCAM, UCM) y escuelas de negocio, es coordinador Regional del Programa de Dinamización Deportiva en Extremadura. Blog: http://albertoblazquezmanzano.blogspot.com.es.

NÚRIA VILANOVA GIRALT es licenciada en Periodismo por la Universidad Autónoma de Barcelona y PADE IESE. Fundadora y presidenta de Inforpress, presidenta del capítulo Ibérico del Consejo Empresarial de América Latina y miembro de la junta directiva de Asociación Empresa Familiar Madrid (ADEFAM), DIRCOM, de la Asociación España Colombia, del patronato de la Fundación Institucional Española (FIES) y de la Fundación Pelayo.

Fundadora del Observatorio de Comunicación Interna e Identidad Corporativa y del Foro del Buen Gobierno. Además, es consejera en Womenalia y autora de libros como *Actúa contra la crisis* y *Micropoderes, comunicación interna para empresas con futuro.* Ha recibido diferentes galardones, como el premio IWEC 2009 (Internacional Women Entrepreneurial Challenge), premio Fidem a la Mujer Emprendedora 2008, premio FEDEPE 2007, premio Emprendedor de ESIC 2002 y Joven Empresaria 2001. Aparece en diferentes listas como una de las TOP 100 mujeres en España. Web: www.infopress.com; blog: www.nuriavilanova.com.

JOSÉ ANTONIO CARAZO MURIEL es licenciado en Ciencias de la Información por la Universidad Complutense de Madrid, PDD por el IESE-Universidad de Navarra, técnico Superior en Prevención de Riesgos Laborales y diplomado en el Programa Superior de Desarrollo Gerencial Nebrija-WKE de la Universidad Antonio de Nebrija.

Director de la revista *Capital humano,* desde 1994, es miembro de la Junta Directiva de la Asociación de Informadores de Gestión (AIG), de la Asociación de Periodistas de Información Económica (APIE), de la Asociación Española de Dirección y Desarrollo de Personas (AEDIPE), de la Asociación Española de Responsables de Comunidades On Line (AERCO), del Consejo Rector del Foro Iberoamericano de RR.HH y del Consejo Asesor de la Fundación Española para la Promoción y el Desarrollo Científico y Profesional de la Psicología (Psicofundación). En 2007 (1ª edición) fue elegido uno de los más influyentes en Recursos Humanos por RRHHDigital, también en 2011 (2ª edición). Blog: http://joseantoniocarazo.blogcanalprofesional.es.

Julia Gómez Cora, graduada en Economía por la Universidad Católica Argentina y postgrado en *Management* por el IESE, es la directora general de Stage Entertainment, la mayor productora de musicales de Europa. Vicepresidenta de la Asociación de Productores de Madrid, miembro permanente de la Comisión de Turismo de la Comunidad de Madrid, docente en diversas escuelas de negocios y universidades, ha sido elegida una de las top 100 mujeres líderes en España en 2012 y 2011 y condecorada con la Orden del Dos de Mayo de la Comunidad de Madrid.

Nacida en Argentina, llegó a España en 1999 y ha liderado musicales tan conocidos como *El Rey león, La Bella y la Bestia, My fair lady, Cats, Mamma mía, Cabaret, El fantasma de la ópera* o *Los Miserables.*

Ricard Lloria Llauradó es máster en Marketing, Logística, Distribución y Consumo por la Universitat de Barcelona y la Universidad Les Heures. Graduado en Empresa Internacional y Comercio Exterior por la Universidad de Barcelona, lleva más de 16 años desarrollando mandos de responsabilidad y dirección en diferentes sectores (maquinaria, farmacéutica, energética, consultoría, comunicación, *retail,* etc.).

Está implicado en diversas causas sociales y colabora con Aldeas Infantiles o la Fundación Pere Manel. Bloguero en las áreas de *management* y recursos humanos, tiene una vocación de apertura constante a nuevas iniciativas y desarrollos. Blog: http:// ricardlloria.wordpress.com.

Julián Garvín Serrano es licenciado en Periodismo por la Universidad Complutense de Madrid y experto en comunicación radiofónica, desarrollo web 2.0 y redes sociales.

Nacido en Talavera de la Reina (Toledo) en 1984, lleva la información y la radio en su ADN. Actualmente desempeña los cargos de director de Informativos y coordinador de Cadena en el grupo KISS MEDIA (KISS FM, HIT FM y KISS TV), en el que trabaja desde hace más de diez años. En su experiencia, más allá de las labores estrictamente periodísticas, ha encabezado diferentes equipos centrados en la creación y el desarrollo de contenidos para radio, web y televisión.

MAR ASENJO VILARES es licenciada en Periodismo por la Universidad Complutense de Madrid, máster en Relaciones Internacionales por la SEI, tiene un curso de doblaje en la Escuela CEV y otro de interpretación y dicción en la Escuela de Actores Independientes. Comenzó en 1993 como corresponsal en el diario *ABC* y ese mismo año pasó a la Cadena Cope como directora de programa y locutora de radio. Un año más tarde entró como colaboradora en Onda Cero. Ha sido presentadora de los espacios de información del tiempo en el Canal 24 Horas de TVE y Veo 7. En 1999 pasó a Antena 3 como presentadora del espacio meteorológico, de magazines y redactora de los servicios informativos. Entre 2007 y 2008 presenta el programa radiofónico *Caliente y frío* de Radio Intercontinental. Ese mismo año, compagina su trabajo con el de profesora de reporterismo y presentación en televisión del máster de la Universidad San Pablo CEU.

Coautora del libro *Emociones laborales,* en la actualidad desarrolla su labor como *coach* personal y comunicación activa. Analista conductual experta en DISC y ponente en diferentes acciones formativas de universidades y escuelas de negocio. En KISS FM se hace cargo de los boletines informativos horarios de la franja de mañana (de 10.00 a 14.00). Web: www.marasenjo.com; blog: www.masviniloblog.com.

MARTA M. FERRER GONZÁLEZ, licenciada en periodismo por la Universidad Complutense de Madrid y máster en Periodismo Audiovisual, Radio y Televisión, es coautora del libro *Emociones laborales.*

En el año 2005 entra a formar en el equipo de redacción de los informativos de Onda Cero y más adelante de Cadena Cope. Dos años después, en 2007, empieza a desarrollar labores de redactora en el portal web de motor del diario *El Mundo.* De este trabajo surge su pasión por el mundo del motor que le lleva a editar el blog sobre F1 *Vuelta Rápida* y a colaborar en diversos programas de radio especializados. En el año 2008 pasa a formar parte del equipo de KISS Televisión como redactora y presentadora de boletines informativos y dos años después se incorpora a la plantilla de KISS FM, donde en la actualidad presenta el programa despertador *Las Mañanas KISS.* Web: http://www.martaferrer.es; blog: http://www.vueltarrapida.blogspot.com.es.

RAMÓN FUENTES DE JUAN, licenciado en Periodismo por la Universidad San Pablo CEU, es presentador y editor de deportes de informativos de Telecinco, formando parte de la estructura de deportes de MEDIASET. Ha cubierto eventos como la Eurocopa de 2012, el Mundial de 2010, Europeos Sub21, Europeo de Baloncesto de 2013 o los Juegos Olímpicos de 2008. Antes de llegar a Telecinco formó parte de la redacción de deportes de Telemadrid y Onda Cero Radio. Colabora en el diario *Marca* y en la revista *MINE.*

Es coautor del libro *Emociones laborales* y, en su labor académica, participa en distintos másteres en la Universidad Pontificia de Salamanca, la Universidad Politécnica de Valencia, etc. Además es profesor del Instituto TRACOR y la Universidad San Pablo CEU.

MARÍA LANGA RAMOS, licenciada en Psicología por la Universidad Autónoma Madrid, es especialista en Marketing por el Programa de Cooperación Educativa de la UAM y máster en Derecho Laboral y Recursos Humanos por CEIJ. Participante en Human Resource Management Program en Gales (Bangor University), fue también becada por el Programa Citius de la Fundación Universidad Empresa y, recientemente, por el Programa de becas Lidera de la Comunidad de Madrid. Es además, Técnico Superior en Igualdad de género.

Comenzó su experiencia laboral en áreas de Selección y Formación en los departamentos de Recursos Humanos de BBVA, Hay Group y Vodafone. Ha desempeñado sus funciones como consultora de Recursos Humanos en Overlap y, desde el año 2006, se responsabiliza del área de Desarrollo de Recursos Humanos en el ámbito industrial de una multinacional líder en el sector de la moda y la perfumería. Es coautora del libro *Emociones laborales.*

PABLO GARCÍA SAMPEDRO, diplomado en Marketing y máster en Dirección de marketing y Gestión comercial, se ha dedicado al sector textil, formando parte de diversas compañías como Ermenegildo Zegna, Panama Jack, Levi Strauss e Inditex, donde trabajó desde 2008 a 2011 como Product Manager en Zara. Profesor del MBA en Dirección y Gestión de Empresas de Moda en Esden y coautor del libro *Emociones laborales,* durante los últimos tres años ha desempeñado el puesto de Sales Manager de la línea de caballero en Ralph Lauren. En la actualidad, es el Retail Manager de Adidas para la unidad de negocio del Real Madrid C.F.

JUANA MARÍA GUTIÉRREZ CABALLERO es licenciada en Psicología y máster Universitario en Gerontología por la Universidad de Salamanca, trabajó como psicooncóloga en el hospital de Mérida, donde aprendió a amar la vida, despedir y escuchar el silencio. También ha desempañado la labor de psicóloga en programas de familia y Plan Concilia de servicios sociales, gracias a los que interiorizó la importancia de la organización familiar y el valor del cuidador en enfermedades crónicas.

Ha publicado artículos científicos y divulgativos en diferentes revistas y es coautora de *Emociones laborales* y *Marketing deportivo en 13 historias.* Impartió clases en la Universidad de Salamanca y ha sido ponente en varios cursos y jornadas. En la actualidad, es profesora de la UNED desde el 2003 donde ha aprendido la pasión por transmitir el conocimiento. Blog: http://juanamariagutierrez.blogspot.com.es.

Álvaro Merino Jiménez, licenciado en Educación Física por el INEF de Madrid, es experto en *coaching* y consultor certificado en Lego Serious Play. Además es el director del *Master's Degree* in Sports Management de la Escuela Universitaria Real Madrid y ha impartido formación de posgrado y conferencias en más de diez países.

Autor de capítulos en libros como: *Emociones laborales* (LID Editorial), *Buenas prácticas en el entorno EEES* (Wanceulen), *Desarrollo y evaluación de competencias en educación superior* (Narcea), coautor del libro *Dirige tu vida* (LID Editorial), así como participante en congresos nacionales e internacionales.

Premio a la excelencia en la calidad otorgado por la revista *Siete estrellas,* es socio de la empresa 3'59, dedicada al desarrollo del talento. Web: www.359.es; blog: http://alvaromerinojimenez.wordpress.com.

Pedro Díaz Ridao es licenciado en Traducción e Interpretación por la Universidad de Granada, con la especialización en Business and International Relations por la Universidad de California en Berkeley (Estados Unidos). Executive MBA IEDE Business School y MBA en gestión de entidades deportivas Alfredo Di Stéfano.

Cofundador de la asociación sin ánimo de lucro Inspirasports, es director del MBA in Sports Management de la Escuela Universitaria Real Madrid, consultor certificado en Lego Serious Play y formador habitual en emprendimiento social e innovación en el ámbito empresarial y en diversas escuelas de negocio a nivel internacional (San Diego State University, George Washington University, Université International de Casablanca, Escuela Universitaria Real Madrid, etc.).

Es coautor del libro *Emociones laborales,* ha recibido el Premio Jóvenes Emprendedores Sociales 2010 y, desde el año 2011, es colaborador de Naciones Unidas en programas de desarrollo a través del deporte.

MAR CÁRDENAS MUÑOZ, licenciada en Psicología Industrial por la UNED, con suficiencia investigadora en *Coaching* en la Organización por la UNED, es manager de Learning & Development en Vodafone desde el 2009 y atesora más de 20 años de experiencia; entre otros ha despeñado los siguientes cargos: directora de Selección, Formación y Desarrollo en ING Nationale Nederlanden; directora de oficina en La Caixa de Pensiones de Barcelona; ejecutiva de cuentas en Abbey National Bank; jefe Comercial en La Estrella de Seguros y agente de Seguros en Génesis, Grupo Metropolitan y Banco Santander. Profesora titular en la UEM, en el Grado de Ingeniería de Caminos Canales y Puertos. Psicodramatista, se ha especializado en el uso de las Técnicas Activas para el desarrollo personal y profesional. Coautora del libro *Emociones laborales.* Blog: http://marcardenas.com.

ANA CRISTINA DOMÍNGUEZ, licenciada en Geografía e Historia, con especialidad en Historia Medieval, actualmente es la directora de Recursos Humanos de FNAC en España. Su trayectoria profesional se ha centrado en la gestión de Recursos Humanos: ha sido técnico de Formación y Desarrollo en Repsol; gerente de Recursos Humanos en la Compañía de Bebidas Pepsico, directora de Recursos Humanos en España de Energizer, HRBP para las Unidades de Negocio de Vodafone España y, posteriormente, directora de Recursos Humanos para Iberia en United Parcel Service. Fue coautora del libro *Emociones laborales.*

PABLO BONAL AGUAYO (ilustrador), licenciado en Comunicación Audiovisual por la UEM, donde también cursó Bellas Artes hasta encontrar su primer trabajo como diseñador en The Big Eye. Allí creó tratamientos publicitarios para realizadores y clientes como Coca-Cola, Repsol o Carlsberg. Desde hace cinco años es coordinador de postproducción –además de fotógrafo, creativo y realizador– del estudio RaRo, en el que ha dirigido videoclips, tanto en solitario como en colaboración con Rafa Sañudo, para artistas como: Huecco, Carrasco, Quijano, Ariel Rot… Además de anuncios, virales y corporativos para Red Bull, El Corte Inglés, Normon o Acciona.

20 años

NOS QUEDA MUCHO POR HACER

LID

- 1993 Madrid
- 2007 Barcelona
- 2008 México DF y Monterrey
- 2010 Londres
- 2011 Nueva York / Buenos Aires
- 2012 Bogotá